Par Dav. R. Boullier
(d'après Barbier)

R.2557
3 A.

111406

ESSAI
PHILOSOPHIQUE
SUR
L'AME DES BETES:
OU L'ON TROUVE

Diverses Reflexions sur la Nature de la LIBERTE', sur celle de nos SENSATIONS, sur L'UNION DE L'AME ET DU CORPS, sur L'IMMORTALITE' DE L'AME.

Seconde Edition revue & augmentée,

A laquelle on a joint un Traité DES VRAIS PRINCIPES QUI SERVENT DE FONDEMENT A LA CERTITUDE MORALE.

Boullier.

TOME PREMIER.

A AMSTERDAM,
Chez FRANÇOIS CHANGUION.
M. DCC. XXXVII.

A MONSIEUR
DE FONTENELLE,
SECRETAIRE PERPETUEL DE L'ACADEMIE ROYALE DES SCIENCES.

ONSIEUR,

Je ne connois personne à qui l'hommage de mon Livre appartienne plus légitimement qu'à vous. Quoi que l'Usage ait établi

* 2   *par-*

parmi les Auteurs, de mettre leurs Productions à l'ombre du nom de quelque Mécéne, la Raison leur conseilleroit de les offrir plutôt aux Maîtres de l'Art, & de ne faire de pareils présens, qu'en vue d'avoir l'instruction pour récompense. Cette seule idée, Monsieur, m'inspire la liberté que je prends de m'adresser à vous, & la justifie. L'obligation que vous ont les Sciences, dont vous êtes le fidelle Interprête, & dont vous savez si bien révéler toutes les beautés, vous attire avec justice le respect de ceux qui les aiment, & vous constitue le Juge des Ouvrages dont elles font l'objet. D'ailleurs j'ai trop profité dans la lecture des vôtres, pour per-

perdre une pareille occasion de vous marquer ma reconnoissance. Redirai-je ici ce qu'on en a dit tant de fois? Ils aident notre Siècle à disputer avec tous ceux de l'Antiquité la gloire de l'esprit, & peut-être à se l'assûrer par dessus les Siècles qui doivent suivre. Un genre d'écrire que tant de plumes se sont efforcées d'imiter, quoique, par malheur pour elles, il se trouve inimitable : le don de prendre toutes les formes qu'il vous plaît, & toujours avec de nouveaux agrémens : ce rare Talent d'orner la Vérité sans l'obscurcir; & l'Art à mon avis bien plus précieux encore, d'en faire une peinture fine qui la rende jusques au moindre trait ; voilà *le sceau qui consacrera vos Ecrits, & qui saura les mettre au-dessus des atteintes de l'Envie & du Tems.*

Mais je ne m'apperçois pas que mon goût m'entraîne insensiblement dans un Eloge, qu'il ne me convient guère d'entreprendre après toute la France, & après toute l'Europe. Je me réduis donc, Monsieur, à vous présenter mon Essai Philosophique sur l'Ame des Bêtes, ayant tâché, dans cette nouvelle Edition, de le rendre plus digne de l'indulgence du Public & de la vôtre, que lorsqu'il parut au jour la premiére fois. J'y joins un autre Essai touchant les Principes sur lesquels la Certitude Morale s'appuye; matiére presque

que neuve, quoique par son importance elle méritât bien de ne l'être plus. Permettez, Monsieur, que je vous intéresse à l'éclaircissement d'un si beau Sujet, en vous consultant sur les idées qu'il m'a fait naître. Souffrez que je les expose à ces lumiéres vives & perçantes, auxquelles ni le Vrai ni le Faux ne se dérobent aisément; & que dans mes recherches philosophiques je me ménage l'apui d'un Génie qui depuis si long-tems est en possession d'embellir, d'éclairer & de perfectionner tout ce qu'il touche. On me trouvera bien hardi d'avoir osé seulement ébaucher un Ouvrage si difficile, & si quelque chose faisoit l'Apologie de ma témérité, ce seroit

seroit sans doute un suffrage comme le vôtre. Je suis avec respect,

MONSIEUR,

Votre très-humble & très-obéissant Serviteur,

BOULLIER.

AVERTISSEMENT
Sur cette nouvelle Edition.

Lorsqu'un Auteur retouche ou augmente considérablement son Ouvrage, il semble faire excuse aux Lecteurs de s'être trop pressé de le publier. Quoique le mien reparoisse avec de grands changemens, je me crois pourtant moins obligé qu'un autre à de pareilles excuses. Quand je composai cet Essai Philosophique, l'impression étoit l'unique voye que j'eusse pour me mettre en état de le perfectioner, en profitant des diverses Critiques, qu'une matiére aussi délicate que celle que j'avois choisie, devoit m'attirer vraisemblablement. Mon atten-

te n'a point été trompée. Il m'est revenu des Objections de toute espèce. Il est vrai qu'il m'en a fallu essuyer de peu instructives, parce qu'il se trouve toujours mille gens qui lisent sans entendre, & qui critiquent de même. Mais sur le grand nombre, j'avoue que quelques-unes m'ont amplement dédommagé. On ne sauroit croire combien un homme qui médite, gagne à se voir contredit: car, ou cela lui sert à redresser ses idées; ou bien ces difficultés mêmes qu'on lui fait, lui donnent lieu de s'affermir dans la possession d'une Vérité qu'il tenoit déja, de l'éclaircir, de l'approfondir, & d'en pousser plus loin les preuves.
Nous

AVERTISSEMENT.

Nous avons beau nous être rendu notre sujet familier, les jugemens d'autrui nous y découvrent des faces nouvelles, & nous avertissent de certains recoins obscurs où de nous mêmes nous ne nous fussions jamais avisez de porter la vue.

L'Edition que j'offre maintenant au Public est le fruit de ces contradictions utiles. J'ai rectifié plusieurs choses dans mon Ouvrage; j'en ai développé d'autres; j'ai tâché d'en rendre les raisonnemens plus sensibles, en les plaçant dans un nouveau jour; je n'ai même pu résister à la tentation dangereuse de l'augmenter en divers endroits, m'y sentant invité par la nature de mon

AVERTISSEMENT.

Sujet qui tient à tant de Vérités différentes, de maniére à ne se pouvoir passer de leur secours.

Je ne prétends point justifier sous ce prétexte mille réflexions accessoires, ou même les citations nombreuses dont j'ai grossi mes Notes. On dira sans doute que tout cela n'est point à sa place, dans un Livre de pur raisonnement. Je passe volontiers condamnation sur ces hors-d'œuvre, sans me prévaloir de plus d'un Exemple célèbre qu'il me seroit aisé d'alléguer pour ma défense. Oserai-je dire cependant qu'ils sont assez dignes d'excuse. Un Auteur, l'esprit rempli de la matiére qu'il a traitée, y rapporte tout naturellement ce que

AVERTISSEMENT. xiii

que ses Lectures lui fournissent. Il est bien difficile alors que le superflu ne se glisse sous les apparences du nécessaire, & qu'avec un goût vif, l'on ne passe un peu les bornes du vrai besoin. Ne sera-t-il donc point permis au Possesseur d'un Champ, de profiter des accroissemens insensibles que lui apporte la Riviére qui l'arrose, par le moyen des terres qu'elle a détachées des Champs voisins? En tout cas le mal est fait; je m'en suis apperçu trop tard. Ceux qui liront le texte, n'ont qu'à se dispenser s'ils veulent, de jetter la vue sur le bas des pages.

Ma reconnoissance pour les Critiques dont Mrs. les Journalistes de la Haye m'ont honoré, ne me permet pas de taire, que ce sont elles qui ont produit le morceau qu'on verra ici sur les Plantes; & qu'elles ont été la principale occasion de la composition du Traité *Des vrais Principes de la Certitude Morale*. L'envie que j'avois de mettre, s'il étoit possible, hors de toute atteinte ma Démonstration sur l'Ame des Bêtes, m'a conduit imperceptiblement jusques aux Recherches générales qui font la matiére de ce nouveau Traité, dont les Bêtes ne sont que le moindre objet. Cependant l'espèce de liaison qu'il a avec l'autre, & le jour qu'il répand sur celui-ci, m'ont paru une bonne raison de les mettre ensemble.

J'ai

AVERTISSEMENT. xv

J'ai tâché dans tous les deux, de me tenir en garde contre mon Imagination; & je me flatte que le Lecteur attentif y fera content de moi, s'il veut bien à son tour se défier de la sienne.

Une chose dont les mêmes Journalistes se plaignent; (1) c'est de ce que j'attribue au célèbre Mr. *Leibnitz* un Systême qui lui est étranger. L'Harmonie préétablie, telle qu'il l'a expliquée, n'a rien de commun, disent-ils, avec les questions qu'on agite sur la Liberté. Cette Harmonie, selon eux, laisse l'Ame libre, & suppose seulement la prévision de l'Etre suprême. Je n'ai rien à leur répondre, si ce n'est qu'il

(1) Journal Littér. Tom. XIII. p. 92. 93.

AVERTISSEMENT.

qu'il seroit à souhaiter qu'il n'y eût dans les Ecrits de Mr. *Leibnitz* que ce qu'ils y voyent; & que des Philosophes qui tiennent rang parmi les premiers de l'Europe, n'y eussent pas cru voir tout autre chose. Du moins m'avouera-t-on, que ce n'est point un Phantôme que j'attaque, mais un Systême dont aujourd'hui trop de gens se sont réellement entêtés, en se couvrant du grand nom de Mr. *Leibnitz*, comme d'un bouclier impénétrable. Car les noms font beaucoup, même chez la plûpart de ceux qui se mêlent de raisonner. Au reste, si je pousse ici, beaucoup plus avant que je n'avois fait d'abord, la réfutation de son Sys-

AVERTISSEMENT. xvii

Syſtême, cela n'intéreſſe en rien les Auteurs du Journal Littéraire, qui déclarent expreſſément, (2) que cette fameuſe Harmonie leur paroît inſoutenable.

Ils ajoûtent que l'expreſſion d'*Automate Spirituel*, mais *libre*, dont Mr. *Leibnitz* ſe ſert, en l'appliquant à l'Ame humaine, eſt très-impropre. Ceci mérite explication. Ces Meſſieurs me permettront de dire que dans le Syſtême de l'Harmonie, c'eſt le mot de *Liberté*, qui eſt auſſi impropre qu'il ſe puiſſe. Quant à l'expreſſion d'*Automate Spirituel*, qui eſt celle dont Mr. *Leibnitz* uſe ſimplement à l'ordinaire, ſans rien ajoûter, on n'en pouvoit choiſir, ce me ſemble, de plus é-

(2) Ibid. p. 94.

ner-

nergique, de plus juste, ni qui exprimât plus précisément ce qu'on vouloit dire. Et pour ce qui est de l'épithéte de *libre*, quand on l'y joint, on feroit bien, pour écarter l'apparente contradiction que présentent des mots si bizarrement assortis, d'avertir que par *libre*, lorsqu'on parle de l'action d'un Automate spirituel, on entend la même chose qu'exprime le mot de *nécessaire*, lorsqu'il s'agit du mouvement d'une roue de Moulin. Quoi qu'il en soit, entre ces Messieurs & moi tout se réduit à une pure question de fait, qui est de savoir si Mr. *Leibnitz* enseigne ou non le Systême que j'ai réfuté ; les Journalistes ne disconvenant pas qu'il

AVERTISSEMENT.

qu'il n'y eût de la folie à se croire libre, lorsqu'on adopte ce Systême; & moi, qui l'attribue à Mr. Leibnitz, étant persuadé, supposé qu'il l'adoptât bien sérieusement, qu'il n'avoit garde de se croire tel.

Je n'ajoûte plus qu'un mot au sujet de certain Journaliste, qui dans la *Bibliothéque Raisonnée* n'a daigné parler de mon Livre, que pour se donner le plaisir d'en dire du mal. Je demande la permission de lui adresser cet avis charitable. C'est que deux Esprits, dont l'un aime la Satire, & dont l'autre s'applique à l'étude de la Vérité, ne peuvent rien avoir à démêler ensemble; la diversité de leur Caractère &

de

de leur but, leur ouvrant différentes routes, ne permet pas même qu'ils se rencontrent. Celui-là, ne songeant qu'à répandre du ridicule sur tout ce qui s'offre à ses yeux, n'auroit garde de se payer de bonnes raisons qu'il n'entend point, ou qu'il ne se soucie guère d'entendre; celui-ci, uniquement occupé de raisonnemens & d'idées, fait peu de cas des jeux d'une Imagination Satirique qui ne contribuent point à l'éclairer. Avec des armes de si différent genre, de pareils Auteurs ne peuvent rien l'un contre l'autre; ils se deviennent réciproquement inutiles. Ce n'est pas la peine qu'ils disputent.

Je

AVERTISSEMENT.

Je réitere ici la priére que j'avois déja faite à mes Lecteurs, de bien distinguer dans cet Essai, ce que je regarde comme démontré, d'avec ce que je me contente de proposer comme vraisemblable. Dans ce dernier ordre de choses, je range le Système que je me suis fait sur la nature des Sensations. Ce sont là les Terres inconnues de la Philosophie, peu de gens y ont fait descente, & je pourrois bien m'y être égaré. Si j'ai raison dans mes conjectures, elles serviront à éclaircir d'autres Vérités, qui sans cela n'en demeurent pas moins incontestables. C'est très-sincérement que je parle ainsi, & point du tout par l'effet de cette

te modeſtie adroite, qui demande peu, dans l'eſpérance d'obtenir beaucoup. Pour ce qui eſt de l'exiſtence d'un Principe immatériel dans les Brutes, & de la différence eſſentielle entre leur Ame & la nôtre, ce ſont là deux points que je crois démontrez, & dont l'éclairciſſement nous importe plus qu'on ne penſe. Je ſai bien qu'à l'égard du premier, j'aurai contre moi le préjugé de pluſieurs grands Eſprits qui traitent tout au moins la queſtion de problématique. Mr. de Reaumur eſt de ce nombre. Il vient de s'en déclarer dès l'entrée de ſon admirable Hiſtoire des Inſectes. (3) "Refuſerons-nous, dit-
„ il,

(3) *Mém. ſur l'Hiſt. des Inſectes. Tom. I. p. 22.*

AVERTISSEMENT.

„ il, toute intelligence aux Insec-
„ tes ? Les réduirons-nous au
„ simple état de Machine ?
„ C'est-là la grande question de
„ l'Ame des Bêtes, agitée tant
„ de fois depuis Mr. Descartes,
„ & par rapport à laquelle tout
„ a été dit dès qu'elle a com-
„ mencé à être agitée. Tout ce
„ qui a du résulter des disputes
„ qu'elle a fait naître, c'est que
„ les deux sentimens opposez
„ ne soutiennent rien que de
„ très-possible, mais qu'il est im-
„ possible de démontrer lequel
„ des deux est vrai ". Je res-
pecte comme je dois, le savoir
de cet excellent Physicien, mais
je le prie d'examiner mes raisons,

sons, que de son propre aveu la Physique ne sauroit combattre.

S'il se trouve d'autres Personnes qu'un reste de zèle Cartésien, ou bien l'air de paradoxe & de nouveauté, révolte contre la Spiritualité de l'Ame des Bêtes, je les avertis qu'il y a plus de cinquante ans que des Philosophes, même parmi les Sectateurs de Descartes, l'ont soutenue. Mr. *Bayle* sera mon garand. *Vous n'ignorez pas*, ce sont ses propres paroles dans les (4) Nouvelles Lettres contre l'Histoire du Calvinisme, *vous n'ignorez pas que les Cartésiens sont déja divisez en deux factions à l'égard*

---

(4) *Nouv. Lettres de l'Auteur de la Crit. gén.* Lett. 2. p. 51.

AVERTISSEMENT.

l'égard de l'*Ame des Bêtes*; les uns difant qu'elle n'eft point diftincte du Corps; les autres qu'elle eft un *Efprit*, & par conféquent qu'elle *penfe*. Ce n'a pas été le feul point fur lequel d'habiles Cartéfiens ont abandonné leur Maître. Difons-le pourtant à la gloire de ce grand Homme; par bien des endroits fa Philofophie eft immortelle, parce que la Vérité l'eft. Pour ce qui concerne fes Hypothèfes Phyfiques, ou certains fentimens particuliers qui, quelque plaufibles qu'ils paroiffent, ne tiennent point effentiellement aux grands Principes de la bonne Philofophie, mis par *Defcartes* lui-même dans un fi beau jour,

jour, on leur peut appliquer, & particuliérement à son opinion sur l'Ame des Bêtes, la maxime de (5) Ciceron ; *Opinionum commenta delet dies, Naturæ judicia confirmat.* Voilà une excellente pierre de touche. Il y a chez les hommes des persuasions vives, universelles, ineffaçables, qui survivront à toutes les Sectes, & triompheront de tous les Systêmes, parce qu'inspirées par la Nature, elles ont l'aveu de la vraye Raison.

(5) Lib. II. de Nat. Deor.

PRE-

PRÉFACE
DE LA PREMIERE EDITION.

CE n'est ni pour amuser simplement sa propre curiosité, ni pour flatter celle du Public, qu'on a entrepris cet Ouvrage. Comme on s'y est proposé de plus grandes vues, on ose dire que quelle qu'en soit la forme, il renferme des sujets dignes d'attention. Dans les Traités, qui portent un titre approchant de celui-ci, tout rouloit sur une controverse de pure Philosophie; il s'agissoit ou de défendre, ou de combattre un des plus ingénieux paradoxes du Cartésianisme, & de savoir si les Bêtes ont une Ame, ou si elles n'en ont point. Jusques-là peu importe aux hommes de quelle maniére une cause si litigieuse soit déci-

décidée. Mais il a paru dans le monde un Esprit hardi, souple, artificieux, subtil; qui né avec les plus heureux talens pour la culture des Sciences, semble, en y jettant l'incertitude, n'avoir travaillé qu'à leur ruïne. Il a manié cette question de façon, à la rendre un des beaux Trophées du Pyrrhonisme, & sous prétexte de développer les difficultez qu'elle renferme, il a porté à la Religion & à la Morale les coups les plus dangereux. C'est tout dire, qu'après avoir rejetté comme absurde l'hypothèse des Automates, il défie qu'on puisse marquer une différence essentielle, du côté de l'Ame, entre les Bêtes & nous. Il n'est pas besoin que je montre quelles affreuses conséquences pour les mœurs, naissent d'une si étrange pensée; les Libertins ne nous épargnent que trop la peine de les tirer.

Cette espèce de gens, qui, à la hon-

honte de la Raison humaine, s'eſt ſi prodigieuſement accrue de nos jours, a je ne ſai quelle ſympathie pour les Bêtes; elle s'eſt toujours plû à faire entre nous & le reſte des Animaux une comparaiſon, qui nous rabaiſſe juſqu'à eux, ou qui les releve juſqu'à nous. Ce n'eſt pas aſſez au gré du Libertin, zélé pour leur gloire, que les Brutes nous reſſemblent à certains égards; il veut qu'elles nous égalent. Ainſi l'ordonne l'intérêt d'un cœur vicieux. L'Homme, nous dit-il, n'a d'autre guide que les paſſions; il va comme les Animaux Brutes, où l'attrait du plaiſir le mene, & n'a par deſſus elles que l'orgueil & la vaine gloire. Pour ce qui eſt d'une Ame ſpirituelle, de la Liberté, du pouvoir de pratiquer la Juſtice & la Vertu; ce ſont des privilèges chimériques, qui n'ont d'exiſtence que dans une préſomptueuſe Imagination. Ainſi parle le Libertin; on ſeroit

roit tenté de l'en croire sur sa parole, si au lieu de l'Homme en général, c'étoit lui-même qu'il eût voulu peindre.

C'est ainsi que ce qui ne paroît quelquefois qu'une spéculation indifférente d'Esprits oisifs, se tourne en maxime décisive pour la conduite. A quoi bon, dites-vous, ces subtils raisonnemens pour prouver qu'il y a de différentes espèces d'Esprits ? Mais si l'on accorde qu'il n'y a point entre les Esprits de pareilles différences, voyons un peu ce qui s'ensuivra. L'Ame des Bêtes, car certainement elles en ont une, est toute pareille à la nôtre; sous des organes un peu moins délicats elles ont mêmes facultez, & même intelligence que nous. Quoi donc! un simple arrangement différent, dans les fibres du cerveau, nous imposera-t-il des devoirs que les Bêtes ne connoissent point, & nous assurera-t-il une toute autre destinée? Aussi

Aussi l'Auteur de cet Ecrit, en prouvant que les Brutes ont une Ame immatérielle, a-t-il examiné quelle pourroit être sa nature; cette recherche fait la meilleure partie de l'Ouvrage, étant la principale du dessein. Il a cru que sur une matiére obscure, mais intéressante, comme celle-là, les conjectures étoient permises, & content d'avoir placé l'Ame des Bêtes dans un rang inférieur à l'Ame humaine, (car c'est jusques-là, que l'on est accompagné de la certitude) il abandonne au jugement des Lecteurs l'hypothèse qu'il a choisie, & que sa seule vrai-semblance lui fait préférer à plusieurs autres, qui pouvoient s'offrir.

Quoi qu'on ait raisonné de tout tems sur l'Ame des Bêtes, ce qui regarde sa nature est une matiére presque nouvelle. Personne qu'on sâche, ne l'avoit approfondie; certaine terreur panique pourroit bien en être cause; on s'est arrêté tout court, devant des Difficultez que l'Auteur a eu la hardieſſe de franchir. Cependant il n'étoit pas poſſible, ſans développer cette derniére Queſtion, de rien décider ſur la premiére; les ténèbres de l'une obſcurciſſoient l'autre. Le moyen, en effet, de prendre parti contre *Deſcartes*, tandis que l'on n'oſe admettre un principe ſpirituel, qui ne ſoit ni Ange, ni Ame humaine? Aimeroit-on mieux les Ames matérielles de l'Ecôle?

On doit pardonner à l'Auteur le nombre de diſcuſſions importantes, qu'il a renfermées dans un Ouvrage aſſez court. Conduit par le fil imperceptible des matiéres & des idées, il a ſenti qu'elles appartenoient toutes à ſon principal Sujet. Tout ſe tient dans un certain ordre de ſpéculations; Voulez-vous développer une Vérité? Il faut en éclaircir vingt autres, qui l'avoil'avoifinent, & dont la lumiére vient, pour ainfi dire, l'éclairer par réflexion.

Un autre point, fur lequel l'Auteur aura befoin d'apologie, c'eft le tour abftrait qui regne dans plufieurs endroits de fon Ouvrage; quelque foin qu'il ait pris pour adoucir & pour egayer, de tems en tems, l'air fombre des raifonnemens métaphyfiques. A cela pourtant il trouve une bonne excufe dans la nature de fon fujet. Bien des gens appellent volontiers obscur ce qui n'eft qu'abftrait. Il a tâché de fe garantir du premier de ces défauts; mais il n'a pu fe fauver du fecond, fi tant eft que c'en foit un. Car quelle injufte délicateffe n'y auroit-il pas à vouloir que toutes les vérités devinffent également riantes, & à ne les recevoir qu'à la faveur des agrémens, dont elles feroient revêtues. On fait que les plus fublimes font rare-

rarement fufceptibles de ces agrémens. Il en coûte de l'attention pour s'élever jufqu'à elles; mais l'attention eft quelque chofe de bien pénible & de bien trifte pour le commun des hommes. N'importe, afin de plaire aux vrais Sectateurs de la Vérité, il faut fe réfoudre quelquefois d'effuyer le dégoût de ceux qui ne l'aiment point pour elle-même.

On n'a pu s'empêcher de citer en beaucoup d'endroits, moins pour l'ornement, que pour le befoin. Ces citations font d'ordinaire de fimples renvois. Il valoit mieux indiquer d'excellentes fources, que de redire inutilement, & plus mal, ce que d'habiles gens ont déja dit, ou que de fe parer des dépouilles des meilleurs Ecrivains, en compofant un gros Volume des lambeaux de quantité d'autres.

L'Auteur ayant eu pour but de s'inftruire, en compofant cet Effai,

PRE'FACE.

a le même but en le publiant. Découvrir & communiquer la Vérité c'eſt l'ambition qui l'anime, & un des plaiſirs dont il ſoit le plus touché. Il ſouffrira patiemment les Cenſeurs, pourvû qu'il trouve des Juges. Que ceux-ci l'approuvent ou le condamnent, il profitera également de l'un & de l'autre, ou pour s'aſſûrer de la juſteſſe de ſes idées, ou pour apprendre à les rectifier. Devroit-on jamais écrire, que pour offrir des Vérités au Public, & pour en apprendre de lui? Heureux, & le Public & les Auteurs, s'ils ſubſtituoient à des liaiſons d'amuſement & de vanité, un commerce d'inſtructions & de lumiéres !

TABLE DES CHAPITRES,

Contenus dans ce Volume.

TRAITÉ DES VRAIS PRINCIPES DE LA CERTITUDE MORALE.

INTRODUCTION.
I. *Ordre de Démonstrations différent de celles de Géométrie.*   Pag. 1
II. *Il importe beaucoup de faire l'Analyse de la Certitude Morale. Etendue de son objet.*   3
III. *Principe général auquel elle se réduit.*   5

CHAP. I. Application du principe de la Raison suffisante, à la Certitude de l'Histoire,   7
§. I. *De la Nature du Témoignage humain autant qu'il fait preuve des faits.*   ibid.
II. *La Démonstration d'un Fait résulte du concours des Témoignages qui l'attestent.* 10
III. *Il y a des cas où ce concours ne sauroit être l'Ouvrage du pouvoir humain.*   12
IV. *Premier Exemple.*   14
V. *Second Exemple sur ce sujet.*   16
                       VI.

TABLE.

VI. *La certitude des deux Faits allégués, roule sur un concours d'apparences, qui supposent le Fait même pour leur principe unique, parce que Dieu n'est point trompeur.* 17

VII. *Pourquoi Dieu ne sauroit tromper.* 19

VIII. *Loix qui gouvernent les Agens moraux. En vertu de ces Loix, un Evénement en produit un autre, & un Fait peut être regardé comme la cause des Témoignages qui le publient.* 20

IX. *Outre le Témoignage, les grands Evénemens ont des suites qui leur servent d'indice & de preuve.* 25

X. *Différence entre le Témoignage formel, & ces autres suites ou indices qui rendent aux Faits un témoignage muet.* 26

CHAP. II. De la force du Témoignage; où l'on traite de la Certitude de la Tradition, & de l'Autorité des anciens Monumens. 29

§. **I.** *Caractéres que doit avoir un Témoin pour être croyable. La Démonstration des Faits ne sauroit résulter d'un seul Témoignage.* ibid.

II. *Il en peut pourtant résulter une assûrance suffisante. Distinction entre Probabilité, Assûrance raisonnable & Certitude parfaite.* 33

III. *L'Union de plusieurs Témoignages, augmente le degré de crédibilité d'un Fait, & pourquoi.* 36

IV. *Calcul d'un Géometre sur l'accroissement de la probabilité par le nombre des Témoins.*

TABLE.

Il roule sur de faux Principes. 39

V. *Un concours de Témoins dans certaines circonstances, donne la démonstration des Faits. Exemple.* 42

VI. *Raison de cela.* 44

VII. *L'accord des Témoins, qui déposent d'un Fait, donne selon les circonstances, ou, probabilité simple, ou assûrance raisonnable, ou démonstration.* 46

VIII. *Progrès de la force du Témoignage. La Probabilité se mesure & a ses degrés : la pleine Certitude n'en a point : elle est hors de toute mesure : c'est un infini qui échappe au calcul.* 48

IX. *L'Autorité de la Tradition est fondée sur les Principes ci-dessus. La Tradition n'étant autre chose que la Transmission du Témoignage oculaire, sa certitude se réduit à celle de ce premier Témoignage, & à l'assûrance qu'il a été fidellement transmis jusqu'à nous.* 50

X. *Dans une seule ligne de Tradition, cette assûrance ne peut-être parfaite.* 51

XI. *Sa crédibilité décroit à mesure que le nombre des Transmissions augmente, ou que la Tradition s'éloigne de la date des Faits.* 52

XII. *Ce défaut de la Tradition, compensé par son étendue. Comment cette étendue la rend croyable, & même en certains cas infaillible, en nous ramenant à l'origine des Faits.* 54

XIII. *Elle nous en transmet toute la certitude, lorsqu'on ne lui peut supposer d'autre fonde-*

TABLE.

fondement qu'un concours de Témoins oculaires. Il est faux que toute Tradition perde de sa credibilité à mesure qu'elle s'éloigne de la source ; Principe de cette Erreur dans le Mathématicien ci-dessus.

XIV. Règles pour discerner les vrayes Traditions d'avec les fausses ; ces Régles sont prises 1. de la proportion entre l'étendue d'une Tradition, & l'éloignement des Faits qu'elle atteste. 2. De la nature de ces Faits. 59

XV. Dans un extréme éloignement des Faits, il n'y a que l'universalité d'une Tradition qui l'empêche d'être suspecte. 63

XVI. Avantage des Monumens, sur-tout de l'Ecriture, sur la Tradition orale. L'Histoire écrite fixe, appuye, supplée la Tradition, & en fortifie la chaine en l'abregeant. 65

XVII. Autenticité & fidélité des Manuscrits. 68

XVIII. Lumiéres que nous donne le témoignage des Auteurs anciens. 69

XIX. Ils sont des Témoins de la Tradition de leur siècle. 71

XX. Notorieté des Faits publics. Comment leur certitude se transmet d'une génération à l'autre. 72

XXI. Origine des fausses Traditions. Elles prennent la place des véritables quand celles-ci commencent à s'éteindre. Progrès rapides de l'Erreur. 74

XXII. Juste image de cette succession des fausses Traditions aux vrayes. 76

XXIII. Elle est favorisée par l'ignorance des Siècles

TABLE.

Siècles obscurs ; par la disette d'anciens Monumens; par les Monumens supposés. 78

XXIV. *Triomphes de la Vérité historique sur les fausses Traditions, lors du renouvellement des Lettres. Usage de la Critique.* 79

XXV. *Documens, Titres, Archives, Histoires sur-tout, Moyens uniques de perpétuer la connoissance des Faits & de redresser l'erreur.* 81

XXVI. *Comparaison entre le pouvoir de la Vérité & celui de l'Imposture.* 82

XXVII. *La propagation des Vérités historiques a ses bornes, prises dans l'état actuel du Genre Humain. Commerce libre entre les Peuples, puissant véhicule pour les vrayes Traditions, comme l'infaillible moyen d'affermir les fausses & de les étendre, c'est le lien d'une Domination tyrannique.* 83

XXVIII. *S'il y a des Traditions universelles, elles sont aussi anciennes que le Genre-Humain, & par conséquent vrayes.* 87

XXIX. *La Tradition & les Monumens se prêtent une apui mutuel.* 89

XXX. *L'Autenticité des anciens Auteurs, & par là même la certitude de l'ancienne Histoire, prouvée indépendemment de la Tradition.* 90

XXXI. *Conclusion. La Foi historique roule toute entière sur le grand Principe de la Véracité de Dieu, & sur celui de la Raison suffisante.* 95

CHAP. III. De la Certitude des causes dans la Physique. 97

§. I. *Causes Physiques, Faits invisibles auxquels*

les

TABLE.

les Phénomènes rendent témoignage. ibid.
II. *Source des incertitudes de la Physique. Le Méchanisme qui en est la clef générale n'est point un Principe, mais une combinaison de Principes.* 98.
III. *La diversité des Hypothèses particuliéres vient de ce qu'on ne peut remonter au Système général de l'Univers.* 102.
IV. *Tout étant enchaîné dans la Nature, il nous faudroit une Histoire complete des Effets, pour atteindre à la connoissance des Causes, qui étant compliquées, le seront différemment pour chaque effet particulier, selon que se trouvera réglé le Système général.* 105.
V. *Comparaison de la Nature avec un Chiffre.* 108.
VI. *Exemple d'un Système démontré en Physique; c'est celui de Copernic; parce qu'il ramene l'Universalité des apparences celestes à un Principe simple.* 109.
VII. *La Nature se développe mieux en grand qu'en petit, & pourquoi.* 113.
VIII. *Le degré de simplicité dans les Hypothèses, fait celui de leur vraisemblance.* 115.
IX. *La Règle du plus simple, n'est autre que celle de la Raison suffisante.* ibid.

CHAP. IV. De la certitude des Effets de la Nature; où l'on traite de l'Analogie, & de l'Uniformité des Loix naturelles, en examinant quelle est la force des Argumens qui roulent sur ce double Principe. §. I.

TABLE.

§. I. *L'Ordre de la Nature est la règle de nos Connoissances.* 118

II. *Différence entre les Loix des Corps, & celles qui gouvernent les Esprits.* 121

III. *Le Principe de l'Analogie ne mene qu'à des conclusions probables.* ibid.

IV. *Les Loix générales nous donnent certitude sur les cas particuliers.* 128

V. *Application de ces Principes à l'existence des Ames humaines.* 126

VI. *La seule Analogie démonstrative est celle des Effets avec leur Cause.* 127

VII. *Caractère des Loix naturelles, l'Universalité & la permanence. On s'assûre qu'il y a de telles Loix, par le grand Principe de la Raison suffisante, joint à l'idée de la Sagesse & de la Bonté du Créateur.* 132

CHAP. V. De l'existence des Esprits ou Agents immatériels, où l'on démontre en particulier l'existence des Ames humaines, & de celle des Bêtes. 135

§. I. *Cause immatérielle caractérisée par ses effets.* ibid.

II. *Les Mouvemens spontanées des Animaux supposent une telle cause.* 137

III. *Ils caractérisent un Principe sensitif.* 138

IV. *Exemple pris d'une figure humaine qui fait toutes les Actions extérieures de l'homme. Cette figure est un véritable Homme.* 139

V. *Réponse aux doutes d'un Pyrrhonien. Recourir*

TABLE.

courir au Méchanisme pour expliquer de tels Phénomènes, c'est supposer qu'un Etre tout-puissant prend plaisir à nous donner le change. 141

VI. *Les Phénomènes en question n'ont point de relation naturelle avec deux causes, ils n'en ont qu'avec une seule.* 144

VII. *La profondeur des desseins de Dieu n'obscurcit point la proportion que les Effets ont avec leurs Causes, aussi-bien que les Moyens avec leurs Fins.* 149

VIII. *Opérations d'un Agent nécessaire, aisément discernées d'avec celles d'un Agent libre.* 150

IX. *Des Effets séparés de la Cause qu'ils caractérisent, deviennent des moyens d'Erreur; ils ont de la part de celui qui les rassemble, cette Erreur pour fin.* 152

X. *Exemple. Toute Imitation renferme ou le dessein d'étaler de l'industrie, ou celui de tromper en la cachant.* 154

XI. *Conséquence de ces Raisonnemens. Les hommes que je vois autour de moi, sont des Etres spirituels; ils ont une Ame semblable à la mienne.* 156

XII. *Autre conséquence. Les Bêtes en ont une aussi, quoique d'un ordre différent.* 157

XIII. *Les preuves en faveur de l'Ame des Bêtes, moins nombreuses, mais également concluantes Pourquoi l'on est partagé sur cette dernière Question, quoique l'autre ne s'agite point sérieusement.* 158

XIV.

TABLE.

XIV. *La même méthode, par où l'on démontre une Ame dans l'Homme & dans la Bête, fait discerner la Bête d'avec l'Homme.* 160

CHAP. VI. De la certitude des causes finales. Nouvelle preuve en faveur de l'Ame des Bêtes, tirée du but de leurs Organes. 163

§. I. *Témérité de l'homme à juger des fins du Créateur.* ibid.

II. *Il n'est pas impossible de découvrir celle de la Machine animale.* 164

III. *Trois sortes d'Organes dans les Animaux.* 165

IV. *Ceux des Sens ont pour fin, la perception qui s'excite en nous par leur entremise.* 166

V. *Le prétendu usage, que le Cartésien leur assigne chez les Bêtes, n'est point évident.* 168

VI. *Le rapport de certaines Sensations à certains Organes n'est point arbitraire.* 169

VII. *De ce que nous ne comprenons guère ce rapport, il ne s'ensuit pas qu'il ne soit point naturel.* 171

VIII. *Ce n'est qu'au cas qu'il le soit, que la Sagesse divine éclate dans la structure de ces Organes. Sans cela, quoique l'Art y puisse paroître, la Sagesse n'y paroit point.* 172

IX. *Conséquence générale. Le Corps Animal qui n'est qu'un tissu de ces Organes, est fait pour servir d'Organe à un Principe sensitif.* 175

X.

TABLE.

X. *Notre ignorance sur la maniére dont l'Ame & le Corps agissent réciproquement l'un sur l'autre, ne fait point obstacle à cette conclusion.* 176

XI. *Il faut raisonner du Corps des Bêtes comme de celui de l'Homme.* 177

XII. *Réponse à l'objection, que les Bêtes sont faites pour l'Homme.* 180

XIII. *Instance pour fortifier cette objection. Nouvelle réponse.* 181

XIV. *On raisonne ici sur l'Analogie des Moyens aux Fins. Elle veut que des moyens qui se ressemblent, ayent des fins qui se ressemblent à proportion.* 184

XV. *Jugement du Cartésien sur les Bêtes, convaincu de bizarrerie par une Comparaison.* 185

XVI. *Parallèle entre les Habitans des Planetes & l'Ame des Bêtes. L'Argument tiré des Causes finales, conclut moins pour ceux-là, que pour celle-ci.* 187

CHAP. VII. De la différence entre la Certitude métaphysique & la morale, & comment celle-ci tient à celle-là. Réalité du Monde Intellectuel. Existence des Corps moralement démontrée. 192

§. I. *Principe de la Certitude Métaphysique. La preuve de l'existence d'un Dieu, tirée de l'arrangement de l'Univers, appartient à ce dernier Ordre de certitude. Elle ne s'étend point au delà de la Cause premiére.* ibid.

II.

TABLE.

II. *L'existence des Causes secondes devient certaine par leur proportion avec les effets, & par la Véracité de Dieu, qui pouvant opérer par lui-même l'équivalent de toutes ces causes ensemble, ne le veut pas, pour ne point ôter l'unique voye naturelle de connoître ses Créatures.* 198

III. *Monde Intellectuel, objet de la certitude morale.* 199

IV. *Règles pour la conduite de la vie, fondées sur le même Principe.* 200

V. *La certitude de l'Histoire en dépend.* 201

VI. *Réponse à une Objection.* 202

VII. *Comment les Miracles font preuve en faveur d'une Doctrine.* 203

VIII. *La science des Signes ou l'Art de l'interprétation, dépend du Principe de la Raison suffisante.* 204

IX. *Démonstration de l'existence des Corps.* 208

X. *Existence du nôtre en particulier, & son rapport avec le reste de l'Univers.* 210

XI. *L'accord de tous les Etres intelligens dans l'idée du même Monde, établit sa réalité.* 214

XII. *Autre Démonstration de l'existence des Corps tirée du Mal physique.* 217

XIII. *Il ne prouve pas moins celle du Monde intellectuel. La même Vérité invinciblement établie par tout ce qui nous représente le Mal moral.* 222

CHAP. VIII. Eclaircissemens sur la grande Règle de la Raison suffisante.

Com-

TABLE.

Comment la Véracité de Dieu assûre la plûpart de nos connoissances. Si un Athée a certitude des Vérités qui ne sont pas Mathématiques. Comment nous pouvons être assûrés de plusieurs choses sans connoître le Principe de notre certitude. Conclusion. 226

§. I. *Objection.* La Règle de la Raison suffisante manque d'évidence. ibid.

II. *Eclaircissement. La Raison suffisante des Phénomènes, quand c'est un Principe simple, est nécessairement la Raison unique.* 220

III. *Le rapport des effets à la Cause simple qui les explique, est celui d'un Tableau à son Original.* 231

IV. *Dans quels cas on est sujet à se tromper, en déduisant d'une seule Cause, ce qui est l'effet de plusieurs.* 233

V. *Différentes manières d'envisager le Principe du plus simple, & de l'appliquer aux Démonstrations Morales.* 237

VI. *Seconde Objection.* L'Axiome de la Véracité de Dieu est ici de peu d'usage. 240

VII. *Réponse à l'Objection. Il y a une Analogie évidente entre de certaines Causes, & de certains Effets, quoiqu'il n'y ait point de liaison nécessaire.* 241

VIII. *Si de tels Effets ont lieu sans de telles Causes, Dieu nous trompe.* 243

IX. *Si le pouvoir de suspendre notre jugement*

TABLE.

ment, empêche qu'on ne nous trompe, il s'enfuivra, 1o. *Que Dieu n'a pas le pouvoir de nous tromper.* 244

X. 2o. *Que perſonne n'eſt jamais reſponſable de nos Erreurs.* 245

XI. *Il y a des choſes que nous devons croire ſans y être pouſſés invinciblement. La Raiſon nous y engage, ſans que l'Evidence nous y entraîne.* 247

XII. *Si nous nous trompons dans ces ſortes de choſes, ce n'eſt pas nous, mais autrui, qui eſt reſponſable de notre Erreur.* 251

XIII *Le recours à la Véracité de Dieu ne juſtifie point nos Erreurs.* 254

XIV. *A parler exactement, il eſt faux que les Sens nous trompent.* 256

XV. *La Règle pour diſcerner ceux de nos Jugemens dont nous ſommes ſeuls reſponſables, d'avec ceux dont autrui doit répondre, eſt la même, ſoit qu'il s'agiſſe de Dieu ou des hommes.* 258

XVI. *Sources de nos Erreurs. Quels ſont les cas où nous en devenons reſponſables.* 260

XVII. *Dieu, incapable de nous tromper, permet que les hommes nous trompent, & que nous errions auſſi par notre faute.* 265

XVIII. *Objets ſuſceptibles de certitude, plus importans que les autres.* 267

XIX. *Queſtion curieuſe, ſi un Athée eſt aſſûré qu'il y ait des Corps? Rép. Hors des Vérités Mathématiques, l'Athée ne peut s'aſſûrer de rien ſans abjurer ſon Athéiſme.* 268

XX. *Comment le commun des hommes a ſur*
mille

TABLE

mille choses une vraye Certitude, dont il ne connoît point les Principes. 271

XXI. *Conclusion. Vrai caractère de la Certitude Morale. Diversité des sujets sur lesquels elle peut s'étendre. Logique nouvelle pour juger des Probabilités, ouvrage aussi nécessaire que penible.* 274

ESSAI PHILOSOPHIQUE SUR L'AME DES BETES.

DISCOURS PRELIMINAIRE. *Réflexions sur l'Histoire de cette Question. Vicissitudes d'Opinions auxquelles elle a donné lieu. Les progrès de la Philosophie dans notre Siècle en favorisent plus que jamais l'éclaircissement. Plan de cet Ouvrage.*
Page 1

PREMIE'RE PARTIE

Où l'on prouve qu'il doit y avoir dans les Bêtes un Principe immatériel.

CHAP. I. *Exposition du Système des Automates. Premier fondement de ce Système, l'inspection du Corps humain. Doubles Loix auxquelles il est soumis, selon son état absolu & relatif.* 14

CHAP. II. *Où l'on discerne les mouvemens qui naissent du pur Méchanisme du Corps, d'avec ceux qui dépendent de son union: d'où*

Tom. I. *** iij

TABLE.

il paroît, que le Corps humain est une Machine qui subsisteroit indépendemment de cette union. ibid.

CHAP. III. *Application de ces Principes aux Bêtes. Dieu peut faire des Machines qui se conservent, & qui produisent des mouvemens réglés & suivis. Empire des objets extérieurs sur le cerveau, très étendu, lorsqu'il n'est point balancé par celui de l'Ame. Le Cartésien se tire aisément d'une objection que le P. Daniel croit indissoluble.* 41

CHAP. IV. *Suite des argumens du Cartésien. Machines surprenantes que les hommes ont faites. Comparaison de l'Art humain avec l'Art divin. L'Instinct des Brutes suppose une Raison extérieure qui les conduit, en produisant par le Méchanisme des effets raisonnés. La Sagesse incréée, la Raison universelle, est la Raison des Brutes. Magnificence de cette idée, qui mal entendue, a produit celle de l'Ame du Monde. Dieu ne fait rien d'inutile. Les Bêtes n'ont donc point d'Ame. Conclusion du Plaidoyer du Cartésien.* 60

CHAP. V. *Réfutation du Système des Automates. Tout se réduit à une Question de fait, où la simple possibilité ne prouve rien. Deux Principes qui fondent la Certitude Morale. Ils sont imcompatibles avec l'Hypothèse Cartésienne, qui par conséquent est propre à jetter dans le Pyrrhonisme. C'est l'endroit foible de cette Hypothèse. Imprudence de ceux qui l'ont attaquée par cet endroit. En refutant les Automates, ils ont*

tr.ag

TABLE.

travaillé à rendre douteuse l'existence les Ames humaines. 77

CHAP. VI. *On prouve au Pyrrhonien, en appliquant les deux Principes ci-dessus, que les Hommes qu'il voit ne sont pas autant d'Automates. On démontre par la même voye contre le Cartésien, que les Brutes ne le sont pas. Replique du Cartésien. On entend trop finement les actions des Bêtes. C'est l'imagination & la prévention qui les raconte. Foiblesse de cette défense. La preuve d'un Principe spirituel dans les Brutes, c'est que ce Principe y est l'unique raison suffisante des Phénomènes, & que sans lui ils seroient trompeurs. Exemple pris d'une Tête parlante.* 87

CHAP. VII. *Nouvelle preuve de l'existence de l'Ame des Brutes, prise de l'Analogie de leur Corps avec le Corps humain. L'admirable structure de leurs Organes ne peut avoir d'autre but que de loger une Ame immatérielle, & d'être pour cette Ame principe de Sensation & instrument d'action. Examen de la question, si les Animaux ont été créés pour l'Homme. Réflexion sur l'usage des causes finales dans la Philosophie. Il faut distinguer entre les Usages directs des choses, & les Usages accessoires. La destination des Bêtes pour l'usage de l'Homme, n'affoiblit point l'argument pris de leur structure, en faveur d'une Ame spirituelle.* 109

CHAP. VIII. *Analogie des Plantes avec les Animaux. Difficulté qui en naît. Gradation insensible dans les diverses espèces de Corps vivans.*

*** 2

TABLE.

vivans. *Disparités essentielles entre les Animaux & les Plantes, qui ne permettent pas d'attribuer une Ame à celles-ci. Leur principal usage est de servir de retraite & de nourriture aux Animaux. En général elles paroissent se rapporter à un but qui est hors d'elles. Bornes qui séparent le Genre-Animal du Végétal, malaisées à fixer; ce qui n'empêche pas que les preuves de l'Ame des Brutes, ne soient sans conséquence pour les Végétaux.* 125

CHAP. IX. *Récapitulation des preuves précédentes, éclaircies par la Comparaison prise d'une Horloge, où l'on supposeroit le mouvement perpétuel. Imperfection de cette Comparaison. Quand l'Ame ne seroit point la Cause physique des actions des Brutes, elle en seroit toujours la vraye Raison, aussi-bien que de la structure de leurs Organes. Le Méchanisme préétabli sur la prévision des desirs de l'Ame, moins digne de la Sagesse infinie que l'établissement d'une influence réciproque entre les deux Substances. Examen d'un scrupule. D'où vient que l'existence de l'Ame des Bêtes, étant susceptible de Démonstration, passe depuis si long tems pour problématique? Force des préjugés dans des Exemples tout pareils. Bon-Sens altéré par le goût de Paradoxe.* 143

ECLAIR-

ECLAIRCISSEMENS

Sur le

Traité de la Certitude Morale.

Chap. I. p. 9. *Une simple probabilité suffit pour nous déterminer raisonnablement.* Le mot de *probabilité*, se prend ici pour exprimer ce que je nomme plus bas, *assûrance raisonnable*, par opposition à la pleine *certitude.* Voyez ci-dessous Chap. II. §. 2. où ce même terme de *probabilité* a un sens plus resserré. Quand on traite des Sujets abstraits, qui fournissent bien moins de mots que d'idées, il est difficile d'employer toujours les termes dans la même signification. C'est à quoi l'équitable Lecteur aura la bonté de prendre garde.

Chap. II. p. 35. *Son Témoignage me conduit à la réalité de son Objet, comme à son unique cause.* A la rigueur ces paroles ont besoin déclaircissement. Elles signifient que dans le cas supposé, je ne vois d'autre Cause que celle-là, quoique peut-être il puisse y en avoir d'autres.

Eclaircissemens.

CHAP. VIII. p. 266. *Cette assurance qui suffit pour croire, n'emporte pas l'absolue impossibilité du contraire.* On voit assez que je distingue en cet endroit l'assûrance qui suffit pour croire, d'avec cette pleine Certitude Morale qui, étant susceptible de Démonstration, emporte l'impossibilité du contraire. J'ai pourtant dit dès l'entrée de ce Traité p. 2., en parlant de la Certitude Morale qui en fait le Sujet, & en égalant cette certitude à celle qui naît de l'évidence Mathématique, qu'*il y a mille choses*, qui n'ont point ce genre d'évidence, *dont pourtant nous nous tenons aussi sûrs que si l'impossibilité du contraire étoit démontrée :* par où je suppose que cette impossibilité ne l'est pas. Comment accorder ces deux endroits ? Mais il sera aisé de lever cette apparente contradiction, si l'on prend garde aux deux différens sens du mot *impossible*, qui sont clairement développés à la fin de ce Traité p. 275. Le contraire d'une chose certaine est toujours impossible ; & ce Caractère s'étend à tous les genres de Démonstration ou de Certitude. Mais alors le mot d'*impossible* se prend dans le sens vulgaire, pour ce qui n'arrivera jamais. Que si par *impossible*, l'on entend, *contradictoire*, c'est-à-dire, ce qui ne se peut concevoir, ce qui repugne

dans

Eclaircissemens.

dans l'idée même de la chose, ce qui ne sauroit être, faute d'un Pouvoir capable de le produire ; il n'y a que les Démonstrations Géométriques ou Métaphysiques, dont l'opposé soit impossible en ce sens. Je réïtere donc au Lecteur la priére que je lui ai faite dans le premier Eclaircissement. Comme l'on ne sauroit éviter, vû la disette des termes, dans des matiéres comme celle-ci, de suivre le langage ordinaire, il doit être permis de s'accommoder à ce langage, pourvû qu'on le rectifie en tems & lieu.

ERRATA.

On prie le Lecteur de corriger dans ce même Traité, les fautes suivantes.

p. 8. l. 4. *treuve* lisez *trouve*.

p. 30. *Volonté de se tromper*, lisez *Volonté de tromper*.

p. 48. vers le milieu *par* lis. *pas*.

p. 74. l. 4. *au* lis. *un*.

p. 80. l. 6. fermez la parenthèse après le mot, *abimés*.

p. 93. *des Copies*. lis *les Copies*.

p. 113. *ne paroît pas* lis. *ne paroîtra pas*.

p. 150. l. pénultiéme *paroissent* lisez *paroissant*.

p. 173. *se trouve précisément comme il le faut*, lis. *se trouve construite précisément &c*.

p. 187. *Planéte* lisez *Planétes*.

p. 198. l. 6. lisez *Véracité*.

p. 253. *si les Bêtes ne sont Automates*, lisez *si les Bêtes sont de purs Automates*.

ERRATA

De l'*Essai Philosophique sur l'Ame des Bêtes*.

PREMIE'RE PARTIE.

Page 23. vers la fin. *l'Ame aperçoit: Car* &c. lisez *l'Ame aperçoit. Car* &c.

p. 25. l. antép. *d'action*, lis. *d'actions*.

p. 30. l. 11. *intelligent, alors* &c. lisez *intelligent. Alors* &c.

P. 38.

ERRATA.

p. 38. vers la fin. *du Corps ; il ne &c.* lis. *du Corps. Il ne* &c.

Ibid. *ses organes ; il ne seroit* &c. lisez *ses Organes. Il ne seroit* &c.

p. 58. dans la Note. *V. l'Histoire du Chien*, lisez *Témoin l'Histoire* &c.

p. 60. *de la flute ; on n'auroit* &c. lisez *de la flute. L'on n'auroit* &c.

p. 93. l. 1. *humaine ; il est* &c. lisez *humaine. Il est* &c.

p. 109 *des effets à la cause & des apparences liées au principe commun* &c. ceci est mal ponctué ; lisez, *des effets à la Cause, & des apparences liées, au principe commun qui les lie* &c.

p. 120. dans la Note *la* lis. *le.*

p. 137. l. 11. *celle* lis. *celles.*

SECONDE PARTIE.

p. 68. dans la Note. *ait naturellement créé.* lisez *ait actuellement créé.*

p. 123. vers la fin ; *en le recouvrant*, lisez *en la recouvrant.*

p. 124. l. 3. *s'accordent* lis. *s'accordant.*

p. 128. *Je conçois que semblable*, lis. *Je le conçois semblable* &c.

p. 132. l. 13. *proportionnées*, lis. *disproportionnées.*

p. 144. l. 2. *peine* lisez *pensée.*

p. 149. l. dern. *attirent*, lis. *attirant.*

p. 150. l. 19. *fera place*, lis. *sera placé.*

p. 173. Note l. derniére *explication* ; lis. *application.*

p. 195. *certaines odeurs couleurs, sons* &c. lisez *certaines odeurs, certaines couleurs, certains sons.*

p. 204. *prescrite* lis. *prescrire.*

p. 212.

Pag. 1

TRAITÉ
DES VRAIS PRINCIPES

DE LA

CERTITUDE MORALE.

INTRODUCTION.

I. *Ordre de Demonſtrations different de celles de Géometrie.*

Qu'il y ait des Démonſtrations d'un ordre tout différend de celles que donne la Géometrie, ou bien ſi l'on veut la Méta-physique, car cela dans le fond revient au même, c'eſt une choſe dont tous les eſprits ſenſez conviennent, & que

Tome I. a d'had'habiles gens ont mise dans un si grand jour, lorsqu'il a été question d'établir certaines Vérités importantes qui ne sont pas susceptibles de l'évidence Géometrique, qu'il me paroît superflu de s'arrêter longtems sur ce point. On sait qu'outre les Véritez abstraites & idéales, qu'on nomme Vérités nécessaires, notre Esprit en connoît plusieurs autres, sans tirer la certitude qu'il en a, des raports que peuvent avoir entre elles les idées qui les réprésentent. Il y a mille choses qui ne sont, ni nécessaires en elles mêmes, ni évidentes par raport à nous, dont pourtant nous nous tenons aussi surs que si l'impossibilité du contraire étoit démontrée ; & cette certitude, quoi qu'elle vienne d'un autre principe que de la vue claire & distincte de l'objet, est aussi parfaite que si elle naissoit de cette vue même. Nous ajoutons foi à divers évenemens arrivés il y a plusieurs siècles ; nous croyons l'existence de divers objets qui sont à mille lieues de nous, aussi fermement que nous croyons la vérité d'une Proposition d'Euclide. Dans les deux cas, si nous voulons bien nous tâter & nous interroger nous même, nous sentons

même

même conviction, même repos d'Esprit, même impuissance de douter; & quand nous essayons d'entrer en doute, même reproche de la part de notre Raison. Or s'il y a certitude dans des sujets dénués d'évidence, il faut donc que ces sujets ayent leur ordre de démonstrations à part. Car je ne puis être certain de quelque Vérité que ce soit, sans en avoir de solides raisons qui soyent capables d'être dévélopées & rendues sensibles à quiconque prétendroit la nier. Ainsi il y aura autant de Démonstrations, qu'il y a de Faits ou de Vérités contingentes dont nous sommes en état de convaincre autrui, après nous en être assurés nous mêmes.

II. *Il importe beaucoup de faire l'analyse de la Certitude Morale. Etendue de son objet.*

Mais ce n'est point assez de savoir que telles & telles choses peuvent être moralement démontrées, ni de connoitre divers exemples de ces sortes de Démonstrations, si on ne remonte à leurs vrais principes, en recherchant quels sont les fondemens de la Certitude Morale en général, & quelles règles il faut suivre pour y parvenir. Il est aisé de sentir combien une telle recherche doit être utile. En vain, sans le secours des règles dont je parle, espereroit-on de distinguer bien nettement ce qui n'est que simplement probable, d'avec l'absolument certain. D'ailleurs, découvrir en pareille matiére les vrais motifs de notre persuasion, & creuser jusqu'à ses plus profondes racines, c'est raprocher de l'évidence, autant qu'il est possible, des objets qui de leur nature sont inévidens; par où l'on rassure son propre esprit contre les soupçons que le Pyrrhonisme tâche de lui inspirer. Sans compter le plaisir qu'il y a de pouvoir se rendre compte à soi-même de ce qui détermine nos jugemens; quand une fois nous aurons démêlé les prémiers principes de notre certitude dans les choses qui sont généralement reconnues pour vraies, nous aurons en main un moyen infaillible pour établir d'autres Véritez dont tout le monde n'est pas d'acord : n'y ayant pour cet effet qu'à ramener ces Véritez contestées, aux mêmes principes qui fondent notre persuasion dans celles que nul homme sensé ne revoque en doute. III.

III. *Principe général auquel elle se réduit.*

On ne sauroit disconvenir que la Cerditude Morale n'ait un Objet fort étendu, puisque cet objet comprend toutes les Véritez qui sans être évidentes ni nécessaires, sans s'offrir par elles mêmes ni à nos yeux ni à nôtre esprit, sont pourtant susceptibles de preuves d'une nature à rendre le doute impossible ou déraisonnable. Mille objets qui n'existent plus, ou qui existent fort loin de nous, ou qui d'eux mêmes ne sont point visibles, sont avec cela susceptibles de cette Certitude. Mais quel en sera le fondement ? Par quel milieu pouvoir atteindre à des objets qui échapent à nos Sens, & qui ne tenant à aucune Vérité nécessaire, se dérobent par cela même à notre Esprit ? Ce milieu doit être quelque chose qui, pris hors de l'objet même, serve à nous le découvrir, & trace à l'esprit, pour ainsi, dire une route infaillible vers cet objet. Il faut que ce soyent certains Phénomènes, dont le concours & l'enchainure suppose la réalité de l'objet qu'on cherche, & se lie étroitement avec lui, comme avec la

Raison qui les fonde, avec le Principe qui les explique, avec la Cause qui les produit. Nous avons tous l'esprit disposé de sorte, qu'il nous est impossible de ne pas porter un jugement sur des apparences ainsi rassemblées, & de ne nous pas rendre à la preuve qui en résulte ; y ayant autant d'absurdité à soutenir que de telles apparences nous trompent, qu'à admettre un effet sans cause. Tout fait invisible se manifeste donc par l'entremise de divers faits visibles, ou par le concours des Phénomènes, qui nous frappent actuellement, & qui ont avec lui la proportion d'un effet avec sa Cause, ou d'une suite avec son Principe. Ces Phénomènes que l'on voit, peignent & prouvent en même tems à notre esprit ce fait caché qu'il ne voit point. Si nous nous trompions en raisonnant de la sorte, Dieu lui-même seroit la cause de notre erreur. Dieu qui est la cause universelle, prendroit la place de ces causes particuliéres que les Phénomènes indiquent, & se cacheroit à plaisir sous un tel voile pour nous tromper. Mais comme une telle supposition renverse l'idée de l'Etre parfait, & répugne à celle de sa bonté & de sa sagesse,

j'en

j'en conclus que nous avons découvert un fondement solide pour la Certitude Morale, en la réduisant à ce seul Principe; c'est que Dieu n'étant point trompeur, la liaison d'un concours d'apparences qui me frappent, avec une cause simple qui les explique & qui peut seule les expliquer, prouve la réalité de cette Cause. Si ce Principe, envisagé d'une maniére nue & abstraite, paroît d'abord un peu suspect, on n'aura qu'à l'appliquer à divers sujets pour en reconnoître la solidité & l'usage.

CHAPITRE I.

Aplication du principe de la Raison suffisante, à la Certitude de l'Histoire.

I. *De la Nature du Temoignage humain entant qu'il fait preuve des faits.*

LA principale preuve des Faits, à prendre ce mot selon sa signification la

plus

plus étroite, pour exprimer les Evénemens que l'Hiſtoire nous raconte, & en général toutes ces Véritez qui ſont l'objet de la Foi humaine, cette preuve disje ſe tire du Témoignage. Non du témoignage conſideré ſimplement & préciſément en lui-même, mais comme revêtu de certaines circonſtances, d'où l'on conclut qu'il a dû néceſſairement avoir pour principe, la Vérité même du fait atteſté. Indépendamment des circonſtances le témoignage ne prouveroit rien; puiſque tout Homme, abſolument parlant, peut ſe tromper lui-même, ou vouloir tromper autrui. Car qu'eſt-ce après tout qu'un Témoignage? C'eſt un acte de la volonté humaine, lequel renferme ces deux choſes. 1. La répréſentation d'un fait, 2. le deſſein de m'en perſuader la Vérité. A moins donc que je n'aye lieu de m'aſſurer que celui qui me rend ce témoignage n'a pû, ni voir les choſes autrement qu'elles ne ſont, ni vouloir me perſuader ce qui n'eſt pas, je n'en ſaurois rien conclure. C'eſt à proportion de l'aſſurance qu'on peut avoir à ces deux égards, qu'un témoignage eſt croyable, ou qu'il a de la force pour nous convaincre; & ſi cette aſſurance étoit

étoit parfaite il formeroit une Démonstration, parce qu'en ce cas il auroit une liaison nécessaire avec la Vérité même du fait. Cependant on se contente à beaucoup moins dans le cours ordinaire de la vie, & il est très raisonnable qu'on s'en contente. Tous les jours nous nous fions à ce que nous dit un Homme dont la probité est reconnue & qui paroît dans son bon sens, & nous réglons notre conduite sur un pareil témoignage. C'est que dans la pratique il doit nous suffire d'avoir des motifs pour croire, sans qu'il s'offre aucune raison de douter. Une simple probabilité qui n'est balancée par rien de contraire, suffit pour nous déterminer raisonnablement. Or cette probabilité se trouve dans le témoignage serieux d'un homme sensé, qui ne paroît avoir nul intérêt à nous tromper, lorsque ce qu'il dépose n'est point contredit, ni contraire à la vraisemblance. De tout cela pourtant il ne sauroit resulter de certitude parfaite qui soit fondée sur une vraye Démonstration. Pour la tirer d'un seul témoignage, il faudroit qu'il fût évidemment impossible par les circonstances, que le Témoin se soit fait illusion, ou qu'il ait voulu nous la faire. Or la pleine assurance contre ce double soupçon, dépendroit d'une connoissance parfaite de cet homme, du caractère de son esprit, de la disposition de son cerveau, de tous les motifs, intérêts, causes internes ou externes qui peuvent influer sur son témoignage ; ce qui entraineroit des discussions infinies.

II. *La Démonstration d'un Fait, resulte du concours des témoignages qui l'attestent.*

Mais ce qu'on chercheroit en vain dans un témoignage unique, on le trouve dans l'amas & dans le concours de plusieurs témoignages rassemblez ; ce concours de témoignages, ne pouvant avoir en certains cas d'autre principe que la Vérité même de ce qu'ils énoncent. Mon Voisin me conte une Nouvelle, je ne la crois que de bonne sorte ; peut-être l'a-t-on forgée à plaisir. Un Historien raporte un fait singulier, je me tiens sur mes gardes ; car il n'est pas impossible qu'il ait été mal instruit ou qu'il ait eû ses raisons pour déguiser la la Vérité. Mais quand le témoignage de toute une Ville s'accorde avec le recit de mon Voisin ; quand l'Histoire que j'ai lue se treuve appuyée du témoignage unanime des Historiens; alors il ne me reste plus aucun doute. Pourquoi cela ? C'est qu'il est impossible que les Sens de plusieurs milliers de personnes se trouvent frappés tout à la fois d'une même illusion. C'est qu'il ne se peut que toute une Ville conspire pour me tromper sur un même fait, & sur un fait qui ne sera souvent d'aucune importance. C'est qu'il est absurde de supposer que tous les Historiens se soyent donné le mot pour attester un même mensonge ; & que vingt Auteurs, vivans en différends siècles, habitués en différends Païs, placez dans des circonstances toutes différentes les unes des autres, ayent pû s'accorder à écrire la même fausseté. Je dis donc que ce Concert des témoignages en prouve la Vérité, n'y ayant que la Vérité seule qui l'ait pû former. Je les regarde, ces témoignages, qui de toutes parts viennent m'instruire d'un fait, comme un assemblage de Phénomènes, qui devant avoir une cause qui l'explique, n'en sauroit avoir d'autre, que l'existence de ce fait même.

Car enfin, réfléchissons un peu là-dessus. Un assemblage si juste, si bien concerté, s'est il pû produire fortuitement ? Le hazard aura-t-il tracé sur tant de Cerveaux & d'Imaginations différentes la peinture d'un meme Objet ? Aura-t-il, à travers cette prodigeuse varieté de caprices, de vues & d'intérêts qui partagent les hommes, fait concourir tant de volontez au dessein d'accréditer le même mensonge ? Et si ce n'est pas le hazard, quel pouvoir a pû faire violence à tant d'hommes, pour leur persuader qu'ils ont vû ce qui n'est point, ou pour les forcer à rendre un faux témoignage ? Ou bien quel intérêt commun pourroit avoir réuni dans un même complot d'imposture, tous ces Témoins qui me parlent, tous ces Ecrivains que j'ai lûs ? Comment même auroient ils pû s'entendre pour le former ?

III. *Il y a des cas où ce concours ne sauroit être l'ouvrage du pouvoir humain.*

J'avoue qu'il y a certains concerts d'illusion, qui ne passent nullement le pouvoir

voir humain. Comme il n'est pas impossible qu'un Homme veuille me tromper, il ne l'est pas non plus que plusieurs se réunissent dans ce dessein, & que cette volonté d'induire à erreur, se trouvant fondée sur quelqu'intérêt, jointe avec un certain ascendant qu'un seul homme peut prendre sur beaucoup d'autres, ne forme un tissu d'apparences illusoires. Mais comme ce pouvoir a des bornes assez étroites, & qu'il ne s'étend jamais au delà d'une certaine sphére, on discerne aisément ce qui peut en être l'effet, d'avec ce qui ne sauroit l'être. En Justice, par exemple, un Homme d'autorité & de crédit, pourra surprendre les Juges, suborner des Témoins, forger des pièces, ménager de faux indices, & faire triompher ainsi la mauvaise cause de la bonne. De même l'on peut durant l'espace de quelques mois me cacher la mort d'un Ami absent, il ne faudra pour cela que prévenir ceux qui pouvoient m'en apprendre la nouvelle, supposer de fausses Lettres, & écarter adroitement tout ce qui m'instruiroit de la Vérité. Qu'un Homme soit prisonnier, ou confiné dans quelque désert, rien n'est plus aisé que de lui donner de fausses

ses idées de ce qui se passe dans le monde. Pour conduire avec succès une pareille imposture contre un Homme dénué des moyens de s'en garantir, il ne faut pas à beaucoup près le même pouvoir qu'un Souverain a dans son État. Dans des cas pareils, ce concours de témoignages, ce tissu d'apparences bien concertées, ne forme point de Démonstration, parce qu'il ne renferme rien qui soit au-dessus du pouvoir humain. Mais dans ceux dont je parlois tout à l'heure, dans ces Faits éclatans qu'atteste l'Histoire, ou dans les faits contemporains qui sont revêtus de ce qu'on appelle la Notoriété publique, la certitude qu'on en a, roule sur une chaine d'apparences trop longue pour avoir été tissue par aucun pouvoir humain. Il est manifestement incapable d'embrasser l'étendue des tems & des lieux où ces apparences sont dispersées, pour s'en rendre le Maître & en disposer à son gré. Nul Monarque, le fût-il de toute la terre, ne suffiroit aux frais d'une pareille imposture.

IV. *Premier Exemple.*

Quand je veux remonter aux sources

de la persuasion que j'ai de ce fait; *il y a eû un Jules Cesar*; & que je me demande, d'où vient qu'il ne m'est jamais entré dans l'esprit que tout ce que l'Histoire raconte de cet Empereur pourroit bien n'être qu'une fable, & que peut-être Cesar n'a jamais été; je trouve que c'est parce que ce fait est soutenu d'une infinité d'apparences qui s'y concentrent toutes, & que sans lui rien ne lieroit les unes aux autres. Quand je songe que si l'on nie l'existence de J. Cesar, ces apparences demeurent en l'air, sans aucun appui ni dépendance mutuelle, ni rien au monde à quoi l'on puisse les raporter : quand je pense que le fait de Jules Cesar tient à une infinité d'autres faits qu'il auroit fallu supposer avec celui-là ; quand je vois comment il s'incorpore avec l'Histoire du Monde entier ; quelles influences il a eûes sur le Systême général des affaires humaines, quelles impressions il a produit dans les Esprits : lorsqu'après cela je jette les yeux sur la multitude de Monumens de toute espèce ; Marbres, Inscriptions, Medailles, Annales, Ecrits de différend genre, qui m'attestent, non seulement ce fait principal , mais une mul-

multitude innombrable d'autres qui supposent la vérité de celui-ci ; je conclus que cette proposition ; *il y a eû un Cesar*, est aussi certaine qu'il l'est que le soleil luit ; avec cette différence seulement, que cette derniere Verité me persuade par la vue immédiate que j'en ai, au lieu que pour l'existence de Jules Cesar, je la connois comme par les Effets on connoît la Cause, comme par le moyen des Phénomènes on découvre leur unique Raison suffisante.

V. *Second Exemple sur ce Sujet.*

Autre exemple. Je n'ai jamais vû le Nouveau Monde ; cependant je ne doute non plus de la réalité de ce vaste Continent qu'on nomme l'Amérique, que si je l'avois parcouru d'un bout à l'autre. Pourquoi cela ? C'est que j'ai sous les yeux une infinité de choses qui supposent la vérité de celle-là. J'ai premièrement la persuasion universelle ; parmi tous les Hommes que j'ai jamais vûs, n'en ayant rencontré aucun, qui témoignât le moindre doute sur ce sujet. Cette persuasion ne sauroit être illusoire lorsqu'il s'agit d'un Fait actuellement

exis-

exiſtant, dont tant de perſonnes peuvent aller s'aſſurer par leurs propres yeux. De plus, j'ai le témoignage actuel des Voyageurs qui reviennent de ce Pays-là; une infinité de Relations & de Cartes qu'on en a faites &c. Ce n'eſt pas encore tout; l'exiſtence du nouveau monde eſt l'unique fondement de je ne ſai combien de faits qui ſe paſſent à ma vue. La diſpoſition générale des affaires de l'ancien Monde ſoit dans la Politique, ou dans le Commerce, ou pour les intérêts des Peuples, ou pour les projets des Particuliers, ayant une infinité de rapports avec le Nouveau.

VI. *La certitude des deux Faits alleguez, roule ſur un concours d'Apparences qui ſuppoſent le Fait même pour leur principe unique, parce que Dieu n'eſt point trompeur.*

Dans l'un & dans l'autre de ces Exemples ma certitude roule ſur le même raiſonnement. Je vois un concours d'Apparences qui toutes viennent ſe lier à un certain Fait; leur rencontre n'eſt aſſurément point l'ouvrage du hazard. Il faut donc de deux choſes l'une; ou qu'elqu'elles ayent pour cause & pour raison le Fait auquel elles se rapportent manifestement, ou que quelqu'Etre d'une puissance extraordinaire, les ait rassemblées sous mes yeux pour me tromper (1). A ce dernier égard je n'ai rien à craindre du pouvoir humain. Il n'en est aucun qui soit capable de disposer ainsi souverainement de tout ce qui s'offre à ma vue. Nul homme, fût il Monarque absolu de toute la terre, ne peut avoir supposé tous les Monumens, ni concerté dans tout le détail de leurs circonstances, cette foule de témoignages, qui déposent en faveur du Fait de Jules Cesar. Nul homme ne s'est pu rendre maître de tous les Esprits, de toutes les langues, de toutes les plumes, pour imposer à la Posterité sur un Fait de cette nature. Personne non plus n'a pû arranger le Système d'illusions qui me persuaderoit à faux l'existence de l'Amé-

(1) Quoi qu'on ne puisse marquer les bornes précises de ce Pouvoir que les hommes ont de nous tromper, en disant il va jusques-là, & ne sauroit s'étendre d'un degré plus loin; cela n'empêche pas qu'on n'affirme avec certitude, que telles illusions ne surpassent point ce Pouvoir, & que telles autres le surpassent.

l'Amérique, puisqu'il faudroit pour produire un arrangement pareil, exercer un souverain empire sur l'Esprit, sur les Sens, sur la conduite de tous les hommes.

VII. *Pourquoi Dieu ne sauroit tromper.*

Il ne reste donc que la Toute-puissance divine à qui l'on convient que tout cela seroit possible. Dieu étant le souverain Maître du Monde & des Créatures, peut sans doute diriger à son gré tous leurs mouvemens, & présenter à mes yeux tous les divers ordres d'Apparences qu'il lui plaît. Mais sa Sagesse, sa Bonté, sa Véracité, me mettent à l'abri d'une illusion que son pouvoir lui rend possible. Sa Véracité m'en deffend. Car il est bien clair qu'une telle disposition miraculeuse de Phénomènes qui tous paroîtroient supposer un Fait qui ne seroit point, auroit toute l'essence d'un faux témoignage, il répréfenteroit une chimere, & renfermeroit manifestement le deffein de m'en persuader la réalité. Cette illusion ne repugne pas moins à la Bonté de Dieu, puisqu'il me jetteroit par là dans un labyrinthe d'incerticertitudes, m'ôtant tout moyen de m'affurer de la Vérité, & toute refsource contre l'Erreur. Enfin une telle conduite n'auroit aucun caractère de Sageffe. En effet conçoit-on rien de moins digne d'un Etre fouverainement fage, que de bouleverfer l'ordre de la Société, de fufpendre l'action des Caufes Morales, de forcer les hommes par une impreffion miraculeufe à violer toutes les règles de leur conduite ordinaire, & à démentir toutes les Loix de leur Nature, & cela dans le feul deffein de me perfuader fauffement qu'il y a eû un Jules Cefar, ou qu'actuellement dans l'autre hémifphère fe trouve un païs nommé l'Amérique. Un Etre capable d'agir de la forte, un Etre qui dans ce grand appareil de moyens fe propoferoit un tel but, loin d'avoir le caractère de l'Etre parfait, feroit le plus capricieux, le plus infenfé de tous les Etres.

VIII. *Loix qui gouvernent les Agens moraux. En vertu de ces Loix, un Evenement en produit un autre, & un Fait peut être regardé comme la caufe des témoignages qui le publient.*

Il est bon d'observer que l'ordre moral de la Societé, tout comme celui du monde corporel, roule sur certaines Loix invariables, qui ont leur fondement dans la nature même de l'Homme, & dans le caractère essentiel de l'Esprit humain. Cet ordre embrasse une suite réglée de causes & d'effets qui s'enchainent avec tant de justesse & de proportion les uns aux autres, que par les effets on parvient surement à la connoissance des causes.

C'est en vertu de cet ordre, que les grands événemens peuvent être regardés par raport à leurs suites, comme des Causes Morales lesquelles ayant des effets qui leur sont proportionez, se prouvent par ces mêmes effets. Il n'a fallu autre chose pour produire cette impression uniforme & générale qui m'atteste le fait de Jules Cesar, que la vérité même de ce Fait. De la maniére dont les Hommes sont faits, il est impossible que les grands événemens qui composent la vie de cet Empereur, s'ils sont véritables, n'ayent vivement frappé leur imagination, ne se soyent gravés profondement dans leur mémoire, n'ayent été racontés & sûs par toute la terre.

terre. Il est impossible que ces Faits n'ayent été transmis à la Posterité par une infinité de monumens de toute espèce; qu'ils n'ayent produit à leur tour d'autres événemens, & donné une nouvelle face à la Societé. D'autre part tous ces divers effets ne peuvent avoir eû lieu, sans que le Fait de Jules Cesar en soit la source. Car il est clair qu'une impression universelle doit avoir un principe universel ; & il n'y en a point d'autre en ce cas, que le fait lui-même attesté. La seule Vérité de ce fait, peut en avoir gravé des répréfentations uniformes dans tous les cerveaux, & de là les avoir répandu dans toutes les Histoires, comme en autant de Tableaux dont l'exacte ressemblance prouve assez qu'ils ont été copiés d'après un même Original. C'est la seule vérité d'un Fait qui peut avoir servi à tous les Contemporains de motif commun pour le publier; étant naturel qu'une même Vérité fasse parler toute la terre, au lieu qu'il n'est pas possible qu'un même intérêt la fasse mentir. Car cet amour de la Vérité qui nous inspire le desir de la connoître & l'envie de la communiquer aux autres, est une pente générale chez
les.

les Hommes ; au lieu que le motif qui porte à la déguiser en de certain cas, ne peut être qu'un intérêt particulier à tels ou à tels, & ne sauroit jamais devenir l'intérêt général du genre humain. D'ailleurs c'est la seule Vérité d'un fait important à la Societé, qui par ses divers rapports aux vues & aux passions des hommes, imprime à toute la Societé des mouvemens qui ne sont nullement équivoques pour la preuve de ce fait. On ne sauroit le supposer faux malgré tout cela, que par un renversement des Loix de la Nature humaine, c'est-à-dire par un acte de la toute-puissance de Dieu.

C'est ce qui me faisoit dire tout à l'heure que le témoignage de quelqu'homme que ce soit, étant consideré seul, peut me tromper ; mais qu'il est impossible que le concours des témoignages me trompe. Il est bien possible qu'un Homme par quelque dérangement accidentel de ses Organes, par quelque suspension de l'usage de ses Sens, se soit fait illusion, mais il est impossible que des milliers de personnes à la fois se la fassent sur un même Fait, ni que tout un Peuple, attaqué subitement
du

du même délire, croye avoir vû ce qui n'eſt point. Il eſt poſſible que celui qui m'atteſte un événement, ait quelqu'interêt ſecret à le feindre, ou qu'il ait menti par caprice, & qu'enſuite par une conduite ſimulée il ſe plaiſe à entretenir chez moi cette illuſion : cela n'a rien d'abſolument incompatible avec la Nature de l'Homme. Mais que le caprice ou l'intérêt ait pu déterminer toute la terre à taire le même Fait, ou à debiter le même Menſonge ou à agir comme ſi une certaine choſe étoit vraye, quoi qu'elle ne le ſoit pas, c'eſt ce qui répugne à la Nature, & à toutes les Loix de l'eſprit humain. C'eſt ce qui n'arriveroit que par un miracle de la Toute-puiſſance qui n'auroit d'autre but que celui de me tromper.

En conſiderant la Vérité des faits hiſtoriques par raport au concours d'apparences qui nous la démontre, comme une Cauſe par raport à ſes Effets, ou comme un Principe par raport à ſes ſuites infaillibles, j'ai diſtingué différentes ſuites que peut avoir un événement. Une des plus ſimples eſt le Témoignage. Il eſt naturel qu'un Fait conſiderable & public, occupe les eſprits, faſſe la matiére

tiére des entretiens, que les bouches s'ouvrent, que les plumes se mettent en mouvement pour le raconter, & que les divers recits qui s'en font, au travers des varietez qui s'y rencontrent pour certains détails de circonstances, ayent pour le fond une conformité essentielle, qui prouve la réalité de leur objet.

IX. *Outre le témoignage les grands Evénemens ont des suites qui leur servent d'indice & de preuve.*

Mais outre le témoignage de l'Histoire, les grands Evenemens entrainent encore après eux beaucoup d'autres suites. L'impression qu'ils produisent sur l'esprit des Hommes paroît, non seulement dans leurs discours, mais dans leur conduite, & se varie à l'infini suivant l'interêt qu'ils y prennent. Un seul Evénement suffira pour changer la face d'une Nation, & quelquefois celle du Monde entier; pour introduire des changemens notables dans les mœurs, dans les opinions, dans les imaginations des Hommes, & selon le différend tour, des affaires & des Esprits, il deviendra la

Tome I. b foursource d'une infinité d'autres Evénemens. Voilà autant d'Effets qui caractérisent leur Cause, autant de traces qui repandues dans la suite des siècles, sont propres à perpetuer la mémoire d'un fait. Si l'on rassemble tous ces Vestiges & qu'on les joigne au témoignage formel de l'Histoire, on verra qu'ils en confirment merveilleusement la Verité.

X. *Différence entre le témoignage formel, & ces autres suites ou indices, qui rendent aux faits un témoignage muet.*

Il y a pourtant cette différence entre le Témoignage proprement dit, & ces autres Suites dont je viens de parler, que le témoignage a, par raport à la Verité qu'il atteste, non seulement le caractére d'un effet qui manifeste sa cause, mais celui d'un tableau qui répréfente son Original. Le témoignage historique nous peint un fait dans l'amas des circonstances qui déterminent son être individuel en le distinguant de tout autre: au lieu que ces autres suites qu'on peut apeller muettes, servent bien à confirmer la Verité d'un recit, mais
ne

ne forment jamais à part, indépendamment de ce recit, la preuve du fait qu'il énonce. Par la nature de ces suites & de ces effets, l'on se formera bien une idée vague de la cause qui a dû les produire, mais on ne pourra deviner le fait singulier, prècis, individuel, qui les a produites actuellement. Réprénons, pour éclaircir ma pensée, l'Exemple de Jules Cesar. Il est certain que si vous comparez l'état de Rome esclave sous les Empereurs, avec celui de Rome libre sous les Consuls, vous conclurez d'abord que cet Empire a subi quelque grande Catastrophe, & qu'il faut sans doute que quelque Romain habile, audacieux, plein d'ambition, opprimant la liberté de sa patrie, y ait changé la Constitution du Gouvernement. Mais tout cela ne vous aprend, ni l'Histoire de cette Catastrophe, ni quel Homme en a été le mobile, ni par quelles voyes il l'a causée. Comme plusieurs Romains ont pû former la même entreprise & l'executer par des moyens différends, la seule disposition des affaires de Rome depuis Jules Cesar, ne vous prouveroit point qu'il ait existé, supposé que le nom de cet illustre Usurpateur se fût effacé de tous les monumens de l'Ancienne Histoire. Qu'au lieu de Cesar, Pompée se fût rendu Maître du Monde, les suites d'une pareille Revolution auroient fort bien pu se trouver les mêmes. Ces suites, à les considerer seules, ne nous donnant donc que l'idée générale d'un principe de certaine espèce d'où elles ont dû resulter ; c'est à l'Histoire de déterminer cette idée vague à l'individu qu'on nomme Cesar, & de nous décrire ce tissu d'exploits, d'intrigues & d'événemens, à l'aide desquels il mit Rome dans les fers.

Quoi qu'il en soit, ces divers ordres de preuves s'entresoutiennent; & de tout ce que j'ai dit jusqu'ici l'on peut conclure que, tant les témoignages formels ou les recits des Historiens, que les indices, les suites & tous les divers monumens qui servent à prouver les faits, ne sont propres à cela qu'entant qu'on les regarde comme des Phénomènes qui n'ont d'autre raison suffisante de leur assemblage, d'autre Principe qui les lie, d'autre Cause qui les puisse expliquer, que la Verité même des Faits. Tournez la chose de quel biais vous voudrez, toute certitude historique se reduit là. Toute Verité qui est

est l'objet de la foi humaine, n'a point d'autre fondement que cette règle.

CHAPITRE II.

De la force du Témoignage, où l'on traité de la Certitude de la Tradition, & de l'autorité des Anciens Monumens.

§. I. *Caractéres que doit avoir un temoin pour être croyable. La demonstration des Faits ne sauroit resulter d'un seul témoignage.*

MAis pour mettre, s'il m'est possible, ces raisonnemens dans un plus grand jour, il sera bon que nous entrions dans un Examen un peu particulier sur la force du Témoignage, espèce de Phénomène d'où dépend, comme nous l'avons déja vû, toute certitude historique. Je commencerai par justifier une Proposition que j'ai avancée dans l'Article précédent, & dont bien des gens ont quelque peine à convenir,

c'est

c'est qu'un seul Témoin ne peut jamais faire la Démonstration d'un fait. Voici les preuves de ce paradoxe. La credibilité d'un temoin dépend essentiellement de ces deux qualités, sa sagacité & sa véracité. Par la premiére de ces qualités on s'assure qu'il ne s'est point trompé dans ce qu'il raporte ; par la seconde, qu'il n'a point voulu nous tromper. A proportion donc que l'on a plus d'assurance de ces deux choses, son témoignage devient plus croyable. Si l'on étoit parfaitement sûr, & que le temoin a bien vû, & qu'il a voulu nous dire vrai, alors le témoignage deviendroit infaillible, & la Verité du fait qu'il atteste seroit démontrée, parce que le témoignage en ce cas, ne pouvant avoir pour cause l'erreur, ni la volonté de se tromper, supposeroit necessairement la réalité de ce fait. Mais il n'est pas possible d'avoir par raport à quelque temoin que ce soit cette double assurance dans un degré suffisant pour la Démonstration, ou pour cette pleine certitude qui exclut toute possibilité d'erreur. Il seroit besoin pour cela d'être sûr qu'aucune des circonstances qui peuvent avoir influé sur son témoi-

témoignage, ne nous échappe : ce qui dépend de mille choses invisibles qui sont cachées au fond de l'Ame du témoin, & qu'il n'y a que le Scrutateur des cœurs qui connoisse pleinement. C'est l'interêt, dit-on, ou la vanité qui fait mentir ; toutes les fois que ces deux principes n'engageront point à mentir, ou qu'ils porteront à dire la Vérité, on doit donc compter sur celle du témoignage rendu. Je réponds 1. qu'il est impossible de deviner les divers caprices de l'Esprit humain, qui varient à l'infini, & de s'assûrer qu'ils n'ont point eu lieu dans tel ou tel cas. Il ne l'est pas moins de connoître tous les motifs de vanité ou d'interêt, capables de remuer un Homme. La Vanité sur-tout est extrêmement bizarre dans ses effets, & les diversifie d'une maniére incompréhensibble ; étant quelquesfois capable de débiter des mensonges, & ensuite de les soutenir contre un assez grand interêt. Qui me répondra de la Détermination du libre arbitre, lorsqu'un Homme est réellement maître de mentir ou de dire la Vérité ? Les cas où un seul témoignage pourroit faire démonstration, se réduiront donc au petit nombre de ceux où la vraye Contingence cesse; ils se réduiront aux cas où l'on peut être sûr que le Témoin a dit la Vérité, parce qu'on a pû prévoir d'avance infailliblement qu'il la diroit ; à ceux en un mot, où les motifs pour dire vrai sont si puissans, qu'ils ne laissent dans l'Agent aucun lieu au vouloir contraire. Or il est très-rare qu'on puisse s'assûrer de ces sortes de cas. 2. Alors même il reste un scrupule, qui seul suffit pour arrêter la Démonstration. Je suis assûré, si vous voulez, que tel Témoin n'a point voulu mentir; & qu'il m'a dit ce qu'il a cru voir; mais le suis-je, que ce qu'il a cru voir soit vrai en effet? Ai-je démonstration qu'il ne s'est point trompé? Que ses Sens n'ont point souffert d'illusion par rapport au fait qu'il m'atteste? Non, il me manque à cet égard cette certitude complette qui exclut la possibilité même du doute. Mais la premiére assûrance ne servant de rien sans la seconde, il est clair qu'un Témoin unique ne sauroit former en rigueur la Démonstration d'aucun Fait. Il n'y a donc proprement que le Témoignage divin qui soit infaillible, parce qu'il n'y a que Dieu d'immuablement sage & bon.

Il

Il n'y a que lui dont on puisse dire, qu'il lui est également impossible ni de tromper, ni d'être trompé.

§. II. *Il en peut pourtant resulter une assurance sufisante. Distinction entre* Probabilité; Assurance *raisonnable*; & Certitude *parfaite*.

Tout ce que je viens de dire n'empêche pas que souvent on ne puisse s'assurer raisonnablement d'un fait sur l'autorité d'un seul Témoin, & qu'il n'en doive être crû sur sa parole. Car il faut distinguer avec soin cette Assurance raisonnable, d'avec la simple Probabilité d'une part, & d'avec la Certitude démonstrative de l'autre. L'on fonde une assurance raisonable sur la foi d'un seul temoin, lorsqu'on a de fortes raisons de le croire à la fois sincère & bien instruit des faits qu'il raporte, sans en avoir aucune de soupçonner ni sa véracité, ni sa Sagacité: de puissans motifs de Créance, qui ne sont ballancés par aucun motif de doute, formant une persuasion raisonnable où l'Ame se fixe & se repose. Rien ne seroit plus contraire à la Raison que de douter sans motif.

tif. Il feroit ridicule, par exemple, de foupçoner de menfonge un Homme fage qui, fans paroître y avoir nul intérêt, raconte ferieufement une chofe qu'il dit avoir vue; ou de fuppofer qu'il foit tombé dans le délire pour le moment précis où il l'a cru voir. En pareil cas on ne fe contente point de préfumer qu'une chofe eft, on ne penche pas fimplement à la croire, mais on la croit, fans avoir pourtant cette certitude rigoureufe que donnent les feules Démonftrations. Perfonne n'eft plus croyable par exemple qu'un Aftronome & un Phyficien fur le détail de fes obfervations & de fes Experiences, au moins du côté de la bonne foi ; parce que la paffion dominante d'un homme de cet Ordre étant la découverte de la Vérité, on ne préfume point qu'à cet égard il foit tenté de fe vanter à faux ; c'eft la réalité de fes découvertes qui le flatte, & le plaifir qu'il goûte à les rapporter, il ne le gouteroit point à debiter un Roman. Dans les cas même où la vérification eft impoffible, on l'en croit volontiers fur fa parole. Comme ce que rapporte Wallis fur un effort prodigieux de fa mémoire; (dans Lowthorp Abridgm. Tom. 3. pag. 661.

661.) n'y ayant que la Vérité d'une telle merveille qui lui ait pû faire trouver du gout à la raporter.

Un fait sans être démontré, devient donc croyable sur l'autorité d'un seul témoin, lorsque ce témoin n'est point démenti par d'autres, & que son Caractère joint aux circonstances ne fournit aucun sujet de doute. Son témoignage me persuade, parce qu'il me conduit à la réalité de son Objet comme à son unique cause. Mais lorsque parmi les raisons d'y ajoûter foi, on en trouve aussi de s'en deffier, dans ce mélange de raisons contraires le fait demeure simplement probable. La seule possibilité qu'un Homme mente, ou qu'il se soit lui-même trompé sur ce qu'il raconte, ne me met point en droit de rejetter ce qu'il dit ; mais si je lui connois quelqu'intérét à mentir, ou quelque prévention capable de lui avoir déguisé la vérité du fait ; si dans d'autres rencontres il a manqué de sincerité, ou que faute d'attention à se bien assurer des Faits, il soit tombé dans quelques méprises ; son Témoignage n'a plus le même poids sur mon esprit ; j'ai des Raisons pour en douter comme j'en ai pour le croire,

puis-

puisque la Cause en est équivoque, & qu'il peut en avoir d'autres que la vérité du Fait méme. Ces Raisons qui s'entrecombattent, peuvent être plus ou moins nombreuses , mais toujours le poids des Raisons favorables, consideré relativement à celui des Raisons contraires, est ce qui fixe le degré de la crédibilité du témoin , & par conséquent de la probabilité du fait ; c'est de tout ce poids de Raisons contraires que la Probabilité demeure au-dessous de l'Assurance.

§. III. *L'union de plusieurs témoignages augmente le degré de credibilité d'un Fait; & pourquoi.*

Observez que par l'union des témoignages cette probabilité s'augmente. Je suppose qu'on vous vienne annoncer le gain de six mille francs, & que la Personne qui vous apporte cette bonne nouvelle soit d'un Caractère à vous donner une demie assurance du Fait ; c'està-dire que les Raisons de lui ajouter soi soyent en parfait équilibre avec celles d'en douter, ensorte que vous consentiriez d'abandonner pour mille Ecus toutes es vos prétensions à ce gain qu'on vous annonce. Survient un second témoin du même poids que le premier, qui vous confirme la chose. Qu'arrive-t-il ? Ce second témoin sans vous assurer du fait, en accroît la probabilité. Chacun à part, ils ne pouvoient vous donner qu'une demie assurance, réunis ils vous donnent quelque chose de plus. Leur jonction rompt l'équilibre dont je parlois tout à l'heure ; & le total des Raisons qu'on a de croire ce qu'ils attestent, l'emporte sur celui des Raisons qui en font douter. Pourquoi ? C'est que toutes choses d'ailleurs égales, l'accord de ces témoins est un puissant préjugé en leur faveur. A les envisager chacun séparément, vous aviez autant lieu de craindre que la nouvelle ne fût fausse, que d'espérer qu'elle fût vraye, parce que vous connoissiez en eux, pour ainsi dire, autant de Principes du faux que du vrai ; mais quand vous les voyez qui s'accordent à vous tenir le même langage, la Vérité qui est une vous fournit la Raison de cet accord. Si la nouvelle est vraye, rien de plus naturel que la conformité de leur témoignage : mais d'où peut venir celle de leur men-

songe,

songe, si la nouvelle est fausse ? Il en faudra du moins chercher le principe ailleurs que dans le Caractère particulier de chacun d'eux, qui peut bien les porter à mentir, mais non à inventer précisément les mêmes faussetez. Il faudra supposer entr'eux un Concert & un Intérêt commun. Mais la simple possibilité de ce Concert, lorsqu'il n'en paroît aucun indice, n'empêche point qu'il ne soit beaucoup plus vraisemblable qu'une même Vérité les ait fait parler, que non pas qu'un même Intérêt les ait fait mentir.

Quand donc deux Témoins lesquels, pris séparement, ne seroient point d'un credit à leur donner pleine créance, s'accordent sur une Déposition, leur accord forme un préjugé pour sa vérité, parce qu'il a dans cette vérité même sa Raison toute trouvée. Bien entendu qu'il ne paroisse entre eux nul indice de collusion propre à contrebalancer le prejugé dont je parle, & que les circonstances écartent toute pareille idée. Ainsi de deux témoignages d'inégale force, le plus foible ajoute à la crédibilité du plus fort un nouveau degré qui resulte de leur conformité mutuelle.

§. IV.

§. IV. *Calcul d'un Géometre sur l'acroisse-
ment de la probabilité par le nombre des
Témoins. Il roule sur de faux
Principes.*

Un Anonyme de (2) la Societé Royale d'Angleterre a entrepris de réduire ce progrès de la force des témoignages à une mesure Géometrique. Il en est, selon lui, des divers degrès de probabilité qui nous rendent un fait croyable, comme d'un Chemin qu'on nous fait faire, dont la Certitude est le terme. Le témoin dont l'autorité m'assure à demi, en sorte qu'il y ait égal pari à faire pour & contre la vérité de ce qu'il m'annonce, me fait parcourir la moitié de ce chemin. Reste l'autre moitié pour pouvoir atteindre l'Assurance complette où les paris n'ont plus lieu. Qu'un second témoignage de la premiére main, & précisément aussi croyable que l'autre, vienne s'y joindre, que fait-il de plus ? Il m'avance sur l'espace restant que le premier témoin me laissoit à par-

(2) Philos. Transact. No. 257. apud Lowthorp Abridgm. Tom. III. p. 662.

parcourir, autant que celui-ci m'avoit avancé par rapport à l'espace total. Comme celui là m'avoit deja conduit à moitié chemin de la Certitude, celui-ci m'en approche encore de la moitié de cette seconde moitié. Ainsi deux Témoins dont chacun à part ne me donne qu'une demie Certitude, me donnent réunis ensemble les trois quarts de la Certitude entiere, & ainsi de suite dans la même proportion. Ce Calcul est ingénieux, c'est dommage que le Principe sur lequel on le bâtit ne soit pas également solide. Je vois fort bien qu'un Témoin qui me raconte un fait, diminue le chemin qu'il y a à faire depuis sa simple possibilité jusques à sa certitude, & me rend ce Fait probable, à proportion que le témoin lui même est digne de foi. Je vois aussi qu'un second Témoin ajoûte toujours quelque chose à la crédibilité du premier; qu'il m'avance plus vers la certitude ; qu'il abrége encore le chemin qui me restoit pour aller jusqu'à elle. Mais que venant se joindre au premier Témoin pour me prendre où celui-là m'avoit laissé, il m'avance sur l'espace restant en même proportion qu'il m'auroit avancé sur l'espace total,

s'il

s'il m'eût pris au commencement de cet espace, c'est-à-dire qu'il me fasse parcourir la moitié de cette derniere partie du chemin, ou le tiers, ou le quart; supposé qu'il donnât seul une moitié, un tiers, un quart d'assurance ; en un mot qu'il me fasse faire autant de chemin ni plus ni moins, de la Probabilité vers la Certitude, qu'il m'en auroit fait faire, à commencer de la simple Possibilité, c'est-là ce qu'assurement je ne saurois voir.

Du Principe que l'Anonyme établit pour calculer la force de plusieurs témoignages réunis, se déduit necessairement cette conséquence, que tel nombre qu'on voudra de Témoins, dont aucun n'est supposé pleinement croyable, ne donnera jamais la pleine certitude d'un Fait. Effectivement, puisqu'aucun de ces témoignages ajoutés bout à bout, à commencer du premier de tous, n'atteint la certitude complette, qu'on augmente leur nombre autant qu'on voudra, l'on diminuera bien de plus en plus la distance qui nous éloigne de ce terme ; mais on n'épuisera point cette distance; on ne touchera point le terme. Cela se démontre géometriquement.

C'est

C'est aussi ce que prétend l'Anonyme que j'ai cité. Mais plus cette conséquence est juste, plus elle est Géometrique, & plus elle nous convainc de la fausseté de la Règle dont on la déduit ; puisque l'on démontre aisément que des témoignages, dont aucun, pris à part, , ne mériteroit une pleine Croyance, peuvent par leur concours donner l'entiere certitude d'un Fait. Ce qui prouve assez, que le progrès de la Crédibilité par le nombre des Témoins, suit une toute autre marche que celle que cet Auteur nous indique. (3)

§. V. *Un concours de Témoins dans certaines circonstances donne la Démonstration des Faits. Exemple.*

Je suis parfaitement assuré qu'il s'est donné l'année passée une Bataille à *Guastalla*.

(3) C'est souvent commettre l'honneur des Mathematiques, que de les appliquer aux sciences du genre Moral ; de les faire entrer par exemple dans l'Examen des Problêmes Historiques, comme l'ont tenté quelques Géometres. Lisez sur cela les judicieuses reflexions de Mr. *Freret*, Mémoires de l'Acad. des Inscript. & Belles Lettres Tom. VIII. pag. 290. &c. Ed. de Hollande.

talla. La certitude que j'en ai n'a pourtant d'autre Principe que les Discours de ceux à qui j'ai ouï parler de cette Bataille, & les Relations que j'en ai vues. Le premier qui m'en apprit la nouvelle, ne me la rendoit que probable. Car que savois je ? Il pouvoit avoir fait un rêve, il pouvoit avoir été trompé par d'autres, avoir mal compris ce qu'on lui disoit, ou vouloir se divertir lui même à m'en imposer. J'avoue que ces diverses Causes d'illusion avoient peu de vraisemblance ; mais enfin comme elles étoient possibles, elles ne pouvoient laisser au fait en question qu'une certaine mesure de probabilité dans mon esprit. Jusques là je n'en étois point certain ; j'aurois pourtant parié pour le Fait double contre simple. (4) Durant un an qui s'est ecoulé depuis cette premiére nouvelle, peut-être n'y a-t-il pas trente Personnes qui m'en ayent entretenu ; peut-être n'ai je pas lû vingt differends Écrits qui en parlent. Cependant ce concours de témoins me donne une telle certitude, que je l'exprimerois

_____

(4) On peut consulter à ce sujet le petit Discours qui se trouve à la suite des *Pensées* de Mr. *Pascal.*

rois foiblement en pariant cent mille contre un avec quiconque me niera que la Bataille se soit donnée ; & je traiterois d'insensé, un Homme incredule à cet égard. Peut-être qu'aucun de mes Auteurs pris séparément ne seroit irreprochable du côté de l'intérêt, de la vanité, des lumiéres &c. Il n'en est pas moins vrai, que leurs concours circonstancié comme il l'est, ne me laisse aucun doute, & entraîne nécessairement mon esprit, parce que ce concours est tel, que ni l'artifice des hommes, ni le Hazard ne l'a pu produire, mais la seule Vérité du Fait.

§. VI. *Raison de cela.*

Vous apercevez tout d'un coup pourquoi l'assemblage de ces Témoins donne une Démonstration, quoi que chaque témoin separé ne pût seulement produire ce que j'apelle une *assurance raisonnable.* C'est que dans ce concours de Témoins, je vois la liaison d'une multitude de choses qui frappent mes yeux, avec un Fait que je n'ai point vû. Tout me conduit à sa Vérité, & ne sauroit me conduire ailleurs.

Ces

Ces témoignages circonstanciés composent un Effet total qui n'a de proportion qu'avec cette Cause unique. Sans beaucoup méditer là-dessus, il me paroît évident qu'aucun complot, qu'aucun hazard n'a pu faire, que durant un an entier j'aye vû & ouï tant de choses qui se raportent à cette fameuse Bataille, & qui en supposent la Vérité, sans avoir rien vû ni ouï qui la démente. Si vous y prenez garde, quoi que le nombre de mes témoignages soit borné, la preuve que j'en tire a une force infinie. Je me fonde, il est vrai, sur les choses qui frappent mes yeux ; mais ces Phénomènes, qui sont venus se présenter à moi, tiennent à une infinité de dispositions plus éloignées ; ils dépendent d'une enchaînure de causes dont on ne voit point le bout, & qui ne pouvant avoir été mises en mouvement pour me tromper, supposent necessairement cette Vérité qu'ils m'attestent.

Il n'en va pas de même d'un Témoignage unique qui, pouvant avoir une autre source que la Vérité de son objet, n'est point nécessairement lié avec cette Vérité. Pour démontrer une telle liaison, on auroit besoin de connoitre une infi-

infinité de circonstances qui nous échapent, & de démèler au fond de l'Ame du Témoin mille ressorts invisibles, dont le jeu très compliqué se dérobe toûjours, du moins en partie, à l'intelligence humaine.

§. VII. *L'accord des Témoins qui déposent d'un Fait, donne selon les circonstances, ou probabilité simple, ou assurance raisonnable, ou démonstration.*

Raisonnons sur le Concours des témoignages comme nous avons fait sur chaque Témoignage en particulier. Un témoignage tel, que parmi plusieurs raisons de le croire, j'en ai d'autres de m'en défier, n'est que probable. Celui qui sur de bons motifs de crédibilité ne m'offre aucune raison de doute, étant pleinement croyable, fonde l'assurance raisonnable du Fait. Celui enfin qui par des raisons invincibles se trouveroit infailliblement lié avec la réalité du fait même, m'en donneroit la démonstration. La preuve tirée de l'union des témoignages est susceptible de pareils progrès. 1. Elle peut ne former qu'une simple probabilité, lorsqu'il y a lieu

lieu de soupçonner entre les témoins quelque complot ou quelqu'intérêt commun. Alors la raison de croire, que nous fournit l'Uniformité des témoignages, se trouve combattue par les soupçons d'une influence commune, laquelle aura pû les réunir en faveur du Mensonge. C'est ce qui arrive dans tous les Procès où, pour constater des faits contraires, on produit plusieurs Temoins de part & d'autre. 2. L'union des Témoins, n'y en eût-il que deux qui s'accordent à la même déposition, lorsqu'on ne peut les soupçonner de collusion & d'intelligence, ou d'avoir un même intérêt à mentir, fonde une assurance raisonnable. Deux ou plusieurs témoins dans ces circonstances, ne laissant aucun légitime motif de douter, font l'équivalent d'un Témoin pleinement digne de foi. 3. Enfin la nuée de témoins peut grossir de telle sorte, & leur concours se trouver accompagné de telles circonstances, que quand chacun d'eux à part n'auroit qu'un très mediocre credit, leur assemblage formeroit une parfaite Démonstration. Y ayant des cas où l'on ne sauroit imaginer de raison, je ne dis pas vraisemblable, mais même possible,
de

de l'accord de tant de Témoins, que l'exiſtence du fait.

§. IX. *Progrès de la force du témoignage. La probabilité ſe meſure & a ſes degrés: la pleine certitude n'en a point. Elle eſt hors de toute meſure. C'eſt un Infini qui échape au calcul.*

Voilà donc un progrès viſible dans la force du témoignage, depuis le plus bas degré de la Probabilité juſques à cette pleine certitude qui eſt capable de Démonſtration. Pour ce qui eſt de l'aſſurance raiſonnable qui rend un Fait digne d'être crû, & qui tient un milieu entre le probable & le demontré, comme en ſe fondant ſur des Raiſons legitimes de croire un fait, elle n'exclut par la poſſibilité du contraire, c'eſt-à-dire, celle de diverſes Cauſes qui dans cette rencontre peuvent avoir produit un faux témoignage, quoi qu'actuellement nous n'en connoiſſions point de telles; cette aſſurance n'eſt elle même par rapport à la certitude parfaite, qu'une probabilité toujours ſuſceptible d'accroiſſement, par la diminution du nombre des cauſes poſſibles du contraire, juſqu'à ce que ces

Cauſes

causes possibles étant retranchées, la crédibilité se change en démonstration. Observez que le progrès qui conduit l'esprit de la simple probabilité à l'assûrance raisonnable, est susceptible de mesure; mais que celui qui nous éleve de cette assûrance à la vraye démonstration, ne sauroit se mesurer. Je puis dire, en comparant les raisons qui favorisent un fait, avec celles qui le combattent, & les pesant les unes contre les autres; il s'en faut de tant, que je n'aye atteint cette assûrance où l'esprit se fixe, lorsqu'avec des raisons de croire, il n'en trouve aucune de douter. Les raisons de douter peuvent être à celles de croire, comme deux à quatre, comme trois à neuf: auquel cas il manque un tiers ou un quart à l'assûrance entiere. Mais de cette assûrance même, il y a bien loin jusqu'à la démonstration. Il est impossible de marquer précisément le passage de l'un à l'autre, ni d'en mesurer la distance. Ce qui fait la parfaite certitude, consiste dans quelque chose d'indivisible, dont on ne sauroit avoir la moitié, le tiers, ni le quart. C'est un Infini sur lequel les calculs n'ont point de prise.

Tome I. §. X.

§. X. *L'Autorité de la Tradition, est fondée sur les Principes ci-dessus. La Tradition n'étant autre chose que la transmission du témoignage oculaire, sa certitude se réduit à celle de ce premier témoignage, & à l'assûrance qu'il a été fidellemement transmis jusqu'à nous.*

Si le concours des témoignages peut mettre au-dessus de tout doute, comme nous venons de le voir, la certitude d'un Fait ; si l'unanimité des Témoins oculaires forme, par rapport aux Evénemens contemporains, ce qu'on appelle la notorieté publique, l'accord de la Tradition produit quelque chose de semblable, par rapport aux Faits anciens, pour nous en transmettre une connoissance certaine. Il est constant que, lorsqu'on trouve la créance de quelque ancien fait, répandue en divers lieux éloignés les uns des autres, à moins qu'il n'y ait d'ailleurs de bonnes raisons qui la combattent, on ne sauroit s'empécher de reconnoître pour source de cette Tradition unanime, l'accord des Témoins contemporains, & par conséquent la Vérité de l'Histoire qu'ils nous ont transmise.

Une Tradition est sûre & fidelle, lorsqu'on remonte facilement à sa source, & que, à travers une suite non interrompue de Témoins irreprochables, on arrive aux premiers Témoins qui sont contemporains des faits. Pour tout réduire à l'idée la plus simple, supposons un premier Témoin pleinement croyable, qui dépose de ce qu'il a vu ; l'assûrance du fait qu'il atteste passe jusqu'à moi toute entiere à travers cette succession de témoins, puisque chacun d'eux me représentant exactement le fait, tel qu'il l'a recu de la bouche de celui qui l'a précédé, j'en ai la même certitude que si je le tenois de la propre bouche du premier Témoin. Cette Tradition est comme une chaîne dont tous les anneaux sont supposés d'égale force, & au moyen de laquelle, lorsque j'en saisis le dernier chaînon, je tiens à un point fixe qui est la Vérité, de toute la force dont le premier chaînon est lui-même acroché à ce point fixe.

Dans une seule ligne de Tradition cette assûrance ne peut être parfaite.

L'on voit assez que je ne fais ici qu'une

ne suppofition en l'air. Car, dans une feule ligne traditionelle, on ne peut jamais s'affûrer de l'exacte fidélité de tous les témoins ; il n'eſt guère croyable que dans une longue fucceſſion, il ne s'en foit trouvé aucun qui n'ait bien compris & bien retenu les faits ; aucun qui n'ait exactement rendu la vérité originale, fans que ni fon imagination, ni fa mauvaife foi, ni l'infidélité de fa mémoire en ait altéré le portrait. On ne peut s'affûrer non plus que cette Tradition remonte effectivement jufqu'à l'époque affignée à de certains faits, & qu'il n'y ait point eu, fort en deçà de cette époque, quelqu'impofteur qui fe foit plu à les inventer pour abufer la Poſtérité ; moyennant quoi, la chaîne des témoignages fuivans, quelque bien liée qu'elle foit, ne tient à rien, & ne nous conduit qu'à un menfonge.

§. XI. *Sa crédibilité décroît, à mefure que le nombre des transmiſſions augmente, ou que la Tradition s'éloigne de la date des faits.*

Comme donc cette Chaîne traditionelle doit remonter jufqu'aux Témoins con-

contemporains des faits dont elle nous instruit, il est clair qu'à proportion de sa longueur, la probalité de ces faits va en diminuant par une progression décroissante, dont la crédibilité dû premier Témoin est le premier terme. Par exemple, que toutes les bouches par lesquelles une Histoire a du passer pour arriver jusqu'à moi, soyent pleinement croyables, excepté celle du premier Historien, elles ne peuvent me transmettre que ce degré imparfait d'assûrance qu'il m'auroit donné. Qu'un second qui tient l'Histoire de ce premier, ne soit précisément qu'aussi croyable que lui, il retranchera sur le degré d'assûrance que le premier m'en donnoit, tout autant que l'imparfaite crédibilité du premier, retranchoit déja de l'assûrance complette. De sorte que si ce premier Témoin me retient à moitié chemin de la certitude, le second m'en recule encore de la moitié de cette moitié, c'est-à-dire, en tout, des trois quarts ; & ainsi des témoins suivans, qui d'un côté, fussent-ils pleinement croyables, ne peuvent augmenter le crédit d'une Tradition qu'ils ont reçue ; & qui d'autre côté, s'ils ne le sont pas,

C 3   dimi-

diminuent ce crédit de tout ce qui manque au leur. Je ne puis mieux éclaircir ceci qu'en reprenant la comparaison dont je me servois tout à l'heure. Représentez-vous un poids suspendu au bout d'une chaîne dont les anneaux, faits de matiéres différentes, ont par conséquent différens degrès de solidité. La force totale avec laquelle cette chaîne, attachée par un de ses bouts à un point d'appui, retient le poids suspendu par l'autre bout, exprimera le degré d'assûrance que donne une Tradition, dont les témoins successifs qui en composent le fil, sont entr'eux, par rapport au degré de leur crédibilité, comme les anneaux par rapport à la force de leur cohésion.

§. XII. *Ce défaut de la Tradition compensé par son étendue. Comment cett étendue la rend croyable ; & même en certains cas infaillible, en nous ramenant à l'origine des faits.*

Mais si la certitude de la Tradition s'affoiblit à mesure qu'elle s'éloigne de sa source, si cette chaîne de témoignages successifs se relâche à proportion

qu'elle

qu'elle s'allonge, que devient la certitude Historique, & qui nous assûrera de la vérité des faits anciens que nous ne connoissons que par cette voye ? Leur autorité doit être bien foible dans la bouche d'un dernier témoin qui vient après tant d'autres. Je réponds qu'encore ici, le concours des témoignages supplée au défaut de chacun en particulier. Plusieurs lignes collatérales de témoins successifs, par où une même Histoire descend jusqu'à nous, en assûrent plus la vérité par leur accord, que le nombre des transmissions, dans chacune de ces lignes en particulier, n'en affoiblit la certitude. Que douze familles habituées en differents lieux, & n'ayant nulle relation les unes avec les autres, conservent la mémoire d'un Fait important, voilà douze differents canaux d'une même Tradition, à l'aide desquels nous remontons sûrement tout d'un coup vers une source assez éloignée. Cette source doit être, ou bien un premier témoin sur le crédit duquel repose l'assûrance du fait, & dont il paroît, par la conformité des recits, que le témoignage s'est conservé du moins jusqu'à nous sans altération ; ce qui déja en abre-

geant

geant la chaîne de la Tradition, la fortifie; ou plûtôt cette source commune d'une Tradition qui n'a pu se répandre ainsi en differents lieux, que par des suites de témoignages très-indépendantes les unes des autres, doit être la Vérité même Fait. Ce fait sur-tout se trouvant de nature à avoir eu plusieurs témoins, a du se répandre de divers côtés, & pour ainsi dire, passer à la Postérité sur plusieurs différentes lignes. Comme donc pour les Faits récens, un concours de témoins, en certaines circonstances, supplée ce qui manqueroit à chacun d'eux pour nous donner une assûrance complette, de même pour les faits éloignés, le concours de plusieurs lignes traditionelles, étant circonstancié de certaine sorte, fait le supplément de ce que chacune à part laisseroit d'incertitude ; parce qu'il suppose pour son principe une multitude de Témoins oculaires qui, étant à la source des faits, n'ont pu s'accorder à rendre à la Postérité un faux témoignage. Toute Tradition devient plus ou moins croyable, selon qu'elle suppose plus ou moins vraisemblablement un tel concours. Et il y en a qui le supposent si

ma-

manifestement, & qui remontent si visiblement à l'origine des faits, qu'elles nous transmettent toute la certitude qu'en purent avoir les Contemporains, en nous plaçant, pour ainsi dire, dans leur point de vue.

§. XIII. *Elle nous en transmet toute la certitude, lorsqu'on ne lui peut supposer d'autre fondement, qu'un concours de Témoins oculaires. Il est faux que toute Tradition perde de sa crédibilité, à mesure qu'elle s'éloigne de sa source. Principe de cette Erreur, dans le Mathématicien ci-dessus.*

L'Anonyme que j'ai cité, raisonne donc fort juste, sur le déchet que souffre la probabilité des faits qui nous seroient transmis de bouche en bouche, par une seule ligne de Tradition; mais il n'en est pas de même, quand il conclut qu'une Histoire, que dix témoins contemporains auroient attestée, & qui seroit ainsi parvenue successivement jusqu'à notre siècle, y perdroit nécessairement de sa certitude, quoiqu'elle en perdît beaucoup moins. Son erreur vient de ce qu'il a cru que le concours des témoignages, en augmentant leur poids, ne produit point une certitude qu'ils n'eussent pu donner séparément. D'où il a inféré, que quelque grand que fût le degré de crédibilité des dix Témoins pris ensemble, comme de deux millions contre un, ce degré doit diminuer de la moitié au bout de quelques siècles; jugeant de cet amas de Témoignages, comme s'il ne s'agissoit que d'un seul. Mais il n'en va pas ainsi, puisqu'il y a tel concours de Témoignages oculaires, qui ne sauroit avoir que la Vérité pour principe, & telles Traditions, auxquelles on n'en peut assigner d'autre, qu'un pareil concours.

La certitude d'un fait s'affoiblit considérablement, je l'avoue, s'il n'a pour garand qu'une Tradition de famille, qui aura été transmise jusqu'à moi, à travers dix générations. Alors, quand mon Pere m'assûre ce qu'il a ouï dire au sien, je chancelle à chaque pas que je fais, pour remonter par ces dix degrès jusques à la certitude de son recit. A commencer depuis le témoin le plus proche, chacun a pu me tromper; chacun a pu se tromper lui-même, & cela ou en tout ou en partie. Mais si je découvre qu'une autre famille éloignée & inconnue à la mienne, conserve la même Tradition, qu'arrive-t-il ? Cela me raproproche tout d'un coup d'une source commune qui, à ne la supposer distante que de cinq générations, ne me laisse plus que cinq degrés à parcourir, fortifiant ainsi (5) de moitié cette chaîne de Tradition qu'elle abrége. Allons plus loin, supposons que la même Tradition remplisse une Ville, un païs entier; alors il est clair qu'elle remonte à l'époque même des faits, qu'elle ne peut avoir d'autre source que leur notoriété, & que par conséquent elle nous en conserve la certitude.

§. XIV. *Règles pour discerner les vrayes Traditions d'avec les fausses. Ces Règles son prises 1. de la proportion entre l'etendue d'une Tradition, & l'éloignement des faits qu'elle atteste. 2. De la nature de ces faits.*

Etablissons donc pour une premiére règle propre à distinguer les vrayes Traditions, d'avec celles qui sont fausses ou suspec-

---

(5) Quand je dis de moitié, je ne parle pas en rigueur Géométrique, car cette chaîne abregée de moitié se trouve réellement fortifiée de beaucoup plus.

suspectes, que plus la Tradition présente d'un Fait ancien a d'étendue, & plus son origine doit être censée se raprocher de l'époque de ce fait.

Lorsque la date d'un fait est d'une antiquité médiocre, & que la créance de ce fait est fort répandue, la Tradition qui nous le conserve, doit avoir la Vérité pour source. Moins d'un côté, le fait se trouve éloigné de notre Siècle, plus de l'autre, il y a de lignes indépendantes, par où la mémoire en est parvenue jusqu'à nous, & plus on a droit de compter sur son entière certitude. Afin de la rendre suspecte, il faudroit qu'on pût concevoir pour ces différentes lignes traditionelles, une origine commune, & pour ainsi dire, un point de rencontre, au-dessous de l'époque assignée. Or c'est ce qui ne se peut faire dans un espace aussi borné pour une Tradition si étendue. La seule proportion de cette étendue avec l'éloignement du fait, nous démontre alors sa vérité. Alors l'accord des différentes lignes de Tradition, dont je touche actuellement le bout, me conduit infailliblement à un cercle de témoignages con-

contemporains, lequel n'a pu avoir que la Vérité pour centre.

Cette certitude est fortifiée par un troisième caractère, pris de la qualité des Faits même. Si ce sont des faits publics, de nature à intéresser un grand nombre de Personnes, & à n'avoir pas été reçus légérement ; des faits dont la supposition auroit trouvé mille obstacles dans la diversité de passions, de préjugez, d'intérêts qui partagent l'esprit des Peuples, & celui des Particuliers d'une même Nation ; sur de pareils faits, une Tradition généralement établie, doit être reconnue pour véritable, & l'on ne peut lui supposer de fausse origine. Car où la trouver, cette source erronée d'une Tradition revêtue de pareils caractères ? Déja l'on doit se souvenir que la grande étendue qu'elle embrasse, par rapport à la distance où elle place les faits dont il s'agit, suppose de nécessité, que l'Erreur, s'il y en a, ne s'est point insinuée lentemeut, mais qu'elle a fait de très-grands progrès dès son origine. Où la chercher donc cette origine ? Sera-ce parmi les contemporains ? Il n'y a nulle apparence. Lui fixerez-vous une époque moins reculée ?

lée ? Mais il est inconcevable qu'un Imposteur trouve le secret de persuader à tout le monde des faits considérables, qui n'ont que deux cens ans d'ancienneté, & dont toutefois personne n'avoit auparavant ouï parler. Il est inconcevable, que cette fausse opinion soit adoptée tout d'un coup par différents ordres de personnes, qu'elle se répande en différents lieux , & passe sans contradiction à la postérité. On ne conçoit pas mieux, qu'il se puisse former une cabale assez nombreuse & assez accréditée, pour dupper la génération suivante, en lui donnant un pareil Roman, à titre de véritable Tradition. De penser, ou qu'un seul homme en ait fait accroire à tous ses Contemporains, sur des faits de nature à devoir être sûs d'autres que de lui, ou que tous les hommes d'un même siècle ayent été d'intelligence à tromper ceux du siècle suivant, ce sont deux suppositions également ridicules. Il faut pourtant choisir entre elles, si l'on combat la vérité d'une Tradition générale, sur ce qui s'est du passer publiquement il y a trois Siècles. Dans la longueur de cet intervalle, reculez ou raprochez comme il vous plaira le centre

tre de la prétendue imposture, vous ne sauverez jamais l'une ou l'autre absurdité. Cette imposture demandera toujours, ou trop de gens à tromper à la fois, ou trop de gens qui se réunissent pour en tromper d'autres ; d'où je conclus, qu'une Tradition qui aura les caractères que j'ai marquez, étant suivie jusques dans son principe, remonte à des témoins oculaires, que la seule vérité des faits a pu réunir dans un même témoignage. Ainsi une Nation est croyable sur les points essentiels de sa propre Histoire, sur-tout, lorsque l'époque n'en est pas extrêmement reculée, & que cette croyance généralement établie, loin de se trouver contredite, est reçue de ceux-là même qui avoient le plus grand intérêt à la rejetter.

§. XV. *Dans un extrême éloignement des faits, il n'y a que l'universalité d'une Tradition, qui l'empêche d'être suspecte.*

Plus les faits sont éloignés, & plus la Tradition doit embrasser un grand espace par ses différentes branches, pour devenir pleinement croyable. Car enfin, l'Imposture se répand par succession de tems

tems, & gagne les esprits avec une incroyable facilité. A mesure qu'elle avance, elle multiplie les canaux de sa communication, & fait si bien, que peu à peu l'on perd la trace de son origine. Mais après tout, comme malgré la négligence qui n'est que trop naturelle aux hommes, certaines grandes vérités qui interessent le Genre Humain, doivent s'être gravées profondément dans leur mémoire, & s'y conserver en passant de celle des Ancêtres dans celle de leur Postérité, il paroît impossible qu'à cet égard l'Erreur s'empare de tous les esprits, qu'elle puisse arrêter par-tout le cours des vrayes Traditions qui la combattent, & qu'elle les dépossede, pour ainsi dire, afin d'usurper leur place, en acquérant un empire universel. S'il paroît donc, comme les anciennes Histoires & les Relations des Voyageurs en font foi, qu'il y ait eu chez tous les Peuples certaines (6) Traditions qui se trou-

(6) Par le terme de générale, je n'entends pas une Tradition si absolument universelle, qu'il n'y ait sur la Terre aucun Peuple d'excepté Cette généralité, prise dans une rigueur Mathématique, n'est nullement nécessaire à mon raisonnement. Il me suffit

trouvent être les mêmes, leur universalité même deviendra un caractère de leur vérité; étant d'un côté très-naturel, que des vérités qui importent à tout le Genre Humain se soyent conservées dans la mémoire des hommes, & très-absurde de l'autre, comme je le montrerai bien-tôt plus distinctement, de supposer qu'une même erreur à cet égard se soit universellement répandue.

§. XVI. *Avantage des Monumens, surtout de l'Ecriture, sur la Tradition orale. L'Histoire écrite fixe, appuye, supplée la Tradition, & en fortifie la chaîne en l'abregeant.*

Il faut avouer après tout, que la Tradition orale seroit toute seule un foible secours pour la connoissance distincte des événemens passés. Capable seulement de transmettre le gros des faits les plus frappans, elle laisse perdre un détail infini d'actions, de circonstances & d'objets. Tout cela est sujet à s'altérer

suffit d'une étendue qui embrasse les Nations les plus éloignées les unes des autres, & entre lesquelles il y a le moins de communication, comme étoient autresfois les Perses & les Germains, & comme sont aujourd'hui les Peruviens & les Chinois.

rer en mille façons, par des recits qui ont paſſé de bouche en bouche durant pluſieurs ſiècles. D'un côté l'impoſture d'un Fourbe, les mépriſes d'une Mémoire infidelle, l'illuſion involontaire d'une Imagination trop vive, voilà autant de ſources d'erreur, miſes à la place, ou inſinuées à la faveur de la Vérité ; autant de principes qui nous la déguiſent, & ne nous en tracent que d'infidelles portaits. D'autre part la crédulité, l'indolence, l'amour du merveilleux, adoptent & conſacrent ces illuſions. Si nous en étions réduits à la ſimple Tradition, combien d'événemens ſupprimés ! combien d'autres ſuppoſés ! Quelle confuſion dans l'ordre des Faits, dans les dates, les lieux, les perſonnes ! La foi hiſtorique a donc beſoin d'un nouvel appui, & c'eſt celui que lui prêtent les Monumens ; eſpèce de témoignages équivalens à la dépoſition des Témoins vivans, mais beaucoup plus durables que la vie des hommes. Les Bas-reliefs, les Inſcriptions, les Médailles, les Statues, ſurtout, les Livres & les Hiſtoires, tiennent lieu d'une longue ſuite de Témoins traditionels, & nous ſauvent les incertitudes inſéparables d'une pareille trans-
miſ-

miſſion. Mais de tout cela rien n'eſt plus propre à fixer le témoignage, & ne le rend moins ſuſceptible d'altération que l'Ecriture. Un bon Manuſcrit de Thucidide, me tranſporte au tems où vêcut ce célèbre Hiſtorien, & me rend preſque auſſi ſûr de ſa dépoſition, ſur les faits qu'il avoit vus, que ſi je l'avois ouïe de ſa propre bouche. Quand je lis l'Ouvrage d'un ancien Hiſtorien, cela produit par rapport à moi le même effet, que ſi cet Auteur, doué du privilège des Patriarches, vivoit encore aujourd'hui, & que ſi conſervant après huit, ou dix ſiècles de vie, un ſouvenir vif de ce qui s'eſt paſſé dans ſa premiére jeuneſſe, il m'en faiſoit de ſa propre bouche un recit exact. Qu'il ait puiſé une partie de ce qu'il narre, dans de plus anciens Auteurs, il eſt toujours vrai qu'en le liſant je lui donne la main, pour ainſi dire, & que ſon témoignage que j'ai ſous les yeux me fait l'effet de la longue vie des Patriarches, ſavoir de ſerrer la chaîne de la Tradition à proportion qu'il l'accourcit.

§. XVII.

§. XVII. *Autenticité & fidelité des Manuscrits.*

Je n'ignore pas les doutes qui peuvent naître sur l'antiquité des Manuscrits; sur l'altération que les différentes Copies peuvent apporter dans un Ouvrage; sur l'autenticité même d'un Ecrit, pour savoir s'il appartient en effet à l'Auteur dont il porte le nom, ou s'il a été composé dans un tel Siècle. De quelques épines qu'une Critique scrupuleuse parseme ces sortes de questions, la difficulté n'a lieu que pour certains cas particuliers, sans ébranler les principes généraux sur lesquels la certitude de l'Histoire, par rapport à l'essentiel, demeure incontestablement appuyée. Ces Principes sont; qu'il y a des marques certaines pour reconnoître l'ancienneté des Manuscrits; que l'altération d'une Histoire, par la négligence ou la mauvaise foi des Copistes, est sans (7) comparaison moins à craindre, surtout, dans ce qui regarde les choses es-
sen-

───────

(7) Voiez un calcul là dessus apud *Lowthorp Abridgment*, ubi sup. p. 664.

sentielles, qu'il ne l'est que la vérité d'un recit ne s'altére en passant de bouche en bouche ; qu'on peut même avoir une parfaite assûrance de l'impossibilité d'une telle altération, lorsqu'il s'agit d'un Ouvrage célèbre, qui se trouve depuis long-tems dans les mains de tout le monde. La comparaison des diverses Copies & des différentes Traductions d'un tel Livre ; les citations qu'on en voit dans différents Auteurs, qui n'ayant pu se copier les uns les autres, nous tiennent lieu, du moins pour le fond des passages, d'autant de différents Manuscrits ; tout cela nous certifie que l'Original est venu jusques à nous dans toute son intégrité. Pour ce qui est de la date d'un tel Ecrit, & de son véritable Auteur, le consentement unanime des autres Auteurs qui lui rendent témoignage ; mille caractères, mille rapports que toute l'industrie humaine n'auroit pu concerter, suffisent pour mettre ces points au dessus du doute.

§. XVIII. *Lumiéres que nous donne le témoignage des Auteurs anciens.*

L'autenticité des Ecrits étant une fois recon-

reconnue, nous n'avons plus qu'à écouter les Témoins qui nous y parlent. Ce ne sont point, comme ceux de la Tradition orale, de simples Echos qui se contentent de répeter ce qu'on leur a dit; ces témoins ici nous fournissent des lumiéres pour juger de la vérité de ce qu'ils avancent. Ils nous rapportent, sinon ce qu'ils ont vu eux mêmes, du moins ce dont ils ont été à portée de s'instruire à fonds. En narrant les faits, ils indiquent les sources où ils les puisent, ils exposent les preuves dont ils les appuyent. Leurs Ecrits nous donnent l'idée de leur caractère, ce qui nous met en état de donner à leur témoignage son juste prix ; & comme avec leur propre génie, ils nous peignent celui de leur siècle, nous nous y transportons en les lisant. Pour juger du degré de créance qu'ils méritent, nous les confrontons tous ensemble, nous les rectifions l'un par l'autre, & leur accord sur divers Faits, nous fournit les moyens d'éclaircir les obscurités, & de fixer les incertitudes de la Tradition.

§. XIX.

§. XIX. *Ils font les Témoins de la Tradition de leur siècle.*

Car prenez y garde, un Historien n'atteste pas seulement ce qu'il a vu, mais souvent il sert de témoin à la creance de son Siècle, ce qui arrive toutes les fois qu'il allégue un fait comme notoire, ou une opinion comme généralement reçue parmi les hommes de son tems. Il n'en est pas de lui comme d'un Maître qui parle à l'oreille de son disciple, & lui confie ce qu'il lui plaît, sans aucune conséquence. L'Historien parle à la Postérité, mais pour ainsi dire à la vue de son siècle, & lors qu'il l'appelle en garantie, soit pour la notorieté d'un Evénement, soit par rapport aux opinions, aux coûtumes, aux Traditions qu'il suppose généralement reçues, il doit s'assûrer s'il accuse faux, d'être démenti par tout son siècle, & de s'attirer une réputation de mauvaise foi, qui le décréditera chez la Postérité. Quand donc un Auteur respecté, dépose de la créance du Siècle où il a vêcu, sans qu'il paroisse avoir été contredit, ou quand plusieurs Historiens contemporains, s'accordent sur les opinions reçues de leur tems, cette autorité est

eſt un point d'appui qui fixe la Tradition, & qui nous en fait reprendre le fil, d'auſſi haut que ces Auteurs l'ont pris eux-mêmes. Nous voilà tout d'un coup, pour l'Objet de cette Tradition, au même degré de certitude qu'eux. C'eſt tout comme ſi nous euſſions nous mêmes été témoins de ce que l'on croyoit alors.

§. XX. *Notoriété des faits publics. Comment leur certitude ſe transmet d'une génération à l'autre.*

Pour achever de comprendre combien les Monumens ſont eſſentiels au maintien de la Vérité Hiſtorique, reprenons cette Vérité dans ſa ſource; voyons quelle en eſt la force & le progrès dans le cours des Ages. Ce qui fait à mon égard la certitude d'un fait public, qui s'eſt paſſé de mon tems, ſans que je l'aye vu, c'eſt le grand nombre de Témoin oculaires qui vivent encore; c'eſt que tout le monde me paroît perſuadé de ce fait, & que Perſonne ne le conteſte; étant impoſſible, s'il n'étoit pas, que tout le Public le crût, & que tant de gens aſſûraſſent l'avoir vu, ſans que Perſonne ſe fût aviſé de le nier ou de

le

le révoquer en doute. Il est clair, & qu'un seul homme n'a pû en imposer à tous ses Contemporains sur un fait pareil, & que tous les hommes du monde ne se sont point accordez pour me tromper. Voilà ce qu'on appelle notorieté, & ce qui forme le plus haut degré de la certitude, après le témoignage de nos propres yeux. Cette certitude passe à la Postérité par autant de Canaux qu'il y a de Contemporains qui, frappez de ce fait notoire, le racontent à leurs enfans. Si c'est un événement chargé de circonstances, il est infaillible que les recits varieront à cet égard; mais ils s'accorderont tous pour le fonds; & voilà pour la génération suivante une Tradition universele, dont la fidélité est suffisamment garantie par cet accord. Ici s'applique encore le raisonnement que je faisois tout à l'heure; & cette même certitude que la créance générale donne aux faits contemporains, l'uniformité de la Tradition nous la donne pour ceux qui se sont passez du tems de nos Peres, & la conservera pour nos descendans durant quelques âges.

Tome I.   d   §. XXI.

§. XXI. *Origine des fausses Traditions. Elles prennent la place des véritables, quand celles-ci commencent à s'éteindre. Progrès rapides de l'Erreur.*

Mais au bout d'une longue suite de générations qu'arrivera-t-il ? Les faits viendrout à s'altérer, à s'oublier insensiblement, & par au défaut naturel à l'esprit humain, en qui l'impression des objets récens efface celle des plus éloignés, il arrivera que le cours de cette Tradition qui étoit fort vaste dans son origine, se reserrera peu à peu, que plusieurs de ses ruisseaux tariront, & qu'enfin elle viendra à se perdre totalement. C'est dans ce période du déclin & de l'affoiblissement de la vraye Tradition, que les fausses commencent sourdement à s'établir. Leur origine est obscure & leurs premiers accroissemens insensibles, mais bien-tôt elles grossissent & s'étendent par un progrès si rapide, que ce qui n'étoit qu'un filet dans sa source, devient un torrent qui inonde tout. Telle Fable née dans l'obscurité d'un Cloître, ne se debitoit qu'à l'oreille, on la confioit avec précaution

à

à un petit nombre de dévots; on n'oſoit d'abord l'expoſer au grand jour, parce qu'une mémoire trop récente l'auroit démentie, telle Fable disje, a fait dans le monde ſon entrée de cette maniére, qui, au bout de quelques ſiécles a ſi bien gagné les Peuples, qu'il n'a plus été ſûr de la contredire. Cela n'eſt point un prodige pour qui (8) connoît un peu les hommes. Véritablement il y a certains cas où l'évidence de la Vérité les défend contre les entrepriſes du Menſonge, & où il ne leur eſt pas plus poſſible de ſe laiſſer tromper que d'entreprendre de tromper autrui. Mais il y a d'autres circonſtances, où l'amour de l'impoſture

(8) „ Je trouve que nous ne ſommes pas ſeulement lâches à nous deffendre de la piperie, mais que nous cherchons & convions à nous y enferrer. Nous aymons à nous embrouiller en la vanité comme conforme à notre eſtre. J'ai vû la naiſſance de pluſieurs miracles de mon tems. Encore qu'ils s'étouffent en naiſſant, nous ne laiſſons pas de voir le train qu'ils euſſent pris s'ils euſſent vécu leur âge. Car il n'eſt que de trouver le bout du fil, on en dévide tant qu'on veut; & il y a plus loin, de rien, à la plus petite choſe du monde, qu'il n'y a de celle-là juſques à la plus grande." Eſſais de Montagne Livre 3. Ch. XI. Il y a dans tout ce Chapitre d'excellentes réflexions ſur le progrès des Erreurs. Le Pyrrhoniſme eſt toujours éloquent & profond ſur un tel ſujet.

re dans les uns, & le peu de précaution que les autres prennent à s'en garantir, fraye à l'Erreur mille chemins pour s'introduire. Le Mensonge en fait d'Histoire ne depossedera jamais la Vérité connue ; mais cesse-t-elle de l'être une fois ? la négligence & l'oubli commencent-ils d'en effacer la trace dans les Cerveaux ? rien n'est plus aisé que de faire prendre aux Hommes le Mensonge pour la Vérité. C'est ainsi que les fausses Traditions s'établissent. Quelques semences d'Erreur adroitement jettées, trouvent dans l'ignorance & dans la crédulité des Peuples un terroir favorable où elles fructifient abondamment. L'intérêt imagine d'abord ces Fables, ou les accrédite ; le pouvoir des Supérieurs les protége & les appuye ; il n'est pas surprenant que l'esprit des Peuples, esclaves nez de ce pouvoir, & par cela même très-faciles & très-ignorans, s'y soumette sans résistance.

Juste image de cette succession des fausses Traditions aux vrayes.

Représentez-vous deux Cônes directement opposez l'un à l'autre, & qui se tou-

touchent par leur pointe. La base du premier Cône figurera le concours des Témoins contemporains d'un Fait ; les autres cercles qui vont en se rétrecissant jusqu'à la pointe, exprimeront la Tradition de ce Fait, transmise de génération en génération, mais qui va toujours en diminuant d'étendue, jusqu'à ce qu'elle se perde entiérement. A l'opposite naît la fausse Tradition, qui ne paroissant que comme un point à son origine où finit la véritable, & n'occupant d'abord qu'un très-petit cercle, s'étend avec les années, & remplit enfin une base énorme.

Outre la longueur du tems, la disette ou l'ignorance des Monumens anciens est une circonstance absolument nécessaire pour l'établissement des fausses Traditions. De pareils germes ont besoin pour éclorre, que des siècles d'ignorance les couvrent de leurs ténèbres. Supposons un intervalle tel que celui qui s'est écoulé depuis la chûte de l'Empire Romain, jusqu'à la renaissance des Lettres dans notre Occident. Nuit épaisse où toute lumiére du vrai savoir disparut ; où l'étude de l'Antiquité fut totalement négligée, & ses Monumens ensévelis dans la pouſſiére & dans l'oubli. Durant des tems auſſi malheureux que ceux-là, l'Impoſture a le champ libre, les Fables pullulent de tous côtés, & les fauſſes Créances s'enracinent & ſe multiplient.

§. XXII. *Elle eſt favoriſée par l'ignorance des ſiècles obſcurs ; par la diſette d'anciens Monumens ; par les Monumens ſuppoſez.*

Une double raiſon favoriſe leur progrès ; car ne trouvant plus l'obſtacle des anciens Monumens qui ſoutiennent & qui fixent la vraye Tradition, elles aquierent le ſecours des Monumens ſuppoſés. L'impoſture n'a point de méthode (9) plus infaillible pour hâter ſes Conquêtes, que celle-là. Auſſi n'a-t-elle pas manqué de l'employer dans ces ſiècles obſcurs. Elle forge des Monumens, elle fabrique des Ecrits ſous d'anciens noms, pour colorer par cet artifice d'une apparence d'Antiquité aux yeux d'un Peuple idiot, les Traditions les

---

(9) *Les premiers qui ſont abreuvez de ce commencement d'étrangeté, venans à ſemer leur Hiſtoire, ſentent par les oppoſitions qu'on leur fait, où loge la difficulté de la perſuaſion, & vont calfeutrant ces endroits de quelque piéce fauſſe.*] Montagne ubi ſup.

les plus fausses & les plus modernes. Cette supercherie séduit une infinité d'esprits, à qui l'on persuade aisément que telle opinion est fort ancienne, ou que tel fait s'est passé il y a douze siècles, parce qu'ils le voyent attesté par des Auteurs soi disant contemporains. C'est ainsi qu'Annius de Viterbe en imposa par son faux Bérose, son faux Sanchoniaton &c., & que tant de Fourbes prétendus dévots, ont inondé le monde de faux Monumens Ecclésiastiques. Voilà comment le Mensonge, singe adroit de la Vérité, tâche d'en imiter les caractères, & de se ménager des appuis semblables aux siens. Si la Vérité Historique a d'anciens Monumens pour se soutenir, la Fable de son côté s'aide du secours des Ecrits supposés & des Monumens contrefaits.

§. XXIII. *Triomphes de la Vérité Historique sur les fausses Traditions, lors du renouvellement des Lettres. Usage de la Critique.*

Mais les véritables n'ont qu'à reparoître pour triompher de l'illusion des faux. La découverte de ceux-là, sauve la foi Historique du naufrage. C'est ce qu'on a vu arriver lors de la résurrection des Lettres. A mesure que les anciens Monumens sortoient de la poussiére (où la barbarie des siècles précédens les avoit comme abîmés, pour reparoître au grand jour,) on a vu mille Traditions ridicules s'évanouïr avec les faux Monumens qui les soutenoient. L'Histoire s'est débrouillée; l'Antiquité dépouillée du masque qui la rendoit méconnoissable, a reparu sous sa véritable forme. Et si d'un côté la Critique défiante a jetté dans l'Histoire des doutes qu'elle même ne sauroit lever, on doit de l'autre à sa lumiére pénétrante, & à ses recherches exactes, d'avoir affermi la certitude des Faits les plus capitaux. Cette science moderne s'occupant à bien examiner les Témoins de l'Antiquité, à démêler leur vrai caractère, à peser leur témoignage dans toutes ses circonstances, à s'assûrer de ce témoignage, soit par l'autenticité des Ecrits, soit par l'intelligence de leur vrai sens, enfin à confronter ces divers témoins, son principal fruit est d'appuyer la foi Historique de ces premiers âges, sur des fondemens desormais inébranlables.

§. XXIV.

§. XXIV. *Documens, Titres Archives, Histoires sur-tout, moyens uniques de perpétuer la connoissance des Faits & de redresser l'Erreur.*

Tel est donc l'avantage incontestable des Monumens, que sans eux il est impossible d'atteindre, à travers les Labyrinthes de la Tradition, à une Vérité cachée dans l'enfoncement des siècles. Car quoique le concert de la Tradition présente serve, comme je l'ai fait voir, de preuve démonstrative à des faits médiocrement éloignés, & qui sont d'ailleurs d'une certaine nature, ce même concert ne prouve rien en faveur des Histoires d'une ancienneté fort reculée; parce qu'en ce dernier cas l'intervalle est aussi long qu'il le faut, pour donner le tems à la vraye Tradition de s'éteindre, & aux fausses d'usurper sa place en s'élevant sur ses ruines. Supposé, par exemple, qu'il ne nous restât aucuns Documens historiques de ce qui se passoit en France il y a mille ans, il est certain que l'on chercheroit inutilement à s'en éclaircir dans la Tradition présente, puisque la première moitié

d 5   de

de cet intervalle a suffi de reste pour effacer le souvenir de la plûpart de ces événemens, & que l'autre moitié a fourni à la Fable, tout le tems dont elle a eu besoin pour s'emparer de la créance universelle. Il se pourroit donc fort bien qu'une Tradition présente sur de pareils Faits, quelque établie qu'elle fût, à remonter cinq ou six siècles, se trouvât avoir pour principe l'imposture d'un seul ou d'un petit nombre de Romanciers. Cette imposture auroit du réussir, faute d'anciens Ecrits dont la lecture eût maintenu de siècle en siècle la vraye connoissance des premiers tems, & fermé la porte au Mensonge.

§. XXV. *Comparaison entre le pouvoir de la Vérité & celui de l'Imposture.*

Après tout, le consentement des Peuples dans une même créance, ne poûvant être l'effet du hazard, la Vérité a cet avantage sur le Mensonge, de n'avoir besoin que d'elle-même pour se répandre, & pour réunir tous ceux qui se trouvent à portée de la connoître, dans le témoignage qu'ils lui rendent; au lieu qu'il faut à l'Imposture, des préparatifs

ratifs & des machines ; l'introduction générale d'une même Erreur, suppo-sant nécessairement le deffein, & ce deffein un intérêt de tromper les hommes, joint au pouvoir d'y réuffir. Or ce deffein, ce pouvoir, cet intérêt, ont toujours certaines bornes, qui em-pêchent qn'une même Erreur de fait n'en impofe à toute la Terre, & qu'une fauffe Tradition ne devienne univerfelle.

§. XXVI. *La propogation des Vérités hif-toriques a fes bornes, prifes dans l'état actuel du Genre Humain. Commerce libre entre les Peuples, puiffant vehicule pour les vrayes Traditions : comme l'infail-lible moyen d'affermir les fauffes & de les étendre, c'eft le lien d'une domination ty-rannique.*

J'avoue que les Traditions les plus autentiques ont auffi une certaine en-ceinte, dans laquelle elles fe renferment; parce que la fource des Faits hiftoriques étant attachée à de certains lieux, il eft comme impoffible que la connoif-fance vienne à s'en répandre par-tout. Il n'en faut chercher d'autre caufe que l'état même du Genre Humain, difperfé

com-

comme il est sur toute la face de la Terre ; divisé en Sociétés particuliéres qui sont indépendantes les unes des autres, & que l'éloignement des Climats qu'elles habitent, l'interposition des Montagnes ou des Mers, la diversité de Gouvernemens, de mœurs, de langage, empêchent de lier entr'elles un Commerce fort étroit, souvent même d'en avoir aucun. De là il arrive qu'un Fait célèbre dans un païs, sera profondément ignoré dans un autre. L'Histoire d'une Nation se renferme d'ordinaire dans les Limites de cette Nation ; elle se répandra tout au plus chez ses voisins. Elle s'affoïblira même en se communiquant ainsi de proche en proche ; & si quelque bruit confus en est porté dans des lieux plus éloignés, il n'y fera que des impressions legéres, que le tems aura bientôt amorties. Ce n'est qu'à mesure que la Navigation & le Commerce, les Transmigrations fréquentes, les Guerres & les Traités, les Voyages & les Conquêtes, ont mis plus de communication entre les différens Peuples, que la mémoire des Faits historiques a acquis plus d'étendue. C'est ainsi que les Voyages des anciens Philosophes Grecs en E-
gypte

gypte & en Phénicie ; enfuite les longues guerres que la Grece eut a foutenir contre l'Empire des Perfes ; après cela les Conquêtes d'Alexandre, puis celles que les Romains pouffèrent jufqu'aux extrémités du Monde connu ; enfin l'établiffement de la Religion Chrétienne dans ce même Monde, ont ouvert mille Canaux pour la transmiffion des faits anciens. C'eft ainfi que par le moyen des nombreufes Colonies dont l'Europe a peuplé le Nouveau Monde, il nous eft venu quelque connoiffance de l'Hiftoire de fes anciens habitans.

Il eft bon d'obferver feulement, que fi ce lien mutuel, qui de plufieurs Peuples civilifés, fans porter nulle atteinte à leur liberté, forme comme un feul Corps, dont les différentes parties fe correfpondent, fi difje une telle union eft propre à favorifer les progrès de la vérité hiftorique ; un autre lien qui ne réuniroit les Peuples qu'en les foumettant à une même tyrannie, feroit très-efficace pour la propagation des Traditions fabuleufes, en fomentant l'ignorance, fruit infaillible de l'efclavage.

Mais enfin, quelque relation que les révolutions des affaires humaines ayent pu pu former jusqu'ici entre différens Peuples, on conçoit assez que le Genre Humain tout entier ne sauroit s'unir d'une maniére assez étroite, pour faire qu'une Tradition vraye ou fausse, qui n'aura d'abord été que la Tradition d'un Peuple particulier, puisse devenir celle de toute la Terre. Les Nations lointaines ne s'intéressent pas assez à l'Histoire de notre Europe, ni ne sont assez à portée des preuves de cette Histoire, pour lui donner la même créance qu'à la leur propre, & pour la communiquer à leur Postérité sur ce pied-là. Chacune a ses Traditions domestiques qui l'occupent, & qui repoussent les étrangeres. Selon l'ingénieuse réponse que je ne sai quel Missionaire reçut un jour d'un ces Barbares, ce qui est vrai pour nous ne l'est pas pour eux. A moins donc que tous les Peuples de la Terre ne devinssent en quelque sorte un seul Peuple, ce qui paroît moralement impossible, il ne se peut faire que toute la Terre reçoive une Tradition de la main d'un Peuple particulier; le même obstacle se trouvant en ceci pour la Vérité comme pour l'Erreur.

§. XXVII.

§. XXVII. *S'il y a des Traditions universelles, elles sont aussi anciennes que le
Genre Humain, & par conséquent
vrayes.*

Concluons en, que supposé qu'il y ait dans le Monde quelque Tradition ou croyance de certains Faits, véritablement universelle, on sera en plein droit de la regarder comme aussi ancienne que le Genre Humain, & comme ayant la même origine. Certainement pour en trouver la vraye source, on sera obligé de remonter au dessus de l'Epoque de la distinction des Peuples, jusques aux tems où le Genre Humain ne composant encore qu'une seule Famille, ne faisoit, pour ainsi dire, que de naître. Ce sera sur des faits qui l'intéressent tout entier, que devra rouler une Tradition de ce caractère. On en peut donner pour exemple le fait de la nouveauté du Monde, celui de la création d'un premier homme, celui de sa chûte, celui du Déluge universel. Faits que nous atteste formellement l'Histoire Sainte, mais dont on rencontre aussi des vestiges assez frappans dans la créance des
différ-

différens Peuples, au travers de mille Fables grossiéres dont ces faits y sont défigurez. (10) L'origine évidente de ces Traditions nous en cautionne la vérité: n'étant pas possible que sur le fait du Déluge, par exemple, sur celui de la nouveauté du Monde, sur celui d'un premier Pere, tige commune de Genre Humain, tous faits palpables, dont assez de Témoins purent s'éclaircir par leurs propres yeux, ils se fussent tous accordez à tromper la Postérité. (11) Disons la même chose des notions universellement répandues touchant un Libérateur, un état à venir, l'immortalité de nos Ames, & la déstruction finale de notre Monde. Créance que la seule Tradition a pu si généralement répandre, & qui doit avoir pour sa source une Révélation faite aux premiers hommes. D'un côté, l'on conçoit aisément que des vérités qui descendent d'une source commune à tous les Peuples, & qui sont également intéressantes pour tous,

(10) V. Bochart, Vossius, Cudworth, Stillingfleet, la Démonstration Evang. de Mr. Huet.

(11) Consultés en particulier là-dessus les *Archæologia Philosophica* du Dr. Burnet.

tous, s'y foyent confervées à travers la fuite des fiècles, en s'obfcurciffant pourtant par des mélanges inévitables d'erreur : d'autre part on voit affez l'impoffibilité qu'il y a, que de telles opinions, qui feroient nées depuis la difperfion du Genre Humain chez certaines Nations particuliéres, fe fuffent de là communiquées au Monde entier.

§. XXVIII. *La Tradition & les Monumens fe prêtent un apui mutuel.*

Si les Monumens éclairciffent & fixent la Tradition, il n'eft pas moins vrai qu'à fon tour la Tradition établit l'autorité des Monumens, & qu'en plufieurs cas fa voix à cet égard n'a rien d'équivoque. Ne craignons nullement de tomber par là dans le cercle vicieux de la caufalité mutuelle. Lorfque l'époque des Faits n'eft point affez reculée pour faire foupçonner à la Tradition qui nous les conferve, d'autre principe que leur vérité, cette même Tradition prouve l'autenticité des Hiftoires qui nous les racontent. Car fi l'accord de la Tradition préfente ne nous permet pas de douter, par exemple, des principaux

Evé-

Evénemens qui se passérent il y a deux cens ans en France, en Allemagne, en Angleterre, dans les Pais-Bas, à la naissance de la Réformation, ce même témoignage ne nous trompe point, lorsqu'il nous assûre que les Histoires de ces tems-là, que nous avons actuellement entre les mains, sont les mêmes qui furent publiées peu après les événemens qu'elles racontent, par des Auteurs contemporains. Rien n'empêche que ces Ecrits, qui nous donnent un détail exact de ces grands Evénemens, & qui sont destinez à en perpétuer la mémoire, ne trouvent dans la Tradition même un garand de leur autenticité. Une Tradition assez récente pour conserver la certitude des faits, devant l'être assez pour assûrer la date d'Ecrits aussi publics que ceux-là, avec la connoissance de leurs vrais Auteurs.

§. XXIX. *L'Autenticité des anciens Auteurs, & par là même la certitude de l'Ancienne Histoire, prouvée indépendemment de la Tradition.*

Pour ce qui regarde les Ecrits d'une date plus reculée, tels que sont tous ceux

ceux de l'Antiquité Gréque & Romaine; la queſtion ſur leur autenticité ſe vuidera facilement, ſi l'on fait réflexion ſur le caractère de ces Monumens, ſur la maniére dont ils ſont parvenus à notre connoiſſance, & ſur la confrontation qu'on peut faire de tous enſemble. Au moment que j'écris ceci, je ſai de certitude qu'Homere, Platon, Thucidide, Plutarque, Euſèbe; que Virgile, Cicéron, T. Live & St. Auguſtin, ſont d'anciens Auteurs, qui ont écrit les Ouvrages qui paroiſſent aujourd'hui ſous leur noms. Ce qui m'aſſûre la vérité de tout cela, c'eſt que ſi on refuſe de l'admettre; il faudra de néceſſité croire la choſe du monde la plus abſurde; ſavoir qu'il s'eſt formé, peu de ſiècles avant le nôtre, une Cabale de Fauſſaires qui, dans le beau deſſein d'en impoſer à toute la Terre, ont forgé à plaiſir tous ces Livres que nous regardons aujourd'hui comme les Chefs-d'œuvre de l'ancienne Gréce & de l'ancienne Italie: En ſorte que cette prodigieuſe variété de Sujets & d'Ouvrages de tous les genres, que cette diverſité admirable de génies & de caractères qu'on y rencontre, que ces différences de mœurs, d'opinions, de

goûts,

goûts, de ſtiles, qui s'y obſervent; portraits ſi naïfs de celle des Païs & des ſiècles ; que tout cela disje n'eſt qu'un jeu de l'Imagination d'une Société d'Impoſteurs, & qu'un enfantement de leur cerveau. 2. Il ne ſera point permis de dire qu'une partie de cette Antiquité eſt ſuppoſée, & que l'autre ne l'eſt pas. Quand je confronte ces divers Ecrits, j'y découvre une infinité de rapports par où ils s'entreſoutienent & ſe rendent témoignage les uns aux autres. Réunis tous enſemble, ils forment un Corps, dont les différentes parties s'ajuſtent avec une proportion trop ſoutenue, & un accord trop exact, pour n'avoir point ſon principe dans la Vérité. 3. Que ſi je fais réflexion ſur les voyes par leſquelles ce nombre prodigieux d'Ecrits a paſſé juſques à nous, l'abſurdité de la ſuppoſition que je réfute monte à ſon comble. Car il ſe trouve que les Auteurs Grecs & Romains ne nous ſont connus aujourd'hui, que parce qu'il y a environ trois cens ans que l'Europe ſortant d'une nuit d'ignorance dont elle avoit été couverte durant pluſieurs ſiècles, les Reſtaurateurs du ſavoir tirérent de la pouſſiére ces Ecrits qui y étoient enſévelis

velis en mille endroits différens, avec divers autres Monumens antiques qu'ils déterrèrent de toutes parts. Comment veut-on que la prétendue Cabale, qu'on suppoſeroit avoir tramé contre la Poſtérité cette conſpiration inouïe, eût ſemé par toute l'Europe ces pièces de ſa fabrique, les eût enfouies en tant de différents endroits où l'on ne ſe ſeroit guére aviſé de les chercher, prévoyant pourtant qu'on les y trouveroit ? Comment conçoit-on qu'elle en eût ſi prodigieuſement multiplié des Copies, en leur emprimant ces différentes marques d'antiquité, ſur leſquelles la Critique a formé ſes règles pour le diſcernement de l'âge des Manuſcrits, & de leur autorité plus où moins grande ? Comment ces hardis Impoſteurs ont-ils pû prévoir les heureux hazards à qui l'on doit tant de découvertes de cette eſpèce, qui ſe font faites & ſe font encore tous les jours ? Comment-ont-ils pû diſpoſer de cette enchaînure d'événemens imprévus qui dirigea les Savans dans une telle recherche ? Voyez dans quel abîme d'abſurdités cela nous enfonce. J'ai donc certitude de l'ancienneté de ces Ecrits. Je ſuis aſſûré des Faits qu'appuye le témoi-

gnage

gnage unanime de leurs Auteurs. Je suis sûr que Platon, Virgile, Eusèbe, St. Augustin, ont composé les Ouvrages qui passent sans contradiction sous leurs noms. On ne peut desirer là-dessus de preuve plus incontestable que celle que (12) le consentement unanime de tous ces Auteurs donne à chacun d'eux en particulier.

Ainsi quoique je sache bien qu'on a rangé parmi les Oeuvres de St. Augustin, des pièces qui ne sont pas de lui ; quoique je n'ignore pas que l'on doute de quelques Livres attribués à Cicéron & à Eusèbe, l'étude même de l'Antiquité ayant fait naître ces doutes, je n'en suis pas moins assûré, ou plûtôt je le suis d'au-

---

(12) Dans les raisonnemens Mathématiques le cercle est toûjours vicieux, parce que leur force gît dans la liaison de la conclusion avec un 1r. principe, de l'évidence, duquel dépend celle des conséquences qu'on en tire. Dans cette chaîne de Propositions attachées, pour ainsi dire, à la Vérité fixe d'une premiére, celle qui en prouve une autre, ne sauroit être prouvée par cette autre là, ni recevoir d'elle un apui qu'elle lui donne. Il n'en est pas ainsi des Démonstrations morales. Elles consistent dans un amas de preuves, où chacune reçoit autant de force qu'elle en communique. C'est comme un Globe dont les diverses parties s'entre-soutiennent.

d'autant mieux, que les Tufculanes appartiennent à l'Orateur Romain, que les Livres de la Cité de Dieu font de l'Evêque d'Hippone, & que celui de Cefarée a compofé la Préparation Evangelique ; l'Antiquité s'accordant tout d'une voix à leur donner ces Ouvrages.

§. XXX. *Conclufion. La foi Hiftorique roule toute entiére fur le grand Principe de la Véracité de Dieu, & fur celui de la raifon fuffifante.*

Voilà donc cet amas d'anciens Ecrits parvenus jufques à nous, qui forme une chaîne de Tradition que rien ne peut rompre, & qui, plus fûre que la Tradition orale, nous raproche les faits les plus reculés, & nous les fait voir, pour ainfi dire, parce qu'elle nous en donne autant de certitude que fi nous les avions vus. Mais furquoi roule cette certitude de l'Hiftoire ? A quoi fe réduit cette autorité, foit de la Tradition, foit des Ecrits, foit des Monumens d'une autre efpèce ? Tout fe réduit à un Concert de Témoignages que l'on démontre n'avoir d'autre caufe que la vérité même des Faits. Tout roule fur ce grand Principe, que le con-

concours des Phénomènes, prouve la réalité de leur unique raison suffisante. Ce principe est lui-même appuyé sur celui de la véracité de Dieu. Quoique nul témoignage humain, pris à part, ne démontre rien, il y a certains concours de témoignages qui donnent une pleine assûrance, parce qu'ils ne pouvoient se trouver joints avec la fausseté, à moins que Dieu par sa Toute-puissance ne les eût réunis pour nous faire une illusion qui seroit l'équivalent d'un Mensonge. On peut donc dire que le témoignage humain ne devient infaillible en certaines circonstances, que parce que le témoignage divin l'est nécessairement lui-même.

CHAPITRE III.

De la certitude des causes dans la Physique.

I. *Causes Physiques, Faits invisibles auxquels les Phénomènes rendent témoignage.*

SI le Monde Moral comprend dans son enceinte une multitude de faits que nous admettons sans les avoir vûs, sur l'assûrance que nous en donnent par leur témoignage unanime diverses Personnes qui ont dû les voir; le monde Physique est rempli de faits invisibles, & qui par cela même ne sauroient devenir l'objet du témoignage proprement dit. J'appelle *faits invisibles*, les causes des Phénomènes de la Nature. On n'a ce me semble d'autre moyen de découvrir avec certitude ces causes cachées, que par la proportion & la liaison qu'elles peuvent avoir avec les Faits visibles de la Nature, c'est-à-dire,

dire, avec ces Phénomènes qui frappent nos yeux. Ces Phénomènes sont par rapport à leurs causes, ce que le Témoignage historique est par rapport aux faits dont il établit la Vérité ; & si nous avons eu lieu de regarder le concours des Témoignages humains, comme un Phénomène moral, qui se trouvant nécessairement lié avec un certain principe, en démontre par là l'existence, pourquoi n'envisagerions nous pas les Phénomènes Physiques, comme un Témoignage naturel par où le fait, ou l'existence de leur cause invisible pourra se manifester ? Ainsi dans la Physique comme dans l'Histoire on aura la même règle de certitude, qui sera la proportion des effets aux causes, ou la liaison des apparences qui frappent nos Sens, avec leur unique raison suffisante.

II. *Source des incertitudes de la Physique. Le Méchanisme qui en est la clef générale, n'est point un Principe, mais une combinaison de Principes.*

Je prévois l'Objection qu'on me va faire. Rien dira-t-on n'est plus trompeur

peur que vôtre maniére de raisonner. Et d'où viennent donc les incertitudes éternelles de la Physique? D'où vient que les Philosophes se méprennent grossiérement tous les jours à vouloir deviner les causes par les effets? Témoin tant de Systêmes divers que le raisonnement bâtit, & que l'expérience renverse. A peine y a-t-il un seul Phénomène dans la Nature, qui n'ait donné naissance à plus d'une Hypothése. Ces Hypothéses contraires, qui par des causes toutes différentes expliquent également bien les mêmes effets, ne montrent elles pas assez la fausseté de vôtre règle?

Ma réponce est que l'incertitude des Systêmes Physiques, n'ébranle en aucune façon l'infaillibilité de la règle dont il s'agit. Ce n'est pas sa faute si, pour la mal entendre, on en fait des applications peu justes, qui jettent ensuite dans l'erreur. (1) Ces Hypothéses ingénieu-

---

(1) On pourroit fort bien les comparer à ces mémoires Romanesques qui présentent au Lecteur un mélange embarassant de fiction & de vérité; où des recits feints s'enchassent si adroitement avec les Evenemens réels, & se placent avec avec tant d'art & de justesse dans les vuides de
l'His-

génieuses, espèces de Romans Physiques où, quoi que la vraisemblabance soit gardée, la vérité ne se trouve point, sont elles dans le cas proposé? Découvrent elles à l'esprit un Principe simple auquel

l'Histoire, qu'en supposant la vérité de ces recits, tout le reste aura dû se passer comme l'Histoire nous ne le raconte. Quoique les Evénemens naissent d'ordinaire les uns des autres, celui qui précéde étant la cause de celui qui suit, celui qui suit ne découvre pas pour cela celui qui précéde, parce que différents faits pouvant avoir les mêmes suites, à ne considerer qu'elles seules, on ne sauroit démêler entre plusieurs Principes possibles quel a été le véritable. Supposé par exemple que faute d'Historiens & de Monumens, il se rencontrât un vuide de plusieurs siècles dans l'Histoire de la Monarchie Françoise, il seroit aisé pour remplir ce vuide de forger un Supplément, qui reprendroit du point de l'Interruption pour s'aller joindre à celui où la véritable Histoire recommence, & qui par ce faux milieu réuniroit les deux extrêmités d'une maniére très-vraisemblable. Il en est de même de ces Historiens Politiques qui, comme Tacite & Davila, donnent pour des faits certains, des Intrigues de Cabinet lesquelles ne subsistérent jamais que dans leur Imagination. On auroit raison de donner à cela le nom d'Hypothéses Historiques, tout comme la plûpart des Systêmes que les Physiciens ont inventés méritent celui de *Romans de la Nature*. Voi. *Lettres à la Marquise..... sur le sujet de la Princesse de Cleves*, p. 109. à quoi l'on peut joindre ce que dit *la Calprenede* cité dans *Bayle* Dict. Crit. Art. *Melanchton* rem. N.

auquel le concours général des Phénomènes se rapporte & se lie naturellement ? Rien moins. Une Hypothése consiste dans l'arrengement gratuit de diverses causes imaginées, d'où l'on tire ensuite par ordre l'explication des divers effets que l'on voit. Or il est très-concevable, qu'un arrangement tout différend pourra également les produire, & que par conséquent une Hypothése nouvelle, pourra disputer à la premiére la gloire de les expliquer également juste. Comme ils ne se rapportent point à un centre unique, & qu'ils resultent, non d'un Principe simple, mais d'un amas de causes & d'une combinaison d'agens, ils ne nous découvrent point quelle est cette Combinaison précise, & si on la devine ce ne sauroit être que par hazard.

Répréfentez-vous une vaste Machine dont vous n'apercevez qu'une très-petite partie du jeu extérieur, & dont l'intérieur vous est caché. Vous voudriez savoir par quels ressorts s'exécutent certains mouvemens qui vous frappent, & là-dessus vous imaginez un certain arrangement de pièces qui pourroit produire cet effet là ; mais vous

n'êtes

n'êtes point sûr que l'arrengemeut supposé soit effectivement celui, d'où resulte ce jeu particulier dont vous recherchez la cause.

III. *La diversité des Hypothèses particuliéres, vient de ce qu'on ne peut remonter au Systême général de l'Univers.*

L'Univers est cette Machine si peu connue. Le Méchanisme, cause générale de ses mouvemens, base commune de toutes les Hypothèses Physiques qui sont tant soit peu sensées, le Méchanisme dis-je, enferme dans son idée celle d'une infinité d'Agens matériels, qui par leurs dépendances & leurs combinaisons mutuelles, forment une suite d'effets & de causes, dont nous ne saurions souvent tenir une certaine partie, sans embrasser la chaîne totale. Pour savoir quelle combinaison de figures & de mouvemens, dans les particules insensibles des Corps, produit tels & tels Phénomènes particuliers, il faudroit connoître quelle est celle, qui s'ajuste le mieux avec le Systême général de la Nature. Tant que ce Systême général nous demeurera caché, diverses Hypothèthèses sur la tissure des Corps solides, & sur la qualité des fluides qui les environnent ou qui pénétrent leurs pores, paroîtront se prêter également à l'explication des mêmes effets. De ces Hypothèses bornées au besoin présent, & que l'on a faites exprès, pour un petit nombre de Phénomènes, sans s'embarásser si elles ne seront poin démenties par d'autres Phénomènes imprevus, il est aisé d'en trouver plusieurs au lieu d'une. Mais qui pourroit remonter au Systême général de l'Univers pour en voir l'œconomie, ne seroit plus indifférent sur le choix de ces Hypothèses particuliéres ; par la connoissance des Loix générales, il atteindroit surement aux vrayes Causes specifiques de tels ou tels effets particuliers, c'est-à-dire, à la juste combinaison des Principes qui les produisent.

Je cherche, par exemple, pourquoi une pierre jettée en l'air retombe. Pour éclaircir ce problême, je ramasse les diverses expériences qu'on à faites sur la pesanteur des Corps. Elles me ramenent bien toutes à un Principe général qui est le Méchanisme ; je juge bien que la pierre ne tombe que parce que d'autres Corps la repouſſent vers le centre de la Terre. Mais cette réponſe eſt trop vague pour me contenter. Je voudrois qu'on m'aſſignât une Cauſe propre à expliquer en détail tous les Phénomènes de la peſanteur. Là deſſus un Phyſicien imagine certains arrangemens, entre les divers fluides de nôtre Atmoſphére, il ſuppoſe des tourblllons, qui circulent en tout ſens autour de la Terre, & qui dans leur preſſion mutuelle, s'aſſujetiſſent à certaines Loix. Je veux qu'à l'aide de ces ſuppoſitions, il explique tout ; je n'ai pourtant nulle aſſurance qu'il ait deviné juſte. Pourquoi ? C'eſt que cette prétendue cauſe qui explique tout, n'eſt point un Principe ſimple, mais une Combinaiſon d'Agens, d'où véritablement on peut déduire les Phénomènes en queſtion, mais qui n'a point une liaiſon ſi néceſſaire avec ceux-ci, qu'ils ne puſſent également reſulter d'une autre Combinaiſon toute différente. Pour changer l'Hypothéſe en Démonſtration, il faudroit montrer que l'arrangement qu'elle met dans nôtre Atmoſphére, qui n'eſt qu'une petite parcelle de l'Univers, quadre avec le plan de la ſtructure génénérale; il faudroit que cette Hypothése tînt à des Principes, qui devenant plus simples, à mesure qu'ils se rendroient plus généraux, embrassassent l'ordre de la Nature entiére, pour rendre raison de ses divers Phénomènes. Que, par exemple, cet arrangement du tourbillon terrestre d'où l'on déduit les effets de la pesanteur, fût lui-même une conséquence des Loix générales, auxquelles tout le Système planetaire est assujetti; & que l'on retrouvât en petit dans les moindres productions de la Nature, l'application de ces mêmes loix.

IV. *Tout étant enchainé dans la Nature, il nous faudroit une Histoire complette des effets, pour atteindre à la connoissance des causes, qui étant compliquées, le seront differemment pour chaque effet particulier, selon que se trouvera réglé le Système général.*

On ne s'étonnera donc plus de la varieté des Systêmes Physiques ni de leur incertitude, si l'on fait réflexion 1. Sur le petit nombre de faits qui nous sont connus dans l'Histoire de la Nature; c'est un abime dont nous ne découvrons que les bords. 2. Sur le nombre d'a-
gens

gens qui peuvent concourir dans le Méchanisme de chaque effet particulier, & dont l'action peut s'y compliquer en mille maniéres différentes. 3. Sur la prodigieuse enchainure de ces causes, de ces agens, de ces ressorts dans la Machine universelle; enchainure nécessairement reglée sur un certain Plan général.

Priez un habile Méchanicien, de deviner comment est faite la fameuse Horloge de Lyon qui a tant de singularitez admirables, mais en lui cachant la meilleure partie de ces singularitez; il agencera dans sa tête une Machine très propre à produire les effets que vous lui dites, mais ce ne sera point là l'Horloge. Il s'écartera moins de sa véritable construction, à mesure qu'il sera mieux instruit de ce que cette Horloge sait faire. Enfin s'il peut la voir & l'examiner tout à loisir, il en devinera tout l'interieur & toute l'énigme, (1) en raisonnant juste sur les principes de son art.

De même en plusieurs rencontres pour trou-

___
(1) Voyez l'*Hist. de l'Acad. des Sciences,* Eloge de Mr. Sauveur.

trouver la vraye cause de ce qui se passe dans un petit coin de la Nature, il faudroit que son Oeconomie générale nous fut connue ; & pour arriver à cette Oeconomie générale, qui comprend tout l'ordre de ses causes, nous aurions besoin d'avoir l'Histoire complette de ses effets. Les Principes généraux auxquels cette Histoire Universelle de la Nature nous conduiroit, devroient passer pour des principes démontrés, & non pour de simples Hypothéses. L'on ne pourroit confondre avec elles un Systême qui se fonderoit sur de tels Principes ; La différence est trop sensible. Dans celles là vous assemblez arbitrairement un assez grand nombre de suppositions pour n'expliquer que peu d'effets ; au lieu que dans le Systême dont je parle, une variété immense d'effets se déduisant d'un petit nombre de Loix très simples, ne laisseroit aucun doute sur la réalité de ces Loix. Cette simplicité féconde qui ramene tous les effets naturels à une commune source, y caractérise la sagesse du Créateur, & devient par là un Principe de Certitude dans la recherche des causes.

V. *Comparaison de la Nature avec un chiffre.*

L'emploi du Philosophe dans la recherche des causes naturelles, est assez semblable à celui d'un Déchiffreur. On m'a donné une Lettre en chiffre; il s'agit d'en avoir la clé pour découvrir le sens de la Lettre. Pour y parvenir, je la tourne de tous les côtés imaginables. Je médite sur l'assemblage des caractéres, sur leurs combinaisons, leur ordre, leurs différentes situations. Là-dessus s'offrent à moi des Hypothéses, qui le plus souvent s'entre détruisent. Enfin à force de tentatives j'ai le bonheur de rencontrer une clé, au moyen de laquelle je trouve par-ci par-là dans la Lettre, quelques lignes d'un sens assez suivi; je vois pourtant bien que ce n'est pas là le véritable Alphabet, puisque, à l'exception de ce peu de lignes qu'il explique, le reste de la Lettre demeure pour moi d'une impénétrable obscurité. Le véritable sera celui qui donnera un sens complet à la Lettre entiére, laquelle ne forme qu'un tout & qu'une suite liée. Si je parviens

viens à trouver une fois ce sens complet, je ne pourrai plus douter que je ne tienne la vraye clef, n'y en ayant qu'une qui puiſſe expliquer tout. De même en Phyſique, une Hypothéſe pour me rendre aſſez clairement raiſon de quelques Phénomènes, n'en a pas plus de certitude, des que ces Phénomènes ſe trouvent dans le Syſtéme Univerſel être liez avec d'autres, qu'elle ne m'explique point. Mais donnez m'en une qui m'explique tout ce que je vois, & qui me faſſe, ſur toute l'étendue des mouvemens que mes yeux découvrent dans l'Univers, l'effet d'une Clé qui me déchiffre une Lettre de quatre pages, en lui donnant un ſens parfaitement net & ſuivi, je ne la traiterai plus d'Hypothéſe, mais de Cauſe évidente & démontrée.

VI. *Exemple d'un Syſtéme démontré en Phyſique; c'eſt celui de Copernic; parce qu'il raméne l'Univerſalité des apparences céleſtes à un Principe ſimple.*

Voilà pourquoi (2) le Syſtême de Coper-

(2) Voyez l'*Hiſtoire de l'Acad. Royale des Sciences* An. 1703. p. 89. & An. 1705. p. 151. de l'Edit. de Hollande.

pernic ne paffe plus chez les Philofophes pour une fimple Hypothéfe, la fuppofition du mouvement de la Terre, qui roule fur fon Axe en tournant autour du Soleil, étant un Principe très-fimple, par où s'expliquent tout d'un Coup toutes les apparences céleftes, & qui d'ailleurs rentre dans la Régle générale de tout le Syftéme planetaire : au lieu qu'en fuppofant la Terre en repos, on renverfe cette Régle, pour attribuer aux Corps céleftes une complication de mouvemens irréguliers & confus, à chacun desquels il faudroit affigner une caufe différente, loin de les pouvoir rapporter tous à la même. Quelle comparaifon y a-t-il entre un Principe auffi fimple que celui du mouvement de la Terre autour du Soleil, qui fe trouve lui-même d'ailleurs une conféquence néceffaire de la Loi générale, que fuivent exactement (3) toutes les Planétes de notre Tourbillon, tant principales que fecon-

(3) On commence à s'apercevoir que les Cométes elles mêmes, qui jufques ici paffoient pour indépendantes, fe rangent auffi fous la même Loi. Voi. le mémoire de Mr. *Caffini*, fur la Cométe de 1729. dans l'an. 1730. de *l'Acad. Royale des Sciences.*

secondaires, quelle comparaison disje entre ce principe, & la bizarre supposition des différens Cieux auxquels Ptolomée attache les Planétes, & de la multitude de Moteurs, qu'il faudra leur assigner pour rendre raison de leurs prodigieux mouvemens, qui deviennent réels, dès que l'on suppose la Terre immobile. Quant au mouvement diurne de la Terre sur son Axe, c'est encore un principe que sa seule simplicité, comparée avec les Phénomènes qu'il éclaircit, est capable de persuader à tout esprit attentif; puisque si la Terre restoit immobile sur son Axe, il faudroit supposer aux Corps célestes contre toute régle & toute apparence, (4) une égalité parfaite de mouvemens par rapport à la Terre autour de laquelle ils tourneroient tous en vingt & quatre heures, sans en pouvoir jamais trouver de cause; au lieu que la Révolution de la Terre autour d'elle-même la chargeant seule des apparences de ce mouvement, rend aux Etoiles fixes un repos qui leur convient, & laisse aux Planétes

(4) Voyez les *Entret. sur la plur. des Mondes*, dernier Soir.

nétes l'inégalité reglée de leur cours. J'avoue que, pofé que ce foit la Terre qui tourne, nos yeux font trompés, mais c'eſt par une illuſion qui leur arrive en mille autres rencontres, & que nous fommes tout acoutumés de rectifier; au lieu que ſi la Terre étoit immobile, & que par conféquent le Syſtême de Copernic ſe trouvât faux, ce feroit notre eſprit lui-même qui feroit induit en erreur, par l'idée de cette cauſe ſimple, qu'il ne peut s'empêcher d'admettre, lorsque tous les Phénomènes s'accordent à la lui offrir.

Il fera bon d'ajoûter, car on ne peut prévenir avec trop de ſoin les chicanes Pyrrhoniennes, que cette totalité des Phénomènes expliqués, à la prendre dans la derniére rigueur, n'eſt pas même abſolument néceſſaire pour aſſurer la Vérité du Principe qui les explique. Autrement le Sceptique nous dira qu'on n'eſt jamais ſur de les connoître tous; ou bien à cent apparences, dont ce Principe rend raiſon, il s'applaudira d'en pouvoir oppoſer une feule inexplicable. Mais on ſent aſſez combien cette deffaite eſt frivole. La difficulté de concilier un Phénomène unique avec la

cauſe

cause qui les explique tous à l'exception de celui-là, pouvant avoir différentes sources, n'ébranle aucunement la Démonstration formée du concours des Phénomènes liés avec cette cause simple. Par exemple, une seule Observation céleste, qui ne paroît pas s'accorder avec la supposition du mouvement de la Terre, ne ballancera jamais le concert des apparences qui favorisent ce mouvement. On peut supposer de l'erreur dans l'Observation, ou quelqu'illusion Optique. Pour n'avoir pas encore trouvé le moyen de la concilier avec le Systéme, il ne s'ensuit pas que la conciliation soit impossible. Cette unique objection ne fera point douter de la Vérité du Systéme; non plus que trois mots que je ne puis dechiffrer dans un chiffre de trois grandes pages n'empêcheront point que je ne sois sûr d'en avoir trouvé la vraye clef.

VII. *La Nature se develope mieux en grand qu'en petit, & pourquoi.*

Au reste s'il est rare dans la Physique de découvrir, avec le même dégré de certitude la cause de divers Phénomènes,

nes, qui nous font très familiers, cela vient de ce que la Nature se montre mieux en grand, qu'elle ne fait en petit. Dans la vaste étendue où se promenent les Corps célestes, on est bientôt frappé de l'harmonie de leurs mouvemens, & de la simplicité des Loix auxquelles ils obeïssent : Mais dans un certain détail d'effets qui n'occupent qu'un petit espace, la Nature se dérobe à nous. Son opération, devenue infiniment plus compliquée par la constitution inconnue des sujets sur lesquels elle agit, y échape aux regards les plus pénétrans. De là l'incertitude des conjectures par où l'on tâche d'expliquer la cause du ressort, celle de la dureté des Corps, celle de certaines concrétions, dissolutions, fermentations, &c. celle du Tonnerre, des Vents & de tant d'autres metéores ; celle des maladies, & des différents effets que les drogues, & les alimens peuvent produire sur le Corps humain. Autant de problémes dont, s'il m'est permis de dire ainsi, l'insolubilité paroît par la varieté même de leurs solutions.

VIII.

VIII. *Le degré de simplicité dans les Hypothéses fait celui de leur vraisemblance.*

Cependant fans atteindre à la certitude, ces diverses Hypothéses en approchent plus ou moins, selon qu'il y a plus ou moins de simplicité, & tout ensemble de fecondité dans leurs principes. Plus une Hypothése a ce double caractére; plus le nombre des Phénomènes qu'elle éclaircit, est grand par rapport à celui des suppositions que leur explication exige, & plus elle approche de la Démonstration.

IX. *La Régle du plus simple, n'est autre que celle de la Raison suffisante.*

Ce Principe de la plus grande simplicité, dérive, comme il est aisé de le voir, de celui de la Raison suffisante; ou plutôt il n'est que l'application de ce dernier, au Méchanisme de la Nature. Que Dieu agisse par les plus simples voyes, la preuve en est sa Sagesse qui ne fait rien d'inutile. Si deux ou trois Loix générales suffisent pour entretenir

le

le Systéme de l'Univers, & pour donner tous les Phénomènes que nous y voyons, ce que son Auteur ajoûteroit à cette premiére Disposition étant inutile, n'auroit point, avec la fin qu'il se propose, cette proportion de moyens convenables & nécessaires, qui caractérise une infinie Sagesse. En ce cas Dieu démentiroit la sienne. Il écarteroit par choix ces principes simples, ces moyens suffisans auxquels lui-même conduit notre esprit, par les idées d'ordre, de sagesse & de raison qu'il y a mises, & qui sont notre unique régle pour juger de sa conduite. La sienne nous tromperoit, par n'être point aussi sage qu'elle pourroit l'être.

Je sai bien qu'en plusieurs cas, soit de Physique, soit de Méchanique, l'application du principe n'est pas aisée. J'en viens d'alleguer les raisons. Mais cela n'empêche pas qu'en d'autres il ne décide avec évidence. Est-on dans l'embarras de choisir entre Ptolomée & Copernic ? Ou si vous voulés, entre Aristote & Newton, sur le Systéme général de l'Univers ? Hésite-t-on sur le plus ou moins de simplicité des deux Systémes, ou de la cause Physique des Phénomènes dans l'un l'un & dans l'autre ? Craindra-t-on ici le Sophifme d'énumeration imparfaite, comme s'il pouvoit y avoir quelque autre Syſtéme du Monde, autant ou plus fimple que celui de Copernic, dont jufques ici la connoiſſance nous eût échapé ? Non fans doute, il n'y a point de milieu. Ou la terre tourne, ou elle ne tourne pas. Ce qui produit une alternative néceſſaire de plus ou moins de fimplicité dans l'Oeconomie générale. L'Hypothéſe de Ticho, ne fait proprement point un troifiéme Syſtéme à part, ce n'eſt qu'un compofé des deux autres; exclus, en vertu de notre Règle, par tout ce qu'il tient du premier, fe reduifant au fecond pour tout le refte.

Voici donc encore une fois la bonté de notre Règle juſtifiée, puifque lorſqu'il s'agit d'expliquer les Phénomènes de la Nature, la découverte d'un principe fimple d'où on les peut déduire naturellement, fuffit pour donner l'excluſion à des Hypothéſes plus compoſées ; & que notre efprit ne manque jamais de rejetter, comme une fuppoſition forcée & arbitraire, celle d'une multitude de cauſes conjointes pour la

pro-

production de certains effets, lorsqu'il s'offre une Cause unique, qui seule peut remplacer toutes les autres.

CHAPITRE IV.

De la certitude des Effets de la Nature ; où l'on traite de l'Analogie, de l'uniformité des Loix naturelles, en examinant quelle est la force des argumens qui roulent sur ce double principe.

I. *L'Ordre de la Nature est la règle de nos connoissances.*

Autant qu'il est rare & difficile de parvenir à la connoissance des Causes naturelles, autant paroît il-aisé de s'assurer de leurs Effets. Nous n'avons point de Principe d'un plus grand usage à cet égard, au deffaut du témoignage des sens & de notre expérience naturelle, que celui de l'Analogie. Le premier coup d'œuil nous montre dans la Nature, au travers de l'admirable

varie-

varieté de ses Ouvrages, une certaine règle qui soumet tout à des Loix invariables, qui ramène les choses en différens tems, en différens lieux, qui différencie les Objets par certains caractères fixes, qui donne aux Générations un cours uniforme, en perpetuant les mêmes Espèces, ensorte que chaque Plante, chaque Animal produit son semblable, & que les mêmes effets naissent, ordinairement des mêmes causes. L'expérience commune à tous les Hommes, & l'étude de la Physique qui est particuliére aux Philosofophes, nous découvrent de plus en plus cet Ordre constant des choses naturelles, lequel en met dans la connoissance que nous en avons. Ordre digne tout à la fois de la Sagesse, & de la Bonté du Créateur. Ordre sans lequel nous serions exposés à nous méprendre à tout moment, nous ne pourrions compter sur rien, ni nous assurer de rien, & demeurerions en proye aux affreux inconvéniens d'une incertitude éternelle. Où en serions nous, par exemple, si aucune marque extérieure ne distinguoit les poisons d'avec les alimens qui nous nourrissent, & si les mœurs du Loup se trouvoient cachées

chées sous la figure de l'Agneau ? Que deviendroit la vie humaine, si nous n'étions pas assurés que le Soleil se levera demain, & que demain les Riviéres ne remonteront pas vers leur source ? S'il n'étoit par sûr que les Corps, qui dans notre Climat pésent vers le centre de la Terre, eussent par tout la même pesanteur, & que les Marées auront dans un an sur nos rivages le même cours qu'elles y ont aujourd'hui ? Tout l'ordre de nos actions seroit troublé, & la Societé humaine ne subsisteroit guere longtems, dans cette effroyable confusion de toutes choses. Il faut donc poser pour Principe de notre Certitude, la sagesse & la bonté du Créateur dans l'établissement de certaines Loix, & sa constance à les maintenir, afin qu'elles servent de régles à notre conduite, & que nous puissions jouïr avec confiance de tout ce qui nous environne. Il est indigne d'un Etre si sage & si bon, de porter atteinte à ces Loix, à moins que ce ne soit par des interruptions courtes, rares, passageres, qui ne déconcertent point le Systéme total, & dont nous puissions d'ailleurs appercevoir le but, & tirer quelque avantage.

II.

II. *Différence entre les Loix des Corps, & celles qui gouvernent les Esprits.*

Nous avons remarqué dans l'Article de l'Histoire, que le Monde moral est aussi gouverné par certaines Loix invariables, qui reglent la suite de ses Phénomènes. De sorte qu'on verra toujours les Agens libres, en de certaines choses, & dans les mêmes circonstances, observer une même conduite. Mais il y a cette différence, que ces derniéres Loix étant fondées sur la Nature de l'Esprit humain, & sur un certain ordre de raison qui n'est nullement arbitraire, Dieu n'en interrompt point le cours, & qu'il seroit peu digne de sa sagesse de faire des miracles à cet égard : au lieu que celles par où la Nature corporelle est gouvernée, ayant beaucoup plus d'arbitraire dans leur Principe, sont soumises à un Ordre superieur, qui demande quelquefois que leur cours ordinaire soit arrêté.

III. *Le Principe de l'Analogie ne meine qu'à des conclusions probables.*

Observons outre cela, qu'une Analogie tirée

tirée de la ressemblance extérieure des Objets, pour en conclure leur ressemblance intérieure, n'est pas une régle infaillible. Elle n'est pas universellement vraye, elle ne l'est que *ut plurimum*. Ainsi l'on en tire moins une pleine certitude, qu'une grande probabilité. On voit bien en général qu'il est de la sagesse de Dieu & de sa bonté, de distinguer par des caractéres extérieurs les choses intérieurement différentes. Ces apparences sont destinées à nous servir d'étiquette pour suppléer à la foiblesse de nos Sens, qui ne pénétrent pas jusques à l'intérieur des Objets. Mais quelquefois nous nous méprenons à ces étiquettes. Il y a des plantes venimeuses qui ressemblent à des plantes très-salutaires : de même de certains insectes &c. Si le rugissement du Lion & le bêlement de l'Agneau, caractérisent le naturel de ces animaux, la douceur du Chat & la rudesse du Coq, furent des indices trompeurs pour le jeune Rat de la Fable. Il raisonna par Analogie, & l'Analogie le jetta dans l'erreur, comme elle nous y jette souvent sur pareille matiére. Il est très-probable que dans les cas semblables la Nature agit d'une ma-

maniére semblable; mais cela ne fournit point une pleine certitude à nos jugemens, parce que les cas qui paroissent semblables, peuvent ne pas l'être. Quelquesfois nous sommes surpris de l'effet imprevû d'une cause, d'où nous nous attendions à voir naître un effet tout opposé. C'est qu'alors d'autres causes imperceptibles s'étant jointes avec cette premiére à notre insû, en changent la détermination. La cause nous paroît la même, & cependant ne l'est point. Il arrive aussi que le fond des Objets n'est pas toujours diversifié à proportion de leur dissemblance extérieure. La règle de l'Analogie n'est donc pas une règle de certitude, puisquelle a ses exceptions. Il suffit au dessein du Créateur, qu'elle forme une grande probabilité, que ses exceptions soyent rares, & d'une influence peu étendue.

IV. *Les Loix générales nous donnent certitude sur les cas particuliers.*

Il n'en va pas de même des Loix établies, qui sont reconnues pour telles par la varieté immense des effets qui y
font

sont soumis. Ces principes simples sont les causes toutes trouvées des effets qu'ils expliquent, & qu'ils réunissent dans leur simplicité feconde. C'en sont les vrayes Raisons suffisantes, dont la certitude appuye sur une règle générale. La permanence de ces Loix se prouve par leur caractére de Loix, & par la Sagesse du Legislateur, qui ne les a sans doute établies, qu'afin qu'elles fussent constamment observées, & qu'il y eût un cours uniforme sur lequel les hommes pussent tabler dans le réglement de leur conduite. Pour la ressemblance interne entre les Objets extérieurement semblables, ce n'est qu'entant qu'elle est la suite d'une Loi générale, qu'on y peut compter.

Par exemple, une Loi générale règle la propagation des Espèces. Un Pomier produit un autre Pomier, & ne produira jamais un Sep de Vigne. Un Animal engendre toujours son semblable. On ne verra point naître un Cerf d'une Lionne. (1) La Colombe ne se trouvera jamais entre les petits de l'Aigle. Dèslà

(1) ——————— *Nec imbellem feroces. Progenerant Aquila Columbam*, Hor. Carm. Lib. IV. Od. IV. vers. 31, 32.

là je puis m'assurer qu'un Animal à figure humaine, qui se présente à mes yeux, est un véritable Homme ; me fondant sur cette Loi qui met un cours réglé dans les générations des Animaux. Mais en vertu de la simple Analogie prise de la forme extérieure, je ne dois point conclure de ce que l'Homme est doué d'une Ame, qu'il faut que le Singe en ait une aussi. Pourquoi ? Parce que parmi les Loix qui me sont connues, il n'en est aucune qui règle cette exacte proportion. La figure humaine d'un inconnu qui garde devant moi le silence, me fait bien préjuger que c'est un Homme; je ne saurois en douter raisonnablement, parce que je ne dois jamais présumer sans motif une exception à la règle générale, qui établit une ressemblance essentielle entre tous les individus humains ; mais sans le secours d'une Loi connue, la seule ressemblance d'une telle figure avec la mienne, ne me démontreroit point que cette Créature à une Ame comme moi, supposé que n'ayant jamais vû d'autres hommes, j'ignorasse la Loi qui perpetue le Genre humain. Qu'il parle cet Homme, qu'il agisse raisonnablement devant moi, d'abord

bord je le reconnoîtrai pour ce qu'il est.

V. *Application de ces Principes à l'existence des Ames humaines.*

Je n'ai besoin que de savoir ce qui se passe au fonds de mon Ame, pour me convaincre que des actions humaines dans d'autres sujets, doivent avoir une Ame pour leur cause. Mais de la figure, à l'Ame humaine, le raisonnement ne conclut, que lorsqu'on suppose connue la Loi du Créateur touchant l'uniformité des espèces en général, & touchant la constitution de l'espèce humaine en particulier. Or cette Loi, je ne viens à la connoître, que par ma propre expérience soutenue de celle d'autrui; c'est-à-dire, par des inductions tirées d'une infinité d'exemples particuliers, que moi même, & d'autres avant moi depuis que le Monde est Monde, avons verifiez avec soin; ce qui ne s'est pû faire que par la méthode qui remonte des effets à la cause, & des actions raisonnées à une Ame raisonnable. L'avantage de cette méthode saute aux yeux. Elle est simple; elle est à l'usage d'un hom-

homme qui se croyant seul dans le Monde, rencontreroit tout à coup une Créature qui lui ressemble. Répresentons-nous Adam seul dans le Paradis terrestre, sans le secours d'aucune Révélation, & n'ayant pour diriger ses jugemens d'autre guide que la lumiére naturelle. Adam voit pour la premiére fois Eve endormie. Il pourra bien conjecturer par une Analogie prise de tant d'espèces d'Animaux qui lui sont connues, qu'Eve est une Créature raisonnable comme lui; cependant n'en ayant vû naître aucune de cet ordre, ignorant que Dieu en ait formé quelque autre que lui, & qu'il ait dessein d'en établir & d'en perpetuer l'espèce, Adam demeure en suspends sur la nature du nouvel Objet qui frappe ses yeux. Mais sitôt qu'Eve s'étant reveillée vient à lui parler, & qu'il la voit agir en Créature raisonnable, il juge avec certitude que c'en est une.

VI. *La seule Analogie démonstrative est celle des effets avec leur cause.*

L'avantage de cette maniére de raisonner, sur la nature intrinseque d'un

Objet, paroîtra mieux encore, si vous l'appliqués à des cas, où l'Objet étant invisible, on ne peut le définir que par le moyen des effets, dont il est supposé la cause. L'homme qui fait à mes yeux certains mouvemens, est une Créature visible par son Corps, & ce Corps d'une forme pareille au mien, entre pour quelque chose dans le jugement, que je porte en lui attribuant une Ame; quoique la Démonstration que j'ai de l'existence de cette Ame, ne roule point sur une telle Analogie. Prenons donc pour exemple d'autres Phénomènes. Prenons un édifice regulier, que je verrois s'élever sans l'aide d'aucun masson; un Canevas, sur lequel les fils de laine & de soye viendroient s'étendre comme d'eux mêmes, pour former une magnifique tapisserie; un Luth qui rendroit les plus mélodieux accords, sans qu'aucune main parût le toucher. Je dis, que ces industrieux effets m'indiquent un Artiste que je ne vois point, qui par conséquent n'est point un homme, mais qui doit être une Intelligence fort semblable à l'Ame humaine. Pour les expliquer je ne puis avoir recours aux Loix naturelles. Ni celle de la communimunication des mouvemens, ni celle de l'union de l'Ame & du Corps, ne me rendent en cette rencontre raison de ce que je vois. Nulle induction non plus, qui se puisse tirer de la ressemblance extérieure de deux Objets, à leur conformité intrinseque. Je n'ai pour me servir de guide, que le rapport essentiel des effets avec leur cause ; le rapport entre un Ouvrage où brille l'Art & le choix, & un Ouvrier intelligent ; entre une production qui, toute industrieuse qu'elle est, porte des caractères d'imperfection, & une Intelligence bornée.

Tous les Ouvrages de l'Art peuvent être placés en ce rang, n'étant tous en effet que des Copies deffectueuses d'un Original admirable, qui est la Nature. L'on y pourroit mettre encore tous les signes imaginables, qui manifestent les pensées d'un Esprit fini.

Vous observerez à ce sujet, que quoi qu'une Loi naturelle règle l'influence reciproque de l'Ame & du Corps l'un sur l'autre, ce n'est point cette Loi, arbitrairement instituée par le Créateur, qui donne aux actions de l'homme le caractère d'actions raisonnables. La

Nature seule de l'Ame humaine, laquelle se sert pour les produire, de l'empire que les Loix de l'Union lui donnent sur son Corps, & ne s'en sauroit servir que conformement à ces Loix, la Nature disje de cette Ame, suffit pour cela. Par conséquent ce n'est point l'Union déja connue, qui fait rapporter ces effets à leur vraye cause ; c'est leur Nature même qui l'indique, nous découvrant ensuite les Loix suivant lesquelles cette cause agit. Et voilà justement pourquoi les merveilleux Phénomènes, que je viens d'alléguer, feroient preuve de l'existence d'un Principe intelligent, sans qu'il fût besoin de supposer de pareilles Loix, & sans les connoître.

L'expérience seule nous découvre les Loix naturelles, tant celles de l'Union de l'Ame avec le Corps, & celle de la conservation de l'espèce humaine, où des espèces en général, que celles de la pesanteur, du choc des Corps, &c. qui toutes ensemble réglent l'ordre de la Nature. Nos épreuves réïterées, jointes au témoignage des hommes qui ont habité le Monde avant nous, & qui y ont toujours remarqué les mêmes E-
tres

tres, le même ordre, les mêmes Loix, nous autorisent à compter sur une infinité de faits Physiques, pour le présent & pour l'avenir. Cet ordre général que l'Etre infiniment sage a dû rendre permanent, pour servir de règle à nos jugemens & à nos actions, nous donne une certitude fondée sur ce que Dieu est bon, & qu'il n'a point voulu nous tromper; ce qui arriveroit, s'il changeoit cet ordre sans nous en avertir, du moins par raport à la sphére des Objets qui nous intéressent. A peine est-il besoin que j'observe, que ce ne sera point altérer ce bel ordre, ni tromper les hommes, que d'y faire une interruption passagére par quelqu'effet miraculeux, auquel ils n'étoient point préparés. Ce prodige aisément reconnu pour tel, qui se borne à certain tems, à certain lieu, & dont le but se fait connoître, ne porte aucune atteinte à la certitude de nos connoissances, ni au repos de la vie humaine. Il n'en seroit pas de même des prodiges invisibles qui feroient illusion à nos Sens, & qui ne paroitroient avoir ni raison ni but. Je reviens à mon sujet.

f 6 VII.

VII. *Caractere des Loix naturelles, l'Universalité & la permanence. On s'assure qu'il y a de telles Loix, par le grand Principe de la Raison suffisante, joint à l'idée de la sagesse & de la bonté du Créateur.*

Les Loix, d'où resulte tout l'ordre de la Nature, ont donc nécessairement ces deux caractères, l'universalité & la permanence. Elles doivent s'étendre à tous les lieux comme à tous les tems. C'est ce qu'exige la sagesse qui a établi ces Loix, puisqu'elle agit d'une maniére uniforme, & qu'y déroger par des exceptions frequentes, ce seroit les aneantir. La bonté & la véracité de Dieu ne le demandent pas moins, puisque de telles Loix sont le seul apui de notre certitude, & de notre confiance dans la conduite de la vie. Si après m'être crû assuré par mon expérience, & par celle de tout les hommes, que les Corps sont pesans, & que l'impression qui les pousse vers le centre de la Terre, augmente dans une certaine proportion à mesure qu'ils s'en aprochent, je n'en osois conclure que la même Loi regne

regne dans les climats les plus éloignés; ou que demain les Corps feront pefans tout comme ils le font aujourd'hui, quelles mefures pourrois-je prendre pour quoi que ce foit ? D'ailleurs, fi toujours & par-tout les Corps ne font pas pefans, l'Auteur de la Nature démentira fa fageffe en fe contredifant lui-même, en agiffant par caprice & fans but, en établiffant d'un côté une règle qu'il détruit de l'autre, & qu'il me rend inutile en la violant. Voilà pour la Sphére des Objets qui ont quelque relation avec nous. Pour ceux que leur extrême éloignement met hors de notre portée, nous n'avons à leur égard qu'une vraifemblance prife de l'Analogie, entre ce que nous connoiffons de ces Objets, & ceux qui nous font mieux connus; prife encore, fi vous voulés, de la fimplicité des voyes de Dieu. Par cette raifon il y a grande apparence, que les Loix de la refraction, & celles du choc des Corps, font les mêmes dans Jupiter que fur notre Terre.

 Ainfi l'Analogie toute feule ne donne à nos raifonnemens, que de la probabilité; au lieu qu'en concluant d'une Loi générale aux effets particuliers, nous allons

allons jufques à la certitude. Mais comment nous affurons-nous que de telles Loix exiftent ? C'eft par cette grande Règle, qui de la liaifon d'une multitude de Phénomènes divers, conclut la realité du Principe fimple qui les explique, & auquel ils tiennent tous. Quant à l'immutabilité de ces Loix, nous en avons pour garand la Sageffe même de Dieu, qui n'eft point inconftante dans fes plans, ni changeante dans fes vues; fa Bonté, qui fe trouve intéreffée à maintenir un ordre néceffaire à la tranquilité des hommes ; enfin fa Véracité, qui ne lui permet pas de leur rendre inutile, le feul Principe capable de fixer leurs jugemens dans les affaires de la vie.

CHA-

CHAPITRE V.

De l'exiſtence des Eſprits ou Agents immateriels, où l'on démontre en particulier l'exiſtence des Ames humaines; & de celle des Bêtes.

I. *Cauſe immaterielle caractèriſée par ſes effets.*

ON vient de voir de quel ſecours eſt cette Règle dans le diſcernement des Cauſes matérielles, lorsqu'il s'agit d'oppoſer Méchaniſme à Méchaniſme; mais ſa vérité paroîtra dans un plus grand jour, lorsque pour rendre raiſon des apparences qui nous frappent, il faudra choiſir entre le Méchaniſme & un Agent immatériel. Je dis donc que le rapport immediat, que paroît avoir une certaine ſuite d'effets avec un Principe immateriel, nous prouve l'exiſtence de ce Principe entant que cauſe de ces effets: Je dis que lorsque divers
Phé-

Phénomènes indépendans les uns des autres, s'expliquent par un tel Principe, se lient avec lui, & concourent à me le représenter, ils l'établissent pour leur vraye cause, à l'exclusion de toute autre de différent genre.

Une petite supposition éclaircira ma pensée. J'entre dans un jeu de paume, & j'y vois une balle voltiger en l'air, sans qu'il paroisse aucune main pour lui imprimer ce mouvement. La balle alternativement poussée d'un des côtés de la Salle vers l'autre, fait des tours, des détours, des bonds, des bricolles ; prend, en un mot, toutes les directions que deux habiles joueurs pourroient lui donner. Sans apercevoir personne, je suis Spectateur d'un jeu très-adroit, & conduit selon toutes les règles. J'en conclus qu'il y a assûrement là deux joueurs invisibles. Que ce soyent des hommes, qui se dérobent à ma vue par quelque secret que je ne puis déviner, ou que ce soyent des Genies, il n'importe. De dire qu'il y a un Méchanisme caché qui imprime à cette balle tous les divers mouvemens qui l'agitent, ou que ce doit être l'effet de quelque Loi naturelle qui m'est inconnue, ce seroit feroit extravaguer. Car outre qu'aucune Loi naturelle, aucun Méchanifme, ne fauroit rendre raifon de ce que je vois; d'ailleurs ces mouvemens fe rapportent trop évidemment à l'idée du jeu, pour les attribuer à une autre caufe que la volonté libre de deux joueurs, qui les dirigent fuivant cette idée.

II. *Les Mouvemens fpontanées des Animaux fuppofent une telle caufe.*

Subftituons à cet exemple, celui des actions fpontanées des Animaux. Elles nous offrent une varieté de mouvemens, bien plus grande & plus étonnante. Pour peu qu'on les étudie, on verra qu'ils n'ont rien de lié, de fuivi, de regulier, d'uniforme; rien qui marque l'effet d'une néceffité Méchanique, ou le refultat de certaines Loix générales. Tout y paroît arbitraire; leur commencement, leur fin, leur viteffe, leur direction. Ce qui nous donne déja l'idée d'un Principe immateriel qui, tout immobile qu'il eft, ayant le pouvoir de commencer le mouvement, & la liberté de le diriger à fon gré, fe trouve être le feul à qui l'on puiffe rapporter des mouvemens de cet ordre. III.

III. *Ils caractèrisent un Principe senstitif.*

Mais en y regardant de plus près, vous ferez une seconde Observation. C'est que presque toutes les actions spontanées de l'Animal, paroissent supposer un certain intérêt, dans le principe qui les produit, & sont précisément telles que les produiroit une Ame qui, comme la mienne, apercevroit les Objets extérieurs par l'entremise de son Corps, & en recevroit diverses sensations capables de l'interesser à la conservation de ce Corps. Les actions de cette espèce me réprésentent donc, non seulement un Agent spirituel, mais un Agent sensitif. Plus j'avance, plus j'examine attentivement ces Phénomènes avec leurs différents rapports, & plus je les vois se rassembler, & pour ainsi dire, aller s'attacher autour d'une telle cause, pour me convaincre de son existence. Ce n'est point autre chose que cet amas d'effets, & ce tissu de Phénomènes si bien liez, qui m'assure que les gens qui me parlent & m'environnent, sont de vrais hommes comme moi, & non de purs Automates.

IV.

IV. *Exemple pris d'une figure humaine qui fait toutes les actions extérieures de l'homme. Cette figure est un véritable Homme.*

Un Cavalier entre dans ma chambre sans me dire mot. Il se promene durant quelque tems d'un air pensif, tantôt à pas lents, tantôt d'un pas précipité. Je le vois s'arrêter par intervalles, puis il recommence à marcher. Quelquefois il demeure immobile ; d'autresfois il gesticule & fait diverses grimaces. Enfin prenant un air tranquille, il va s'asseoir auprès du feu. Il étend un pied vers la cheminée. Un charbon saute sur sa main, il la retire & la secoue brusquement. Dès qu'on a servi le soupé, mon homme se met à table & mange de grand appetit. Le repas fini, il se léve pour considerer un tableau qu'il n'avoit pas regardé d'abord. Pendant qu'il a les yeux fixés sur ce tableau, qu'il paroît contempler avec plaisir, le son de quelques Instrumens l'attire vers la fenêtre. Tant que dure la serenade, j'observe qu'il prête l'Oreille, avec tout l'air d'un homme attentif & vivement touché. La musique cesse, & dans le moment mon
hom-

homme prend son épée & son chapeau, me fait la reverence & sort. Je demande là-dessus ce que je dois penser de la figure humaine que je viens de voir. Est-ce un homme, est-ce une simple Machine ? Ou si ce n'est ni l'un ni l'autre ? A raisonner en Philosophe qui ne se paye que de Démonstrations, je soutiens que de tout ce que j'ai vû faire à cette Créature de forme humaine, il en resulte qu'elle a une Ame immaterielle; mais de savoir si cette Ame est douée de Raison comme la mienne, c'est une autre question qui attend de nouveaux Phénomènes pour la décider.

Donnons donc la parole à cet homme, supposons qu'en entrant dans ma chambre il me fait un compliment poli. Je l'interroge, il répond juste à mes demandes ; nous lions au coin du feu une conversation vive qui tourne successivement sur différens sujets, & dans laquelle il me donne lieu d'admirer son esprit, son savoir, la profondeur de son raisonnement, en m'apprenant mille choses que j'ignorois, & me redressant sur beaucoup d'autres. A propos d'une affaire dont il se ressouvient tout à coup, il me demande la permission d'écrire en
ma

ma présence une Lettre qu'il me fait lire, & que je trouve parfaitement bien conçue. Ensuite venant à jetter les yeux sur le tableau, il me parle du sujet qui y est représenté; en loue l'ordonnance, le dessein, le coloris, en homme qui s'y connoît. A propos de la sérénade, il prend un Luth sur ma table, l'accorde, & à ma priére joue de certains airs. Après tout cela je ne demeure plus en suspens; c'en est plus qu'il n'en faut pour lever mes doutes. Certainement l'homme que je viens de dépeindre ne sauroit être un Automate; c'est un véritable Homme animé d'une Ame semblable à la mienne. Les Phénomènes m'en assurent, & je conclus de l'assemblage de ces Phénomènes, que Dieu n'étant point trompeur, il est impossible que cet homme ne soit pas ce que je dis.

V. *Réponse aux doutes du Pyrrhonien. Recourir au Méchanisme pour expliquer de tels Phénomènes, c'est supposer qu'une Etre tout-puissant prend plaisir à nous donner le change.*

Qu'un Pyrrhonien pousse ici ses doutes

tes aussi loin qu'ils sont capables d'aller ; qu'apellant la puissance divine à son secours, il suppose une Machine dont l'agencement pourroit produire toutes ces merveilles ; à la bonne heure. Mais que sera-ce que cette Machine ? Ce sera une Combinaison prodigieuse de différens Principes, que le Créateur aura pris plaisir à rassembler, pour en faire naître la même suite d'effets qu'auroit pû produire, d'une maniére simple & naturelle, le seul Principe intelligent. Imaginez-vous le nombre & la variété étonnante de pièces, & de ressorts qu'il aura fallu ajuster pour rendre une simple Machine capable d'exécuter de pareils jeux. Il est évident que ces jeux ne sauroient être l'effet de ce qu'on appelle Loix générales de la Nature ; ils seront donc celui de la structure particuliére du miraculeux Automate. Elle même n'est point un resultat des Loix Méchaniques, comme Descartes imaginoit que son Monde auroit pû l'être : car étant impossible, de l'aveu des Physiciens, d'expliquer par les Loix générales du mouvement la formation des Animaux & des Plantes, à plus forte raison le sera-t-il, de déduire de ces mêmes

mes Loix la structure de notre Automate, qui renfermera infiniment plus d'Art que nous n'en découvrons dans celle des Animaux. Reste donc que Dieu soit l'ouvrier immediat de cette Machine, dans laquelle il aura combiné une infinité d'agents materiels, qui tous ensemble ne feront que l'équivalent de ce qu'une Ame intelligente auroit fait, en offrant à nos yeux précisement toutes les actions les plus propres à répréfenter cette Ame intelligente, & à nous en suggerer l'idée. Or je soutiens que c'est là nous induire en erreur, & qu'un Art si prodigieux ne peut avoir été mis en œuvre que pour nous tromper. Le raisonnement que je faisois tantôt au sujet de Jules Cesar vient s'appliquer ici de lui-même. S'il n'y a jamais eû de Cesar, disois-je, Dieu me trompe; car alors cette longue chaine d'apparences qui se lient si naturellement avec la Vérité de ce fait, puisque ce n'est pas cette vérité qui l'a produite, il faudra que Dieu lui-même l'ait tissue par miracle, & qu'interrompant le cours ordinaire des choses, il ait fait agir dans la Societé humaine une infinité de ressorts cachez, pour former ce concert de Témoimoignages qui déposent en faveur de l'existence de Jules Cesar. Je dis tout de même ici ; supposé que ce qui me paroît un véritable Homme, soit un Automate, il faudra que tous ces Mouvemens extérieurs, qui désignent si clairement une Ame humaine pour leur principe, Dieu, par un secret arrangement de ressorts, les ait préparez pour me jetter dans l'erreur.

VI. *Les Phénomènes en question n'ont point de relation naturelle avec deux causes, ils n'en ont qu'avec une seule.*

Vous aurez beau repliquer que ces actions, que je rapporte à l'influence d'une certaine Ame unie à ce Corps organisé, ne resultent en effet que du jeu de ressorts qui est caché dans la Machine, & que mon ignorance dans la Méchanique est l'unique cause de mon erreur. Ce detour ne servira de rien; car n'est-ce pas Dieu qui l'a ainsi construite exprès cette Machine, pour faire tous ces Mouvemens qui me trompent; Ouï sans doute. C'est lui qui en aura règlé le jeu, sur l'idée des actions qu'une Ame humaine feroit faire à son Corps à la vue vuë de tels & de tels objets. C'est lui qui aura disposé cette Machine précisément de la maniére qu'il faut pour me représenter les sensations, les desirs, les pensées d'une telle Ame, dans l'ordre auquel, supposé qu'elle y fût unie, elle auroit dû les avoir. Si ce n'est pas là tromper, je ne sai plus ce qu'on peut qualifier de la sorte. En ce cas certainement l'illusion est inévitable, & Dieu fait de sa part tout ce qu'il faut pour m'y jetter.

Supposé que par l'effet d'un ébranlement que Dieu causeroit à mon cerveau, je crusse voir un Phantôme & m'entretenir avec lui, on m'avouera qu'alors Dieu seroit responsable de mon erreur. Il le seroit aussi sans doute, si par des volontez immédiates il remuoit la langue d'un Automate, pour lui faire proférer des discours suivis. Mais qu'il donne immédiatement à la langue de cet Automate les inflexions nécessaires pour proférer ces discours, ou que ce mouvement naisse d'un certain ajustement de ressorts qu'il aura mis dans l'intérieur de la Machine, cela revient à la même chose, puisque dans l'un & dans l'autre cas Dieu agit pour me repréfenter ce qui n'eft point. Dieu étant l'Auteur immédiat d'un Méchanifme qui imite parfaitement les actions humaines, devient refponfable de l'illufion qui en réfulte, comme il le feroit de l'illufion du Phantôme, comme il le feroit de celle d'une Statue dont il remueroit les levres à chaque inftant, pour lui faire rendre de juftes réponfes à mes queftions. Dans tous ces cas il m'impoferoit également, en fe cachant fous l'apparence d'une caufe imaginaire.

Qu'on y penfe un peu; la liaifon naturelle d'un effet avec fa caufe, ce rapport qui caractérife la caufe par l'effet, n'eft point la Relation vague d'Effet & de Caufe, mais celle d'un tel effet avec une telle caufe. Tout Pouvoir capable de produire certains effets, n'eft point directement repréfenté par ces effets-là. Ainfi le Toutepuiffance divine n'ayant avec les Mouvemens des Animaux que la Relation vague de caufe en général, n'eft point repréfentée par ces mouvemens. Le Méchanifme ne l'eft point non plus, quand même il pourroit les produire: car un concours d'effets ne nous peint leur caufe, que parce qu'ils fe lient naturellement avec elle;

parce

parce qu'étant une & simple, sa nature immuable fait le lien commun de tous ces effets qui s'y rapportent. Substituez à ce Principe simple, un amas arbitraire d'Agens; dès-lors comme il n'y a plus de lien commun ni de rapport naturel de plusieurs choses à une seule, cette combinaison d'Agens, ou ce Méchanisme, pourra bien avoir réellement produit les effets en question, mais il ne sera point caractérisé par eux, & par cela même il nous trompera.

En voilà plus qu'il n'en faut pour renverser la chimere du prétendu Automate, puisque quand même nous le mettrions au rang des choses possibles, quand il ne seroit point contradictoire par rapport à la Toutepuissance, il répugneroit à la Sagesse de Dieu, étant manifestement indigne d'elle, de déployer un grand appareil de moyens qui n'aboutissent qu'à nous tromper.

Et en effet ces Phénomènes qui se lient tous avec un Principe simple, sans lequel on ne sauroit plus leur trouver de cause, de raison, de lien commun, étant les seuls moyens qui puissent nous manifester l'existence de ce Principe, deviennent pour nous, au cas qu'il n'existe point, une source infaillible d'erreur, & de la part de celui qui nous les présente ils ne sauroient avoir d'autre but. Si les actions que j'ai vû faire au personnage en question, ne partent point d'une Ame humaine, il faut que Dieu lui-même soit l'Auteur de ces actions qui me la représentent, & que dans les ressorts qu'il fait jouer pour cela, il ait pour but cette fausse représentation.

Non, dira le Pyrrhonien, tous vos raisonnemens se fondent sur votre ignorance. De ce que vous ne sauriez imaginer une autre cause aux Phénomènes, vous concluez d'abord qu'il n'y en a point d'autre : mais qui vous a dit que cette suite de Phénomènes qui dans votre esprit se lient à un certain Principe, ne tiennent pas réellement à un Principe tout différend ? Qui vous a dit encore, qu'un Automate tel que nous le supposons, ne pourroit pas avoir dans l'Univers quelqu'usage, quelque fin digne de la Souveraine Sagesse, quoique cet usage & cette fin vous soyent inconnus ? Prenons garde que les bornes de notre esprit, & la profondeur des desseins de Dieu, ne nous exposent à porter de faux jugemens sur ses Oeuvres. VII.

VII. *La profondeur des desseins de Dieu n'obscurcit point la proportion que les Effets ont avec leurs Causes, aussi-bien que les Moyens avec leurs Fins.*

Il ne sera pas difficile de forcer le Pyrrhonisme dans le dernier retranchement. Je répondrai donc que sous prétexte que notre esprit est borné, & que la Sagesse divine est incompréhensible dans ses desseins, on n'a point droit de nier les rapports immuables qui résultent de la nature des Objets, ni d'anéantir toute certitude. S'il y a une proportion fixe entre les moyens & les fins, on doit reconnoître une pareille proportion entre les effets & leurs causes. D'où je conclus qu'il est impossible qu'une suite d'apparences concoure à me donner l'idée d'un certain Principe, tandis qu'elle dépend d'un Principe tout opposé. Comment veut-on que les mêmes apparences se lient également à tous les deux, tandis qu'elles ne m'en montrent qu'un ? Comment se peut-il que ces Phénomènes, qui par une infinité de rapports sensibles me conduisent à l'idée d'une seule cause, ayent en même tems des relations auſſi naturelles & auſſi étroites avec une cauſe de différent genre, dont ils ne me donnent aucune idée ? Comment des opérations qui me repréſentent une Raiſon, une Intelligence, une Volonté libre, pourroient-elles dépendre d'un principe brute, néceſſaire, aveugle ? Prétendre cela, ce ſeroit ramener le cahos, confondre la néceſſité avec la liberté, la matiére avec l'eſprit, le Méchaniſme avec la Raiſon.

VIII. *Opérations d'un Agent néceſſaire, aiſément diſcernées d'avec celles d'un Agent libre.*

Quand j'obſerve les jeux de l'Aimant, ſans en connoître la vraye méchanique, il m'eſt aiſé de comprendre qu'ils réſultent de quelque loi du mouvement, fondée ſur la nature des Corps ; je regarde ces jeux comme une des Scènes du grand ſpectacle de la Nature ; je ne ſuis point tenté de les rapporter aux caprices de quelque Génie. Ces mouvemens compoſez, mais uniformes & réguliers dans leur varieté, paroiſſent évidemment tenir au branle de la Machine uni-

universelle, je n'ai nul besoin d'admettre une sorte d'Ame dans cet Aimant pour le diriger. Il en va de même des divers autres Phénomènes de la Nature, qui ne demandent point qu'on ait recours pour les expliquer, à l'influence de quelque Agent libre, parce que portant un caractère de nécessité, ils se déduisent naturellement de certaines Loix des Corps; & s'ils nous découvrent des traits de l'Intelligence souveraine, ce n'est point en qualité d'effets immédiats de cette Intelligence, mais en qualité de suites nécessaires des Loix générales que cette Intelligence a librement établies. Mais quand je vois dans un Animal des mouvemens irréguliers, arbitraires, détachez les uns des autres, mais pourtant liez d'une maniére intime avec les sentimens, les besoins, les vues, les intérèts qu'auroit une Ame supposée hôtesse de son Corps; quand je vois qu'une telle Ame, intéressée à produire toutes ces actions, est un centre qui les lie, un Principe qui tout d'un coup me les explique; je conclus que cette Ame en est la vraye cause, & qu'elle existe par conséquent. Conclure ainsi, ce n'est point faire de mon imaginagination la borne de la Vérité ; c'eſt prendre pour règle de la Vérité, les rapports immuables qui ſe trouvent entre les effets & leurs cauſes, & qui font que les cauſes ſont manifeſtées par leurs effets, & que ces effets les repréſentent. Chaque mouvement de l'Animal, pris à part, peut avoir, je l'avoue, un reſſort qui le produiſe ; mais la ſuite de ces mouvemens ne peut réſulter d'aucune loi méchanique. Que ſi cette ſuite réſulte d'un amas de reſſorts, il faudra que le Créateur lui-même en ait réglé la Combinaiſon ſur l'idée des opérations d'une Ame immatérielle. Ainſi l'alternative revient toujours ; ou bien cette Ame, que les mouvemens ſpontanées nous repréſentent, exiſte en effet, ou Dieu n'a conſtruit le miraculeux Automate que pour nous offrir un tableau trompeur.

IX. *Des effets ſéparés de la cauſe qu'ils caractériſent, deviennent des moyens d'erreur ; ils ont, de la part de celui qui les raſſemble, cette Erreur pour fin.*

J'applique à peu près le même raiſonnement aux fins inconnues que, ſelon le le Pyrrhonien, cet Automate pourroit avoir. Il est certain que tout m'y représente l'action, la conduite, les mouvemens, les pensées d'une Ame intelligente; tout y sert à me la peindre & à me convaincre de son existence. Cet Automate rassemble donc tous les moyens les plus infaillibles de me jetter dans l'erreur. Il a donc été fabriqué dans ce dessein. Car la proportion des moyens avec leur fin, n'est pas moins déterminée que celle des effets avec leur cause; & s'il n'est pas possible qu'un ordre d'effets visiblement liés avec une certaine Cause, dépende pourtant d'une autre toute opposée, il ne l'est pas non plus, que des moyens exactement proportionnés à un certain but, en ayent dans le fonds un tout différent.

Il n'est donc nullement permis de supposer qu'un spectacle illusoire, tel que celui de notre Automate, pût faire essentiellement partie de quelque dessein caché du Créateur, & que l'art avec lequel cet Automate seroit construit, quoiqu'il nous jettât dans l'erreur, pût avoir un autre but que celui de nous y jetter. Car puisqu'il est clair que les actions humaines ont, avec l'Ame humaine, le rapport naturel des effets avec leur cause, il n'est pas moins évident qu'une Machine dont l'artifice imiteroit parfaitement ces actions, ne pourroit avoir été faite que pour nous tromper en nous représentant cette Ame où elle n'est pas.

X. *Exemple. Toute imitation renferme, ou le dessein d'étaler de l'industrie, ou celui de tromper en la cachant.*

On me montre une Statue à ressorts, qui remue les yeux, la tête & les bras, qui se proméne, qui danse &c. Je ne demande point à quoi sert cette Statue; il paroît qu'elle sert à faire voir jusques où l'Art peut porter l'imitation de la Nature dans les mouvemens humains. Mais si vous supposez cette imitation perfectionnée au point que je ne puisse plus discerner la Statue d'avec un véritable Homme, vous aurez alors tout lieu de croire que l'Ouvrier songe moins à me faire admirer son Art, qu'à me tromper en me le cachant. Direz-vous que peut-être est-ce à quoi il n'a point pensé? Autant vaudroit il soutenir qu'une

Montre n'a point été faite pour marquer les heures, mais qu'ayant un autre usage que personne ne devine, le hazard fait qu'elle se trouve aussi de surcroît avoir celui-là. Revenons à l'Artisan de la merveilleuse Statue. Que par rapport à vous qui êtes du secret, il ait eû pour but d'étaler son industrie, à la bonne heure; mais par rapport à moi qui ne suis averti de rien, son but est de me faire illusion. Ce dernier cas est celui de l'Automate dont nous disputons. Dieu l'auroit fait parfaitement ressemblant à un véritable Homme, sans nous avertir que ce n'en est pas un. Mais quel but auroit une pareille conduite? Seroit-ce d'étaler son intelligence & son pouvoir? On voit bien que tout cet Art seroit autant de perdu pour nous, par cela même qu'il nous tromperoit. D'ailleurs cet étalage inutile de Puissance & d'Art, répugne à la Sagesse de l'Etre suprême, qui n'agit jamais que pour des fins dignes de sa bonté. Ce peut bien être une gloire pour l'industrie humaine, d'imiter les Ouvrages de la Nature; mais ce n'en sauroit être une à l'Auteur de la Nature, de contrefaire des Etres qui sont son Ouvrage, ni de se cacher, pour ainsi dire, sous le masque des Causes secondes.

XI. *Conséquence de ces raisonnemens. Les hommes que je vois autour de moi, sont des Etres spirituels ; ils ont une Ame semblable à la mienne.*

L'existence des Ames humaines, se démontre donc pleinement par les mouvemens spontanées dont ces Ames sont le principe; puisque si ces mouvemens ne procédoient pas de la cause qu'ils indiquent, il faudroit nécessairement y reconnoître un acte de la Toutepuissance du Créateur, qui seroit indigne de sa Sagesse. La démonstration ne sauroit être plus courte & plus simple. Dieu étant ce qu'il est, de ce qu'un amas de Phénomènes se lie à un Principe unique, qui est leur raison commune & le centre de tous leurs rapports, j'en conclus l'existence de ce Principe. Donc ces hommes qui me parlent, & que je vois agir en Etres intelligens, sont des Etres intelligens qui ont un Esprit aussi bien qu'un Corps.

XII.

XII. *Autre conséquence; les Bêtes en ont une aussi, quoique d'un ordre différent.*

Donc aussi les Bêtes ont une Ame. Le même raisonnement, toutes proportions gardées, amene ces deux conclusions. A la rigueur elles ont autant de certitude l'une que l'autre ; & si celle qui regarde l'Ame humaine paroît revêtue de plus d'évidence, c'est que cette espèce d'Ame ayant une grande supériorité sur celle des Brutes, fournit un beaucoup plus grand nombre de preuves de son existence, par mille opérations excellentes auxquelles l'autre espèce ne sauroit atteindre. Tous ces Caractères de Raison, qui brillent dans les mouvemens humains, se joignant aux marques de simple Sensation, y donnent en faveur du Principe immatériel mille Démonstrations pour une. Celle-là seule qui se tire de l'usage de la parole, est des plus frappantes. On voit assez pourquoi. C'est que le moindre discours suivi, c'est qu'un entretien de demi quart d'heure, offre une foule innombrable de Phénomènes, dont la

com-

combinaison ne peut s'expliquer que par le moyen d'un Principe intelligent. Ce discours atteste la présence d'une Substance immatérielle ; il suppose évidemment une Ame, laquelle ayant toutes les pensées qu'il exprime, avec la volonté de me les communiquer, dirige tous les mouvemens de la langue qui le profére. Car si cela n'étoit pas, ce seroit Dieu lui-même qui par son action immédiate, ou ce qui vaudroit autant, par un ajustement de ressorts disposez pour cet effet, dirigeroit les articulations de cette langue, pour représenter les pensés d'un esprit fini, & souvent tous les déréglemens de cet esprit ; conduite qu'on ne sauroit attribuer sans blasphême au souverain Etre.

XIII. *Les preuves en faveur de l'Ame des Bêtes, moins nombreuses, mais également concluantes. Pourquoi l'on est partagé sur cette derniére question, quoique l'autre ne s'agite point sérieusement.*

Aussi la supposition qui transforme en autant de Machines les hommes qui nous environnent, paroît-elle à tout le Monde infiniment plus ridicule que celle qui
se

se contente d'opérer sur les Brutes une pareille Métamorphose. Hé qui doute qu'elle n'ait plus de droit de le paroître ? Ce n'est pas que la fausseté de cette derniére Hypothèse ne se démontre par les mêmes argumens qui ruïnent l'autre, & qu'on ne puisse s'assurer que les Bêtes ont une Ame, par les mêmes voyes qui servent à nous convaincre que les hommes en ont une. Cent Démonstrations n'ajoutent rien à l'évidence d'une seule. Cependant une même vérité prouvée en cent maniéres, en devient, sinon plus certaine, du moins plus frappante. La persuasion de cette vérité se fortifie, le sentiment que nous en avons s'enfonce plus avant dans notre Ame par ces Démonstrations redoublées. Cette impression plus vive, qui parle en faveur des Ames humaines, est donc, ce me semble, tout l'avantage qu'elles ont sur celle des Brutes, pour nous persuader leur existence.

Après cela on ne doit pas s'étonner si les Automates humains n'ont jamais paru qu'un Roman Métaphysique, propre tout au plus à divertir quelques momens un Philosophe spéculatif, mais qui ne ne sauroit s'établir sérieusement que dans le creux de quelque cervelle mal saine; tandis que les Bêtes pures machines, sont devenues la chimere favorite de quantité de bons Esprits. Mais enfin c'est au fonds le même Roman où, sur des fondemens en l'air, le merveilleux est seulement un peu moins poussé.

XIV. *La même méthode par où l'on démontre une Ame dans l'Homme & dans la Bête, fait discerner la Bête d'avec l'Homme.*

Je n'ai pas besoin d'en venir à la preuve, elle se trouve déja toute établie dans la premiere description du Muet, que j'ai supposé voir entrer dans ma chambre. Car il est certain que sur les actions que je lui ai attribuées, rien ne m'obligeoit de lui accorder une Ame raisonnable; que si je me sens naturellement porté à le juger homme comme moi, c'est une pure raison d'analogie, prise de la figure humaine, un pur préjugé par conséquent, qui me détermine à cette pensée. Mais ce n'est point préjugé, c'est démonstration qui me me persuade que sous cette figure humaine, il y a du moins un Principe immatériel, qui veut, qui sent, qui connoît jusques à certain point; puisqu'au cas que je me trompasse, & que de simples ressorts y tinssent la place d'un pareil principe, le Maître du Monde, qui seroit l'Artisan de cet Automate, demeureroit responsable de mon erreur.

À la figure humaine près, les Brutes sont précisément dans le cas de ce Muet tel qu'il se manifeste à moi. Mouvemens spontanées & librement variez; (1) indices de sentiment; symptômes de

---

(1) Les diverses expressions des passions & dans l'air & dans la voix, sont des signes naturels qui indiquent aussi clairement une Ame sensitive, que les mots articulez, signes de pure institution, peuvent indiquer une Ame raisonnable. On s'en convaincra mieux encore, si l'on pense que ces signes extérieurs des passions, sont un effet immédiat des passions mêmes, & que c'est l'Ame qui, par l'impression aveugle qu'elle fait sur le corps, en conséquence de la sensation ou passion dont elle se trouve actuellement affectée, y répand cette vive image de la passion qui l'agite. Comme il y a tout lieu de croire que la liaison de nos diverses sensations avec les mouvemens corporels, n'est point arbitraire, il est très-naturel de penser aussi que le rapport d'un certain air de visage, d'un certain maintien, de certains cris, avec telle
on

de paſſions; actions réglées ſur un interêt qui ne ſauroit ſe trouver dans le Corps même; mouvemens qui tendent réguliérement vers un but, ſans être enchaînés méchaniquement l'un à l'autre, tout eſt ſemblable. La parité ne ceſſe que lorſque mon Muet rompant le ſilence, vient à s'entretenir avec moi, écrit une Lettre en ma préſence, raiſonne ſavamment ſur un Tableau que je lui montre, & joue à ma priere certains airs ſur un Luth dont il s'eſt ſaiſi. A ces dernieres marques je reconnois un véritable Homme; mais c'eſt en vertu du même principe qui ne m'avoit conduit d'abord que juſqu'à l'idée d'un Etre immatériel & ſenſitif. En continuant de m'appuyer ſur ce principe, j'ai formé par dègrez mes concluſions, à meſure que de nouveaux phénomènes ſe préſentoient, & puiſque elles ont toutes le meme fondement de certitude, il me paroît que je ne puis raiſonnablement douter que les Bêtes ayent

ou telle paſſion, n'eſt point arbitraire non plus, & que tout cela eſt fondé ſur la nature même de l'Ame ſenſitive à qui le corps ſert d'organe. Voiez l'*Eſſai ſur l'Ame des Bêtes* 2de. part. p.166. & ibid. le Diſcours ſur la nature des Senſations.

ayent un Ame, après avoir reconnu l'exiſtence des Ames humaines.

CHAPITRE VI.

De la certitude des cauſes finales. Nouvelle preuve en faveur de l'Ame des Bêtes, tirée du but de leurs Organes.

I. *Témérité de l'homme à juger des fins du Créateur.*

LEs cauſes finales ne ſont pas moins du reſſort de la Certitude morale, que ce que les Philoſophes nomment Cauſes Efficientes. Toutes ces vûes merveilleuſes que nous offrent les Ouvrages de la Nature, & où reluit avec tant d'éclat la Sageſſe de ſon Auteur, ſe démontrent par le grand Principe de la liaiſon des Phénomènes avec leur unique raiſon ſuffiſante. J'avoue qu'il arrive ſouvent aux hommes de s'égarer dans leurs conjectures téméraires. Il décident trop légérement ſur le but du Créateur dans bien des choſes dont ils

n'ont

n'ont qu'une connoiſſance très-imparfaite. A quoi ſervent telles Plantes, tels Animaux ? Quel eſt le véritable uſage de ce muſcle, de ce conduit, de cette membrane dans le Corps humain ? Le plus habile Phyſicien n'eſt pas celui qui ſe hâte le plus de répondre à ces ſortes de queſtions. Souvent le parti le plus ſage eſt de ſe tenir en ſuſpends, & de donner pour toute réponſe, cet aveu d'ignorance qui coûte tant à la vanité humaine. Je conviens encore, qu'il eſt dangereux & trop commun dans ces matieres de prendre le plauſible pour le vrai. Mais notre principe loin de les confondre, eſt une règle pour les diſcerner l'un d'avec l'autre. A la lumiere qu'elle nous prête, l'Eſprit partant du point fixe où la certitude ſe trouve, en comptera mieux les divers degrés de la probabilité.

II. *Il n'eſt pas impoſſible de découvrir celle de la machine animale.*

Reprenons l'exemple des Animaux. Nous avons vû que leurs actions nous offrent tout ce qu'il faut pour nous aſſurer qu'il y a en eux un Principe ſenſitif,

sitif, ou, ce qui dans la précision du langage Philosophique revient à la même chose, pour conclure qu'ils ont une Ame. Mais l'inspection de leurs organes nous conduit à cette même vérité par une nouvelle route. En effet, pour bien juger des Bêtes, on ne doit pas se contenter de leur ressemblance extérieure avec l'homme. La forme de leurs membres, la disposition générale de leur Corps, qui correspond assez à celle du Corps humain, peut bien faire soupçonner d'autres rapports entr'elles & nous, mais ne fournit après tout que des inductions assez douteuses. Mais si de ces premiers dehors nous passons à leur structure intérieure, nous y trouverons dans une nouvelle combinaison de Phénomènes, de nouvelles preuves pour l'existence d'une Ame.

III. *Trois sortes d'Organes dans les Animaux.*

L'intérieur des Animaux nous découvre de trois sortes d'Organes. 1°. ceux qui servent directement à l'entretien de la machine & aux mouvemens vitaux. Tels sont les organes de la respiration,

de

de la nutrition, de la circulation du sang &c. 2°. ceux par où se transmettent au cerveau les diverses impressions des objets: ce qu'on appelle les organes de la vûe, de l'ouïe, de l'odorat &c. 3°. ceux qui servent à produire les différentes actions de l'Animal, & par le ministère desquels s'executent ses mouvemens spontanées.

IV. *Ceux des sens ont pour fin, la perception qui s'excite en nous par leur entremise.*

Il seroit inutile de considerer ici les organes de la premiére sorte, qui n'étant faits que pour entretenir la correspondance, & lier le tissu de toutes les parties du Corps Animal, sont évidemment subordonnez aux deux autres espèces. Je m'arrête donc à ces derniéres, & je demande quel est l'usage de l'Oeuil, par exemple, & de l'Oreille: Je demande à quelle fin le Créateur a pu rassembler, façonner, ajuster ensemble avec tant d'art les différentes pièces dont ces organes sont construits: La réponce se présente d'elle-même; c'est que l'Oeuil est fait pour voir, & l'Ol'Oreille pour entendre. Et comme l'Ouïe & la Vûe sont des perceptions, desquelles la pure matiere est incapable, l'usage évident de ces deux organes, suppose dans tout Animal, un sujet immatériel sensitif, pour lequel ils ayent été faits.

De même la fabrique des nerfs, des muscles, des tendons, des articulations; l'emboitement, la structure, la disposition des os, en un mot tous les ressorts à l'aide desquels l'Animal se remue & agit en mille manieres différentes avec justesse & facilité, manifestent sensiblement un second usage, qui sera de servir d'instrument à l'action de ce sujet spirituel. Les fins de ces deux espèces d'organes je ne les devine ni ne les imagine à plaisir, puisqu'en moi l'expérience me montre ce même usage par rapport à des organes tout semblables. Je ne puis donc m'empêcher de le retrouver dans ceux de la Bête, & de raisonner ainsi: La structure de ces parties étant telle, que si le Créateur avoit voulu unir une Ame à ce Corps, il ne l'auroit pas construit autrement; cette structure dans les Bêtes, étant semblable à celle de mon Corps, que Dieu

cer-

certainement a fait pour mon Ame, j'en conclus que lui, qui ne fait jamais rien d'inutile, a donc donné une Ame aux Bêtes.

V. *Le prétendu usage que le Cartésien leur assigne chez les Bêtes, n'est point évident.*

Ceux qui la leur refusent diront-ils, que l'Oreille & l'Oeuil sont destinez dans la Bête à diriger l'impression des objets extérieurs sur l'Automate, de maniere à lui faire produire certains mouvemens? C'est-là parler en l'air. Cet usage prétendu n'est point évident; il suppose un méchanisme qui n'a jamais été ni conçû ni expliqué par personne, & dont l'Anatomie des Animaux ne nous a jamais donné la moindre idée. La structure de l'Oeuil m'apprend bien, comment l'image d'un objet venant à se peindre sur la retine, transmet au fonds du cerveau une certaine trace de cet objet, en y remuant l'extrémité de quelques nerfs; mais que de cette impression purement passive, doive naître une certaine action précise par rapport à ce même objet; que l'ébranlement causé-

causé dans le cerveau par l'extrémité de l'oeuil, se doive communiquer aux organes de l'action, pour faire faire à l'Animal tel ou tel mouvement, à peu près comme une boule en pousse une autre, c'est ce que l'anatomie de l'Animal ne me montre point. Une supposition aussi obscure que celle-là, n'a nul droit de se mettre à la place d'un principe d'expérience tel qu'est celui-ci; *l'Oreille a été faite pour entendre, & l'Oeuil pour voir.*

VI. *Le rapport de certaines sensations à certains organes, n'est point arbitraire.*

Raisonnons un peu sur cette expérience. A considerer mon corps d'une vue générale, je ne puis douter qu'il ne soit fait pour mon Ame; mais dès que j'entre dans le détail de ses parties & de leurs différens usages, cette vérité se montre en tant de manieres, qu'elle surmonte tout doute par son évidence. Principalement si l'on s'applique à considerer les organes des Sens, & la dépendance absolue où notre Ame est elle-même de ces organes, par rapport à ses diverses sensations. La mau-

Tome I.   h   vai-

vaise conformation, le plus petit dérangement d'un organe, rend la sensation imparfaite, l'altére, l'affoiblit. Elle est entiérement détruite par la destruction de l'organe. Le Cristallin est-il épaissi, ou le nerf Optique obstrué ? l'Ame ne voit plus. La membrane du timpan est-elle ossifiée ou racornie ? l'Ame n'entend plus. Certains conduits du cerveau sont-ils bouchés ? l'Ame n'a plus aucune espèce de sensation. Elle ne voit donc que par l'oeuil, n'entend que par l'oreille, & en général ne sent que par le cerveau. D'où je conclus que l'Ame a besoin de tous ces Organes, & que l'oeuil & l'oreille ont une aptitude naturelle à exciter en elle les sensations de l'ouïe & de la vue. Quand après cela je considere l'admirable structure de l'oreille & de l'oeuil, & que je songe qu'un Ouvrier infiniment sage en est l'Auteur, je ne doute plus de cette aptitude naturelle que toute autre structure n'auroit point eue.

VII.

VII. *De ce que nous ne comprenons guère ce rapport, il ne s'enfuit pas qu'il ne soit point naturel.*

Il est bien vrai que nous ignorons quel rapport il peut y avoir entre un mouvement & une pensée ; entre une certaine organisation de l'œuil, ou, si l'on veut, entre l'impression d'un Objet matériel, que l'œuil ainsi disposé transmet au cerveau, & la sensation qu'on appelle *voir* ; mais cette ignorance ne peut se tourner en objection contre mon Principe ; puisque le fait décide, & qu'il est bien plus juste de conclure sur un fait d'expérience, que Dieu a formé l'œuil précisément tel qu'il devoit être pour imprimer à l'Ame cette sensation, quoique nous ignorions comment il y est propre, que de ne reconnoître dans la merveille de l'œuil, & dans celle du Corps humain dont il fait partie, qu'un art qui se joue sans aucun but. Car si l'Ame est capable de voir sans yeux & d'ouïr sans oreilles, si, séparée du Corps, elle peut recevoir les mêmes perceptions qu'elle recevoit à son occasion, à quoi bon lui en donner un ? De quoi servira sur-tout cette fine organisation des instrumens de la vue & de l'ouïe ? La sagesse du Créateur aura-t-elle fait une dépense inutile ?

VIII. *Ce n'est qu'au cas qu'il le soit, que la Sagesse divine éclate dans la structure de ces Organes. Sans cela, quoique l'Art y puisse paroître, la Sagesse n'y paroît point.*

Certaines idées confuses que l'on a sur ce sujet, méritent d'être dévelopées. Lorsqu'on admire la Sagesse divine dans la fabrique des organes de nos Sens, l'on suppose tacitement, ce me semble, l'utilité du Corps organique, pour faire naître, & pour modifier les sensations de l'Ame. On n'entend pas simplement, par exemple, que les diverses secousses de l'air ébranlé, sont tellement transmises au cerveau par le moyen de timpan, des quatre petits os qui y tiennent, des sinuosités du Labyrinthe, des ramaux du nerf acoustique, & des esprits qui remplissent ce nerf, que le *sensorium* en recoive l'impression distincte ; on suppose de plus que l'ébranlement que reçoit alors le *sensorium*, a de si justes proportions avec le sentiment de l'Ame

dont

dont il est suivi, que sans lui ce sentiment ne naîtroit point dans l'Ame. Niez ces proportions, vous faites évanouïr ce que la Sagesse de celui qui a formé l'oreille avoit de plus admirable, & vous perdez de vue l'usage d'un pareil organe. Il restera bien toujours des preuves sensibles d'art & d'intelligence dans l'Ouvrage, mais n'y découvrant plus de but, la Sagesse cessera d'y paroître.

Repliquerez-vous, que cette Sagesse se montre assez, en ce que Dieu ayant une fois résolu de lier le sentiment du son, à une certaine modification de la partie la plus intime du cerveau, l'oreille se trouve précisément comme il le faut, pour lui communiquer cette modification? Vous ne levez point par là ma difficulté. Car il est bien vrai qu'entre cet agencement de l'oreille, & cette modification du cerceau, je trouve un rapport où je découvre beaucoup d'art; mais, selon vous, il n'y a aucun rapport entre l'oreille ainsi construite, & le sentiment que l'Ame reçoit, puisque, selon vous, cet organe n'a point d'aptitude naturelle à exciter dans mon Ame la perception des sons, plutôt que celle des couleurs. Cependant, la sensation

sation de l'ouïe devant être ici le but principal, auquel la modification du *sensorium* tient elle-même lieu de moyen, c'est dans les rapports de l'oreille avec ce but principal, que consiste la grande sagesse de l'Ouvrier. A vous en croire, il n'a si artistement façonné l'organe de l'ouïe, que pour remplir une condition purement arbitraire du principal effet qu'il se propose. D'abord il ordonne que dans mon Ame, l'idée du son suive un certain ébranlement d'un endroit de mon cerveau; puis il dispose l'oreille de telle sorte, que les vibrations de l'air soyent transmises par ce milieu, précisément comme il le faut, pour causer un tel ébranlement. En tout cela, tant d'industrie que vous voudrez; mais de Sagesse je n'y en vois point, puisqu'on me défend d'y chercher un rapport naturel entre les moyens, & la fin principale pour laquelle ils sont mis en œuvre.

Au lieu que si l'on suppose une fois qu'il y a une correspondance naturelle, fondée sur l'essence même de l'Ame, entre ses diverses sensations, & les divers ébranlemens de son cerveau, on reconnoît d'abord qu'il a fallu une Sagesse admiramirable & infinie, pour établir de si justes proportions entre les Organes matériels, & l'Ame immortelle qui s'en sert pour déployer ses facultés. Et c'est afin d'appuyer une si belle idée, que dans mon Discours sur la nature des Sensations, j'ai hazardé quelques conjectures auxquelles je renvoye le Lecteur.

Mais indépendemment de toute Hypothèse, quand nous ne pourrions comprendre comment l'Ame a besoin de certains organes corporels pour exercer ses facultés, on doit en croire l'Expérience qui nous assûre du fait. Et il est bien plus clair, que la Sagesse divine n'aura point agi inutilement par une vaine profusion d'art, qu'il ne l'est que nos perceptions sensibles, sous prétexte qu'elles sont spirituelles, soyent indépendantes d'un organe matériel, & puissent naître sans son entremise.

IX. *Conséquence générale. Le Corps animal qui n'est qu'un tissu de ces Organes, est fait pour servir d'Organe à un Principe sensitif.*

Que si l'Expérience nous convainc de ce rapport naturel entre châque organe de nos sens, & l'espèce de sensation qui répond à cet organe, entre l'œuil, par exemple, & la faculté de voir; que sera-ce du Corps entier, qui n'est que l'assemblage & le tissu de tous ces organes, joints à ceux qui sont nécessaires pour toutes les actions que l'Ame peut vouloir, en conséquence des sentimens que les Objets de dehors excitent en elle? Le rapport général de ce Corps, à l'Ame dont il devient l'instrument, pour développer ses diverses facultés tant actives que passives, frappe avec la dernière évidence. Et l'on ne peut s'empêcher de reconnoître, quand on assemble tous les détails sous ce point de vue, que la Machine humaine étant actuellement un Milieu par où notre Ame apperçoit les Corps, & se trouve en état d'agir sur eux, l'utilité de cette Ame, doit avoir été le but d'une si admirable Machine.

X. *Notre ignorance sur la manière dont l'Ame & le Corps agissent réciproquement l'un sur l'autre, ne fait point obstacle à cette conclusion.*

N'importe que nous ne concevions pas

pas clairement, comment un Etre immatériel peut agir sur elle, ni comment il a besoin d'elle pour sentir. L'Expérience nous épargne là-dessus un long circuit de raisonnemens. Car comme il n'est pas nécessaire de savoir en quoi consiste l'influence de l'Ame sur le Corps, pour pouvoir assûrer qu'un Principe immatériel nous fournit une raison suffisante de ses mouvemens spontanées, sachant par expérience que notre Ame en est la cause; de méme il n'est point besoin de connoître comment nos organes contribuent à nos sensations, pour leur attribuer un pareil usage, & pour regarder l'Ame comme la cause finale d'une telle organisation. Cette double relation que nous éprouvons entre les deux substances, ne permet pas de douter, que la sagesse du Créateur n'ait réglé l'agencement de notre Corps, sur les besoins de l'Ame qu'il trouve à propos de lui unir.

XI. *Il faut raisonner du Corps des Bêtes comme de celui de l'Homme.*

Mais si le Corps de l'Homme est fait pour son Ame, celui des Bêtes lequel, au travers de quelques différences, ressemble pourtant à l'autre à tant d'égards, est aussi fait pour une Ame. Si les organes des Sens nous sont nécessaires pour la sensation, de pareils organes indiquent dans la Brute un Principe sensitif. Y a-t-il apparence que l'arrangement industrieux des parties du Corps humain, ayant l'utilité d'une Ame pour but, un arrangement pareil dans la Bête, n'eût point un but tout semblable ? Car enfin, elle a comme nous les organes de la sensation, ceux du mouvement, & ce troisième ordre d'Organes qui, servant à l'entretien de la Machine entière, sont essentiellement subordonnés aux deux autres. Tout cela fait un prodigieux tissu de moyens, & un tissu trop ressemblant à celui que nous offre le Corps de l'homme, pour n'avoir pas une fin semblable. Raisonnons donc sûr le but de ces moyens, comme nous faisions tantôt sûr les effets par rapport à leur cause ; & disons, que comme une combinaison de Phénomènes, prouve l'existence d'une cause qui, en les expliquant, les réünit tous autour de soi ; de même un composé de moyens, nous découvre avec certitutitude qu'elle est la fin qu'on s'y propose, par les justes proportions qu'il a avec cette fin. Parce que le rapport des moyens à leur fin, n'est pas plus arbitraire que celui des effets avec leur cause, & qu'il est impossible que les mêmes moyens ayent des rapports également directs, également naturels & nécessaires, avec deux fins différentes, & si différentes, que l'esprit auquel l'une se présente d'abord, soit incapable seulement de soupçonner l'autre.

Je puis bien ignorer totalement le but de certains préparatifs, je puis bien en connoître certaines fins accessoires & subordonnées, sans deviner la principale ; mais quand on voit un assemblage de moyens qui tendent tous vers un même but, sans renfermer rien de superflu ni de défectueux par rapport à lui, il n'est plus possible qu'il y en ait un autre indépendant & exclusif de celui-là. Ainsi quand toutes les pièces d'une Machine concourent à la rendre propre à un certain usage, cet usage est censé être le but que l'Ouvrier s'est proposé en la construisant. Cela posé, je soutiens que si Dieu créoit des Animaux purs Automates, sans unir d'Ame à leur Corps, construit de la maniére qu'il l'est, il nous tromperoit, en nous indiquant un but qu'il n'auroit point ; & en agissant lui-même sans but.

XII. *Réponse à l'objection, que les Bêtes sont faites pour l'Homme.*

En vain répondroit-on, que l'espèce des Brutes est faite pour l'Homme, & qu'elle peut avoir encore dans l'Univers bien d'autres usages inconnus à la petitesse de notre esprit. Je n'ai jamais eu la pensée de nier cela. Entendons-nous. Vous parlez du but auquel l'Animal se rapporte, & moi je parle de l'usage immédiat des organes de l'Animal. Il ne s'agit pas de savoir quelle est la destination des Animaux, ni pour quel but Dieu les a créés ; mais de savoir si la structure de leur Corps ne montre pas évidemment que ce Corps est fait pour loger une Ame. Car cela posé, l'usage immédiat de cette structure, se trouvera lui-même subordonné au principal but, à quoi l'Animal entier se rapporte, puisque ce ne sera que par l'entremise d'une Ame, que ce principal but sera rempli. Par conséquent ce but, quel qu'il soit, n'exn'exclut point la destination manifeste de la Machine vivante à loger une Ame, & n'affoiblit point l'argument pris de sa structure, pour prouver que l'Animal lui-même est un composé d'Ame & de Corps.

XIII. *Instance pour fortifier cette objection. Nouvelle réponse.*

On dira peut-être, qu'il étoit avantayeux à l'homme qu'il y eût de pareilles Créatures, qui naquissent & se perpétuassent sans presque aucun soin de sa part, afin que par leur force, leur adresse, leur docilité, elles vinssent en mille maniéres à son secours : Qu'il est digne de la Bonté divine de lui avoir procuré cet avantage, sans unir au Corps des Bêtes, une Ame qui n'y pourroit vivre que malheureuse. Ainsi l'on aura trouvé la vraye raison des Machines Cartésiennes. Après cela si ces Machines nous trompent ce ne sera que par accident, & par une suite inévitable d'un plan très-sage en lui-même. Je réponds que si l'on soutient simplement qu'il étoit digne de la Bonté divine de construire des Machines, qui se meuvent pour l'utitilité des hommes, il n'y aura aucune difficulté. Mais que pour remplir ce but, ou tel autre qu'on voudra, il ait fallu que ces Machines fuſſent de parfaites images d'un Etre ſenſitif, comme le ſeroient les Automates Cartéſiens, c'eſt ce que je ne vois pas. Celles que l'Art invente pour les beſoins de la vie, n'ont point ce caractère équivoque, & ne ſe confondent point avec celles qui par une agréable impoſture de ce même Art, nous repréſentent des Etres vivans : Preuve que des deſſeins ſi différents & ſi peu liez, ne dépendent pas des mêmes moyens. Si l'Art humain évite de pareilles ambiguités, pourquoi l'Art divin, infiniment plus induſtrieux & plus puiſſant, manqueroit-il de précautions pour les prévenir ? Pourquoi faudroit-il qu'un jeu de reſſorts, qui ne ſeroit que pour nos uſages, repréſentât exactement l'action d'une Ame ſpirituelle ? En l'accordant aux Bêtes, cette Ame ſpirituelle, on voit fort bien comme quoi ce Tout vivant ſe rapporte à nous. Alors la ſtructure de l'Animal a ſon but, & ſes opérations ont leur cauſe. En opérant par ſentiment & pour ſon propre intérêt, il travaille en même tems pour le nôtre. L'ordre des caufes efficientes fubfifte, fans troubler celui des caufes finales. La Bonté divine crée des Etres fenfitifs, leur donne un organe tel qu'il le leur faut pour le développement de leurs facultés, tire d'eux par ce moyen mille utilités pour nous, & fait tout cela fans nous tromper. M'objecterez-vous que la Bonté de Dieu ne lui permet pas de créer des Ames pour être malheureufes ? Je vous prierai de répondre à celui qui raifonneroit ainfi : Je ne doute point que les Négres qui me fervent, ne foyent de purs Automates, quelques marques d'intelligence qu'ils me donnent tous les jours : Le Créateur eft trop bon pour leur avoir donné une Ame qui dans de pareils corps ne pourroît être que fort malheureufe ; il y fupplée par un jeu de refforts dont ma propre commodité eft le but. Vous ne fauriez rien oppofer, ce me femble, à un tel raifonnement qui ne détruife le vôtre.

XIV.

XIV. *On raisonne ici sur l'Analogie des Moyens aux Fins. Elle veut que des moyens qui se ressemblent, ayent des fins qui se ressemblent à proportion.*

Qu'on y prenne garde : Si je raisonnois sur une Analogie prise de la simple ressemblance extérieure entre nous & les Animaux; si je disois : la Bête ressemble à l'Homme, elle a comme lui une tête, des pieds, des yeux, des oreilles; donc elle pense comme lui; l'argument seroit pitoyable. Mais le mien revient à ceci. La fameuse Horloge de Strasbourg est faite pour marquer les heures, ma Pendule l'est donc pour les marquer aussi. On a taillé ce Telescope de trente pieds pour découvrir de loin les Objets; donc ma Lorgnette est faite pour le même usage. Ce gros Navire a été construit pour traverser l'Océan; donc ce petit Batteau que je vois sur un Chantier, doit servir du moins à voguer sur une Riviére. Vous voyez que chacune de ces comparaisons se fonde sur certains rapports fixes, qui, malgré les différences du plus au moins, qu'il y

a

a entre les Machines comparées, y établissent un même but général.

XV. *Jugement du Cartésien sur les Bêtes, convaincu de bizarrerie par une Comparaison.*

Que diriez-vous d'un homme, qui découvrant en pleine Mer un Bâtiment, d'une forme différente à la vérité de celui à bord duquel il est, mais qui cependant auroit aussi bien que l'autre ses voiles, ses mats, ses cordages, & généralement tous les agrez d'un Vaisseau; qui avec cela feroit route, changeroit de manœuvre selon le vent, éviteroit à propos les courans & les écueils, où tout, en un mot, paroîtroit s'exécuter très-juste, suivant les règles de la marine; que diriez-vous de cet homme, s'il soutenoit que cette Machine flottante qu'il apperçoit de loin, n'est point un Navire destiné à porter des Voyageurs au milieu des Mers; qu'il n'y a dedans ni Pilote ni équipage, que la manœuvre s'y fait d'elle-même par le moyen de certains ressorts cachez? Si pour justifier à ses Compagnons de voyage une si bizarre pensée, mon homme se

con.

contentoit de leur faire obferver de légéres différences de conftruction entre leur Bâtiment & celui-là, & de leur alléguer froidement qu'il n'y voit perfonne, qu'il n'entend ni les ordres du Pilote, ni les cris des Matelots, donneroit-il je vous prie une grande opinion de fon jugement ? Voilà précifément l'état de la difpute entre le Cartéfien & moi. En niant que les Bêtes ayent une Ame fpirituelle, il s'engage par cela même à nier le but fenfible de la ftructure de leurs Corps, fans pouvoir y fubftituer aucun autre ufage. Dira-t-il que cette merveilleufe Machine étant la fource des mouvemens de l'Animal, n'a été conftruite que pour les produire ? que l'on doit s'arrêter là, fans s'ingérer dans les defleins du Createur ? Cette réponfe eft peu folide. Quoi ! parce qu'il n'eft pas permis de décider fur ce qu'on ne voit point, l'eft-il de fermer les yeux à ce que l'on voit ? Voilà pourtant ce que fait le Cartéfien. Il aime mieux fuppofer l'exiftence d'une Machine inconcevable, que de reconnoître la caufe fenfible & le but évident, que les actions & la ftructure de l'Animal offrent à fes yeux. Il reffemble à

ce

ce Fantasque, à qui l'on ne sauroit persuader, que le Navire qu'il voit en pleine Mer, ait été fait pour l'usage des Voyageurs, ni qu'il soit gouverné par aucun Pilote. Cet Automate marin vaut assez, ce me semble, l'Automate Cartésien dont on n'apperçoit ni la possibilité ni l'usage.

XVI. *Parallèle entre les Habitans des Planétes & l'Ame des Bêtes. L'Argument tiré des Causes finales conclut moins pour ceux-là que pour celle-ci.*

Si les Planétes nous étoient aussi connues que nous l'est la Machine des Brutes ; si dans la comparaison de ces Planétes avec notre Terre, nous découvrions autant de chefs de conformité, qu'entre cette Machine & le Corps humain ; nous aurions autant lieu de croire les Planétes habitées, parce qu'elles nous paroîtroient évidemment faites pour cela, que nous avons maintenant lieu de croire les Bêtes doüées d'une Ame sensitive, parce que leur Corps nous paroît fait exprès pour la loger. Certainement les choses ne sont pas égales des deux côtez. Nous voyons les Planéte
de

de trop loin pour être en état de faire une comparaison si exacte ; & il s'en faut beaucoup que l'Astronomie ne nous en apprenne autant sur leur sujet, que l'Anatomie nous en apprend sur celui des Animanx. Cependant un Auteur capable, s'il en fut jamais, de discerner finement les degrés de certitude & de vraisemblance, trouve le terme de *vraisemblable* bien modeste pour l'opinion des Planétes habitées. Il met l'existence de leurs habitans à peu près au même point d'évidence par rapport à nous, que celle d'Alexandre le Grand. (1) ,, On ne sauroit vous les faire voir
,, dit-il, & vous ne pouvez pas de-
,, mander qu'on vous les démontre com-
,, me une affaire de Mathématique.
,, Mais toutes les preuves qu'on peut
,, souhaiter d'une pareille chose, vous
,, les avez. La ressemblance entière des
,, Planétes avec la Terre qui est habitée;
,, l'impossibilité d'imaginer aucun au-
,, tre usage pour lequel elles eussent été
,, faites ; la fécondité & la magnifi-
,, cence de la Nature ; certains égards
,, qu'el-

(2) *Entretiens sur la pluralité des Mondes* V Ie. *Soir.*

„ qu'elle paroît avoir eu pour les be-
„ foins de ces Habitans, comme d'a-
„ voir donné des Lunes aux Planétes
„ éloignées du Soleil, & plus de Lu-
„ nes aux plus éloignées; & ce qui eſt
„ très-important, tout eſt de ce côté-
„ là, & rien du tout de l'autre; &
„ vous ne ſauriez imaginer le moin-
„ dre ſujet de doute, ſi vous ne re-
„ prenez les yeux & l'eſprit du Peuple.
„ Enfin ſuppoſé qu'ils ſoyent, ces ha-
„ bitans des Planétes, ils ne ſauroient
„ ſe déclarer par plus de marques ni
„ par des marques plus ſenſibles. Après
„ cela c'eſt à vous à voir ſi vous ne les
„ voulez traiter que de choſe pure-
„ ment vraiſemblable. On ſent aſſez
combien il eſt facile d'appliquer ce raiſonnement preſque tout entier à l'Ame
des Bêtes, entant qu'elle renferme le
vrai but de leur admirable ſtructure.
On ne ſauroit vous montrer les habitans
des Planétes; ils ſont trop éloignez de
nous pour cela: on ne ſauroit de même vous montrer l'Ame des Bêtes, parce que de ſa nature elle eſt inviſible. Comme tout ce que nous connoiſſons des
Planétes, nous perſuade que Dieu les a
créées pour ſervir de domicile à des Créa-
tu-

tures vivantes; tout ce que nous connoiſſons du Corps des Bêtes, nous perſuade auſſi que le Créateur l'a formé pour y loger une Ame capable de connoiſſance & d'action. Il eſt également vrai de dire de ces deux ſuppoſitions, que tout eſt d'un côté & rien du tout de l'autre. Car ſi l'Ame des Bêtes ſouffre quelques difficultez, du côté de la Théologie & de la Métaphyſique, les Habitans des Planétes en ſouffrent auſſi, qui ſont puiſées des mêmes ſources. Mais ces difficultés n'étant point priſes dans le ſujet même, ne ſauroient détruire la Démonſtration morale, qui réſulte d'un concours de preuves tirées du fond du ſujet. La ſeule différence que j'apperçoive entre ces deux raiſonnemens, c'eſt que le dernier conclut avec plus de force en faveur de l'Ame des Bêtes, que l'autre en faveur des Planétes habitées; parce, pour me ſervir encore des propres termes de l'illuſtre Ecrivain que je viens de citer, parce que quoique nous ayïons ſur les habitans des Planétes autant de preuves qu'on en peut avoir dans la ſituation où nous ſommes, le nombre de ces preuves n'eſt pourtant pas grand; au lieu que

que par rapport aux Bêtes, la comparaison de leurs organes avec les nôtres, sans compter celle de leurs mouvemens avec les actions humaines, nous fournit, pour ainsi dire, une infinité de preuves. Si Mr. de *Fontenelle* a donc cru pouvoir mettre les Habitans des Planètes, un peu au-dessous du fait d'Alexandre, pour le degré de certitude; il n'y aura pas trop de hardiesse à mettre celui de l'Ame des Bêtes, un peu au-dessus.

C'est ainsi que cette Ame, après s'être montrée dans leurs actions comme cause efficiente, reparoît dans la structure de leurs organes en qualité de cause finale. Ces deux preuves combinées, qui démontrent invinciblement son existence, l'une par l'assemblage des effets, l'autre par celui des moyens, roulent sur le même principe d'une raison suffisante, seule capable de lier, d'expliquer, de fonder tous les Phénomènes; & réünissent fort heureusement dans le même sujet, un double usage de la grande règle de certitude, dont il s'agit ici d'établir la solidité.

CHA-

CHAPITRE VII.

De la différence entre la Certitude métaphysique & la morale, & comment celle-ci tient à celle-là. Réalité du Monde Intellectuel. Existence des Corps, moralement démontrée.

I. *Principe de la certitude Métaphysique. La preuve de l'existence d'un Dieu tirée de l'arrangement de l'Univers, appartient à ce dernier ordre de certitude.*

Elle ne s'étend point au delà de la Cause première.

A mesure qu'on variera davantage l'application de cette Règle qui paroît si simple, on sera plus frappé de son étendue, puisqu'elle embrasse généralement toute science des causes par leurs effets. Cette analogie des effets avec leurs causes, qui sert à discerner les causes de différent genre, jointe à l'idée que nous avons de la sagesse & de la la bonté du Souverain Etre, est donc le vrai fondement de la Certitude morale, par opposition à celle qu'on nomme métaphysique. Car chacune a ses principes à part, qu'il ne faut jamais confondre. Il est vrai que dans l'une & l'autre on conclut de l'effet à la cause, mais par différentes voyes. C'est un Axiome métaphysique, qu'il ne sauroit y avoir d'effet sans cause, & que celle-ci renferme nécessairement d'une maniére éminente, toute la réalité qui se trouve dans celui-là. Mais cet Axiome fondé sur les rapports évidens entre les idées de cause & d'effet, où nous conduit-il? Jusques à l'existence de la Cause premiére, ou de l'Etre souverainement parfait, & point au delà. On démontre que l'Univers n'existant point par lui-même tel qu'il est, doit nécessairement avoir une Cause qui recueille & contienne en soi, d'une maniére parfaite, les diverses perfections répandues dans cet Univers. La matiére n'a pu tirer de son propre fonds cet Art merveilleux par lequel elle est arrangée; & l'ordre qui brille dans les Ouvrages de la Nature, n'étant point l'effet du pur hazard, suppose évidemment la sagesse d'un Ouvrier. En vain alléguer-

Tome I.   i   roit

roit-on en faveur du Systéme d'Epicure, que dans le nombre infini des combinaisons possibles d'Atomes, se trouve comprise la combinaison présente qui fait l'Univers, pour en inférer qu'il n'est point impossible, que le hazard l'ait produit. Un seul mot arrête ce raisonnement & en dissipe l'illusion. Une combinaison quelconque n'est possible, que parce qu'il y a un pouvoir de la produire. Cet effet a nécessairement sa cause, supposant en elle un choix qui détermine l'effet, & par conséquent une idée de cet effet qu'elle produit. Une combinaison sage & industrieuse, telle qu'est la combinaison présente des Atomes de l'Univers, suppose donc dans son Auteur non seulement de l'intelligence, mais elle y suppose toute la sagesse & tout l'Art qu'on voit éclater dans l'Ouvrage; un Principe aveugle, tel qu'est ce qu'on nomme Hazard, ne pouvant faire de choix, ni mettre dans la matière un ordre, un arrangement, dont il n'a point l'idée. Quand donc on conclut de la régularité de l'Ouvrge à la sagesse de l'Ouvrier, la force de la preuve ne consiste pas dans une probabilité très-grande qui fasse parier en faveur

veur de la Cause intelligente contre la Cause aveugle, mais dans une impossibilité absolue qu'un pareil effet naisse d'une Cause aveugle, impossibilité fondée sur la relation nécessaire de l'effet avec sa cause. Quand même il n'y auroit point d'Univers, quand le spectacle de la Nature seroit une illusion, il faudroit admettre quelque Esprit assez puissant pour m'offrir un spectacle si varié & si magnifique. Ce nombre d'idées que je reçois du dehors & que je n'ai pu me donner, m'obligeroit à reconnoître hors de moi une Intelligence, en qui ces idées se trouvent, & qui me les communique. La preuve d'un Dieu résulteroit aussi clairement des merveilles d'un Monde idéal, qu'elle résulte de celles du Monde réel; quoi qu'il y ait beaucoup de distance de l'un à l'autre. Un beau Livre d'Architecture & un beau Palais, sont deux choses très-différentes; cependant si le Palais suppose nécessairement le génie d'un Architecte, le Livre qui m'en donne la description, doit être regardé comme l'Ouvrage d'un pareil génie. Cette derniére production, pour n'être pas matérielle comme l'autre, n'en caractérise pas moins son Auteur. Ainsi le Monde réel, ou le simple spectacle d'un tel Monde, supposent avec une égale nécessité, une Cause intelligente hors de moi. Ces Conclusions métaphysiquement certaines, aboutissent toutes à la premiére Cause qui est Dieu.

Il n'y a sur ce pied là que deux Etres, à savoir Dieu & moi, dont je connoisse évidemment qu'ils existent, ou de l'existence desquels j'aye une certitude métaphysique. Par rapport aux Causes secondes, cette espèce de certitude me manque. Quand je veux savoir si tel Agent borné existe, ou opère actuellement hors de moi, ce grand Axiome *nul effet sans cause*, me demeure inutile, puisque à la rigueur, la premiére Cause peut remplacer, quand il lui plaira, toutes les autres, & que cet Etre Tout-puissant dont j'ai reconnu l'existence, est le Maître de produire immédiatement par lui-même les divers effets que j'attribue à des Pouvoirs bornés. Qui fixera mes idées au milieu de ces vagues possibilitez ? Où est-ce que mon esprit incertain pourra trouver un appui ? Heureusement les perfections divines me fournissent ce que je cherche.

Il est clair que j'ai l'idée de divers E-
tres

tres, ou de différentes espèces d'Agens. Je n'ai besoin que de cette idée, & du sentiment de ma propre existence, pour me convaincre de la possibilité de la leur. De plus, je sai que ces divers Agens, au cas qu'ils existent, opéreront diversement, chacun d'une maniére proportionnée à sa nature. Supposé donc que de tels Agens subsistent effectivement hors de moi, la seule voye naturelle que j'aye de découvrir leur existence, ce seront des Phénomènes ou des effets, qui s'offrant à mes yeux ou à mon esprit, caractériseront leur cause & me diront, la voilà. Que dois-je donc croire quand j'aperçois de ces sortes d'effets? Jugerai-je que Dieu les produit immédiatement? Croirai-je que c'est lui qui se couvre sous l'apparence d'un Agent borné, & qu'appliquant mon esprit à considérer des Objets qui ne sont point, il veuille m'ôter par l'illusion de ces vains Phantômes, tout moyen de pouvoir jamais découvrir les Etres réels que sa puissance auroit actuellement produits? Cette pensée est aussi ridicule qu'injurieuse aux perfections divines. Dieu peut tout cela, sans doute, mais sa Sagesse, sa Bonté, sa Véracité té s'y opposent. Son Pouvoir n'agit jamais que de concert avec ces Vertus, &, pour ainsi dire, par leur ordre.

II. *L'existence des Causes secondes devient certaine par leur proportion avec les effets, & par la véracité de Dieu, qui pouvant opérer par lui-même l'équivalent de toutes ces causes ensemble, ne le veut pas pour ne nous point ôter l'unique voye naturelle de connoître ses Créatures.*

Il ne tiendroit qu'à lui de produire, s'il le vouloit, ou par un acte de Puissance absolue, ou bien par tel concours de Causes aveugles qu'il lui plairoit d'ajuster ensemble pour cela, ces divers Ouvrages que nous rapportons à l'industrie humaine, parce qu'ils lui sont naturellement proportionnez. Dieu pourroit me faire entendre un discours, sans qu'il y eût de bouche humaine qui le prononcât. Il peut faire en sorte que je lise l'Iliade, quoi qu'il n'y ait jamais eu d'Homére. Il peut avoir immédiatement créé tous les Livres de ma Bibliothéque ; auquel cas il se trouvera que tant d'Auteurs dont je croyois posséder les Ouvrages, n'existent que dans mon Imagination. Il le peut, mais l'a-t-il fait ?

fait? Je suis assûré que non. Pourquoi? Parce qu'une telle conduite répugne évidemment à sa perfection infinie.

III. *Monde intellectuel, objet de la certitude morale.*

Fondé sur cette idée lumineuse de l'Etre parfait, j'affirme donc sans crainte de me tromper, qu'il y a hors de moi, entre Dieu & moi, divers Agens, les uns aveugles, les autres libres & intelligens, & qu'il s'en trouve parmi ces derniers, de différentes espèces. Dèslà je m'assûre que tout Ouvrage qui porte le caractére de l'Esprit humain, est une production de cet Esprit. Dèslà je ne doute plus que ce Livre que je tiens, & qui est rempli de sentimens & d'idées humaines, que ce Livre où je découvre diverses erreurs & divers défauts, n'ait pour Auteur un esprit borné comme le mien, un esprit même de la nature du mien, puisqu'il a les mêmes qualitez & les mêmes imperfections. Je ne remonte point au Créateur pour trouver l'Auteur de ce Livre, non plus que pour découvrir l'Artisan d'un Tableau, d'une Horloge, d'un Edifice qui s'offre à ma vue ; reconnoissant dans ces diverses productions l'empreinte d'une main humaine. La lecture des Livres, le Commerce journalier de la Societé, me démontrent l'existence d'un Monde intellectuel composé d'Etres semblables à moi, & pourtant diversifiez entr'eux par une varieté infinie de caractéres, sur lesquels je puis former des jugemens assûrez, en disant qu'un tel a beaucoup d'esprit & que tel autre en a peu ; que celui-ci est sage & celui-là fou, que l'un est scélérat & que l'autre est homme de bien.

IV. *Règles pour la conduite de la vie, fondées sur le même Principe.*

La réalité de ces Etres une fois posée, je découvre les impressions qui les meuvent, les liens qui les unissent, les motifs qui les dirigent, les diverses Loix par lesquelles ils sont gouvernez. De cette connoissance réduite à certains Principes, j'en tire les règles de ma conduite à leur égard, & toutes les maximes dont j'ai besoin dans le cours ordinaire de la vie. J'en tire outre cela la certitude de mille autres Faits, que le témoi-

témoignage de ces Etres intelligens, & leur conduite en certaines circonstances, rend indubitables par rapport à moi.

V. *La certitude de l'Histoire en dépend.*

C'est ainsi que bien assuré de l'impossibilité qu'il y a, qu'un seul Ecrivain ait composé tous les Livres que j'ai lûs, qu'un seul Imposteur, ou qu'une cabale de Faussaires, puisse en imposer à toute la Terre, & que toute la Terre s'accorde à me vouloir faire illusion, je tire, & du témoignage des Auteurs, & des Monumens de l'Antiquité, & de la Tradition universelle, & des Dépositions contemporaines, ou de ce qui s'appelle la Notorieté publique, j'en tire disje, une connoissance certaine de divers faits concernant l'Histoire Ancienne ou Moderne, Civile ou Naturelle de notre Monde. Ainsi la proportion des effets avec un certain ordre d'Agens m'ayant convaincu de leur existence, l'accord de ces Agens, lorsque leur conduite se rapporte uniformement à un certain Principe, me prouve la réalité de ce Principe. Et tant la certitude de ce fait, qu'il y a hors de moi de véritables hommes, que celle de tous les Faits que je crois fur leur témoignage, roulent fur la liaifon des apparences avec une caufe qui leur eft tellement proportionnée, que ces apparences deviendroient illufoires fi cette caufe n'exiftoit point.

VI. *Réponfe à une Objection.*

L'on dira peut-être que dans la poffibilité de divers ordres d'Agens au-deffous de la Caufe premiére, je ne puis tirer de cette Analogie une certitude parfaite, ne fachant pas fi quelqu'Agent borné, mais d'un ordre fupérieur, ne fe divertit point à me tromper en contrefaifant le caractére de quelque caufe inférieure. Eft-il impoffible, par exemple, que quelque Génie ait bâti ce Palais dont j'admire l'Architecture ? Je n'ai donc point, à la rigueur, de démonftration, qu'un homme foit l'Architecte de ce Palais. Pardonnez-moi, la Bonté de Dieu me raffûre parfaitement contre la crainte d'une telle erreur, qui feroit infurmontable. Tous les Agens libres étant foumis à l'empire du Créateur, dont la Providence dirige toujours leur action, & la retient dans certaines bornes, le même principe qui l'empêche de

nous

nous faire lui-même de telles illusions, l'engage à ne jamais souffrir que d'autres Etres nous les fassent.

VII. *Comment les Miracles font preuve en faveur d'une Doctrine.*

De cette derniére idée, dépend la preuve que l'on tire des Miracles, en faveur d'une Révélation. Qu'un effet indépendant de tout Agent visible, contraire aux Loix de la Nature, & manifestement au-dessus de toute influence humaine, arrive dans des circonstances qui le lient avec un certain Dessein; celui, par exemple, d'autoriser les prétentions de quelcun, ou de donner créance à ses paroles; j'en conclus qu'un Etre supérieur produit cet effet miraculeux en faveur d'un tel Dessein. Que si ce Dessein n'est point combattu par d'autres Miracles plus grands, on ne peut plus douter que Dieu lui-même ne l'autorise, sans quoi l'illusion seroit invincible; sur-tout si celui, en faveur duquel s'opere le Miracle, prétend agir de la part de Dieu. Car quoiqu'il soit vrai que des Esprits mauvais & trompeurs, ayant un certain pouvoir sur la matiére, puissent faire ce que nous appellons des Miracles, il est pourtant certain que tout pouvoir qui trouble l'ordre de la Nature, sans paroître combattu ni surmonté par aucun autre, doit passer pour celui de l'Auteur de la Nature; du moins doit-on regarder ce pouvoir comme exercé par son ordre.

VIII. *La science des Signes, ou l'Art de l'interprétation, dépend du Principe de la Raison suffisante.*

La Doctrine des Signes tire évidemment toute sa certitude de la même source. Je comprends sous ce nom général, tout ce qui sert à donner l'intelligence des Signes auxquels les hommes ont attaché leurs pensées. Cette science dont l'étendue n'est pas médiocre, puisqu'elle embrasse l'étude des Langues & celle de la Critique, a ses Démonstrations, qui toutes se reduisent au grand Principe de la Raison suffisante. Un Exemple suffira là-dessus. On me propose un Chiffre à expliquer. Pour en découvrir le sens, je commence par diverses suppositions dont chacune est très-incertaine, & que je me vois obligé de changer,

ger, & de réformer souvent, parce qu'elles quadrent mal enfemble. Tel Principe me réuffit, en certains endroits du Chiffre, pour m'y faire trouver un fens, qui fe trouve démenti par d'autres endroits, où il ne m'en fournit aucun. A force de tâtonner, de multiplier les conjectures, & de les rectifier l'une par l'autre, en les comparant toutes enfemble, je faifis enfin une clé qui donne à ce Chiffre un fens complet & fuivi. Il eft clair que j'ai trouvé ce que je cherchois, & que cette clé qui m'explique tout, en donnant une liaifon raifonnée à ces Caractéres énigmatiques, m'affûre de leur vraye fignification. Je fai alors, à n'en pouvoir douter, de quoi ces Caractères fons les Signes, parce que le fens qui réfulte de leur affemblage, en eft l'unique raifon fuffifante.

Il eft aifé d'appliquer aux Signes immédiats de nos penfées, le raifonnement que je viens de faire fur le Chiffre, qui n'eft que la fubftitution de certains Signes nouveaux, à d'autres déja connus; fubftitution faite en vue de communiquer à un Ami qui en fait le fecret, ce que l'on veut cacher au refte du monde. En effet, ôtez cet ufage particulier

&

& accidentel; que sont les diverses Langues que parlent les hommes, qu'autant de différens Chiffres qu'il faut deviner, lorsque ne sachant pas ces Langues, on les aprend ? Tels sons, tels mots, tels caractères, ne signifient rien par eux-mêmes. A les prendre chacun à part, rien ne m'assûre qu'ils expriment quelque chose, & ceci plutôt que cela ; mais lorsque de leur assemblage, en y observant certaines règles, & en supposant à chacun d'eux telle & telle signification, on voit résulter des sens liez, des pensées suivies, & tout un Systême d'idées, alors il est clair que ces mots & ces caractères ont effectivement la signification que je leur attribue, & qu'ils appartiennent à une Langue formée sur ces règles. Le sens qu'ils expriment en est la preuve. Ainsi l'Iliade & l'Enéide, par cette admirable suite d'idées qu'elles offrent à mon esprit, sont la preuve que je n'ai point été trompé par la Grammaire & par le Dictionaire qui me donnent l'intelligence de ces deux Poëmes, & que le Grec & le Latin sont deux Langues qui se sont parlées autrefois chez certains Peuples. La certitude que j'ai d'entendre ces Langues, devient alors

la

la même, que celle qu'on a de posséder la clef d'une Lettre en chiffre, lorsqu'on y a découvert un sens bien complet, bien suivi, bien soutenu d'un bout à l'autre. Et cette certitude se fonde sur l'unité de la Raison suffisante qui explique un certain concours de Phénomènes. Le pur Hazard en rassemblant ces caractères, n'a pu leur donner tant de rapports, & des rapports si justes, avec des pensées de l'Esprit humain. Et dès que le Hazard ne s'en peut être mêlé, il s'ensuit que le sens qu'ils me présentent, est le vrai sens de celui qui les a tracés ; deux sens totalement différens, & deux différentes clefs, ne pouvant être supposez avoir lieu pour le même chiffre, sans attribuer au Hazard ce qui est l'ouvrage de la Raison. Ce que je viens de dire doit s'étendre à toutes les règles qui nous donnent l'intelligence des discours des hommes, & qui servent à pénétrer le vrai sens des Textes, à restituer dans les Auteurs les passages corrompus, ou à deviner leur pensée au travers des voiles mystérieux dont quelquefois ils affectent de la couvrir. L'on voit donc que la science des Signes, qui sert de vestibule pour conduire à
celle

celle des choses mêmes, toute inférieure qu'elle est à cette derniére, suppose le Monde Intellectuel, & nous fournit une infinité de démonstrations de son exiſtence.

IX. *Démonstration de l'existence des Corps.*

Ce qui nous prouve la réalité du Monde Intellectuel, nous démontre également celle du Monde des Corps. Quelques Philosophes modernes se sont plus à mettre cette derniére en Problême; il y en a même qui l'ont combattue (1) sérieu-

---

(1). Monsieur *Berkeley* à présent Evêque de *Cloyne* en *Irlande*, dans son Traité touchant les Principes des Connoissances humaines, pousse le Paradoxe infiniment plus loin que le P. *Mallebranche* n'a fait. Celui-ci ne croyoit pas qu'on pût démontrer l'existence des Corps, l'autre prétend démontrer qu'il n'y en a point, & qu'il n'y en sauroit avoir. Il traite d'absurde la supposition qui met hors de nous des substances semblables à ce que nous appellons Corps ou matiére. Ses raisonnemens sont pris de la nature de nos idées, des difficultés insolubles que font naître les propriétés du continu &c. Je n'entre point dans cette derniére dispute, où l'Auteur Anglois, qui est sans contredit un des plus grands Philosophes, & en même tems un des plus beaux Esprits de notre Siècle,

fait

rieusement. On sait que le P. *Mallebranche* a jugé impossible la Démonstration de l'existence des Corps, sous prétexte que cette existence n'est point évidente par elle-même, & que Dieu seul pouvant modifier notre Ame, est l'Auteur de toutes nos sensations. Mais il n'est nullement besoin de lui nier cela, pour trouver la Démonstration qu'il demande. Il nous suffit de faire attention à l'enchaînure des idées qui nous représentent l'Univers corporel, & à l'harmonie des diverses sensations qui accompagnent en nous ces idées. J'ouvre les yeux, je vois un Monde, un Ciel, une Terre, des Villes, des Campagnes, &c. tout cela rempli d'une varieté infinie d'Objets, parmi lesquels j'observe des proportions, une symmétrie, des liaisons, des usages, une correspondance, une régularité de mouvemens qui

fait admirer la profondeur & la subtilité de sa Métaphysique. Je suppose ici avec le P. *Mallebranche* & avec le reste du monde, une chose qui me paroît claire ; c'est que l'idée des Corps aussi-bien que celle des Esprits, est représentative de certaines substances qui du moins peuvent exister hors de nous, telles que nous les appercevons. Sur ce Principe de la possibilité des Corps, je crois pouvoir démontrer leur actuelle existence.

qui m'enchante. Plus je regarde, plus j'étudie cet Univers, & plus j'y découvre d'Objets nouveaux & de nouvelles beautés. Si cet Univers n'est point, d'où me vient un tel spectacle ? Car enfin, ce n'est point moi qui me le donne, par un effet arbitraire de mon imagination ; je puis bien m'en distraire ou m'y appliquer, quand il me plaît, mais je n'y saurois rien changer ; & comme je ne prévois point aujourd'hui ce que l'expérience m'y découvrira demain, ce que je verrai demain ne détruira point ce qu'elle me montre aujourd'hui. C'est une chaîne de Phénomènes dont je ne saurois voir le bout, chaîne tissue avec un art que j'admire & qui me surmonte.

X. *Existence du nôtre en particulier, & son rapport avec le reste de l'Univers.*

Mais dans cet assemblage de Corps, il y en a un que je sens plus immédiatement que tous les autres, & par le moyen duquel il me paroît que je sens, & que je vois tous les autres. Il me semble que ce Corps m'appartient, & que
com-

CERTITUDE MORALE. CH. VII. 211

comme il m'eſt étroitement uni, il m'unit à tout le reſte. J'agis immédiatement ſur lui, & en le remuant à ma volonté, je remue les Corps qui l'environnent, comme à leur tour ces autres Corps, en faiſant impreſſion ſur lui, agiſſent ſur moi, parce que les divers chocs ou ébranlemens qu'il me paroît recevoir d'eux, touchent & ébranlent mon Ame. Ce Corps que j'appelle le mien, me paroît compoſé d'Organes d'une ſtructure admirable. Et de là réſulte une nouvelle merveille ; c'eſt que l'idée de ce Corps organiſé, de ſon bon ou de ſon mauvais état, & de ſes divers rapports avec le Monde ſenſible, eſt la règle de toutes les perceptions de mes Sens, & la meſure de tout ce que je crois appercevoir dans l'Univers. L'apparence des Objets varie ſelon des règles d'Optique, fondées ſur les idées que j'ai de la ſtructure de mon Oeuil, de la diſtance de l'Objet, & de la nature du milieu qui les ſépare. Un Objet me paroît plus grand, plus diſtinct, revetû de couleurs plus vives, à meſure que mon Corps fait plus de pas pour en approcher ; ou, ſi l'on veut, à meſure que je ſens l'idée de mon Corps jointe à celle de ce mou-

vement

vement progreſſif. De même du ſon & des odeurs. De plus il y a un concert très-juſte entre les ſenſations diverſes dont mon Corps me paroît l'inſtrument. De diverſes actions que je crois faire par ſon entremiſe, il paroît réſulter dans les Corps environnans, de nouveaux Phénomènes d'où il me revient des idées & des ſenſations nouvelles. Et mon Corps, & ceux qui l'entourent, me paroiſſent avoir tous réciproquement les uns ſur les autres, des influences réglées ſelon certaines Loix, d'où réſultent toujours, à point nommé, les mêmes effets. Il fait nuit dans ma chambre, j'étends mon bras pour ouvrir ma fenêtre, & tout à coup je vois le Soleil à l'Horizon, qui éclaire de vaſtes & riantes Campagnes. Je charge un fuſil, je le tire en l'air, j'entends le bruit du coup, j'apperçois la flamme & la fumée, & je ſens une odeur de poudre à Canon. Au même moment, je vois un Oiſeau tomber mort à mes pieds, & une volée d'autres Oiſeaux qui s'enfuyent à tire d'aîle. En appliquant mon œuil à une Lunette de trente pieds, je découvre un nouveau Ciel & de nouveaux Aſtres. Je prends un morceau

de

de verre, j'en fais un Microscope au travers duquel je regarde une feuille d'arbre, & je suis tout surpris de la voir couverte d'une fourmilière de petits insectes qui la rongent. Le détail de ces rapports entre les Phénomènes sensibles seroit infini; surquoi je demande, quel en pourroit être le lien commun ? Quel sera le fondement de ces perceptions si diverses, mais si ordonnées, si liées, si proportionnées entr'elles, si mon Corps n'est qu'une idée, & tous les autres Objets que je crois voir & sentir par lui, autant de Phantômes ? Pourquoi mon Ame-est-elle involontairement appliquée à ce Tableau mouvant de l'Univers, s'il n'y a point d'Univers ? Pourquoi l'intéresse-t-on par des sentimens si vifs à une Scène qui n'a aucune réalité ? En ce cas on me trompe, & l'on n'a pour but que de me tromper: étant de la derniére évidence qu'un Monde, qu'un Système matériel hors de nous, est l'unique raison suffisante de cette infinie multitude de Phénomènes que nos Sens nous offrent.

XI.

XI. *L'accord de tous les Etres intelligens dans l'idée du même Monde, établit sa réalité.*

Il y a plus encore. C'est le concert de perceptions qui se trouve à cet égard entre tous les Etres intelligens. Si la matiére n'existe point, si le Monde visible n'est qu'un amas de Phantômes, & non un assemblage d'Etres réels, ou de substances étendues, mobiles & solides, s'il n'y a dans tout cela aucune réalité absolue, qui soit distincte & indépendante de notre Esprit; d'où vient l'uniformité de perceptions entre tant de différents Esprits ? D'où vient que cette suite réglée d'idées & de sentimens est précisément la même dans tous, & leur offre à tous le même Univers? D'où vient que cet Ordre immuable qui en varie à l'infini le spectacle dans une même Ame, selon les circonstances & les différents points de vue où elle se trouve successivement placée, donne à toutes les Ames la même variété de spectacles dans ces différents points de vue ? Certainement si les Corps ne sont que des idées que Dieu met dans

nos Esprits, celles que je contemple ne sons pas celles que contemple un autre Esprit; pourquoi se trouvent-elles conformes, s'il n'y a point d'Objet commun, identique, auquel Dieu nous applique l'un & l'autre, & qui leur serve de modelle fixe? Cependant cette conformité s'y trouve. Nous voyons tous le même Monde. La même Nature est l'Objet de notre étude & de nos recherches. En mettant un autre homme à ma place & dans mon point de vue, je sai qu'il verra ce que je vois, & qu'il sentira ce que j'éprouve, du moins la petite variété de sentiment qui pourra naître entre lui & moi de celle de nos organes, ne détruira point un fond essentiel d'uniformité. Les mêmes effets résulteront toujours pour tous les hommes des mêmes causes. Et quand, sur la connoissance que j'ai des Loix naturelles, j'aurai imaginé & verifié de certaines expériences, je pourrai assûrer qu'elles produiront les mêmes Découvertes, à quiconque y voudra suivre exactement la même méthode que moi. Si nous ne travaillons que sur nos idées, lorsque nous étudions la Nature, pourquoi nous rencontrons-nous si juste? Mais sans
parler

parler des Physiciens, tout le commerce de la vie des hommes roule sur cette conformité de perceptions, qui toutes ont pour objet & pour centre le même Monde. Sans cela les hommes ne pourroient s'entendre, s'unir, se correspondre les uns aux autres dans le cours de leurs actions, Si à considérer la Societé par rapport à son état moral, des Principes communs de justice & de raison, forment le lien réciproque des hommes qui la composent; par rapport à son état naturel, les idées communes d'un même Monde qu'ils croyent habiter, forment ce lien. Qu'un François & qu'un Habitant du Japon s'entrecommuniquent leurs perceptions sensibles, vous verrez par l'exacte correspondance de ces idées, que ce sont des réprésentations d'un même Tout. Sans une telle correspondance, il seroit même impossible à ces deux hommes de se rencontrer pour s'entrecommuniquer rien. Mais pourquoi le Créateur aura-t-il appliqué tous les Esprits au même objet, en leur en donnant la même idée générale, & le leur faisant sentir comme présent, si cet objet n'existe point? A-t-il eu besoin de les tromper par une commune illusion pour

les

les unir ? Ne doit-on pas plutôt croire, qu'il convenoit à fa Sageſſe de créer un tel Monde, pour ſervir de fondement à ces perceptions conformes, & à l'union qu'elles établiſſent entre tous les Membres de la Societé humaine. Il me ſemble que tout ceci renferme en faveur de l'exiſtence des Corps une vraye Démonſtration. Elle n'eſt pas du genre métaphyſique, je l'avoue, elle eſt du genre moral; mais il ſuffit qu'elle porte la choſe au plus haut degré de certitude. Celle du témoignage des Sens, que l'Ecôle nomme *phyſique*, & que, pour m'accommoder aux idées recues, j'ai diſtinguée de la Certitude morale au commencement de ce Traité, appartient dans le fond, comme on voit, à ce dernier genre.

XII. *Autre Démonſtration de l'exiſtence des Corps, tirée du Mal phyſique.*

La même vérité peut s'établir par une autre Démonſtration qu'un habile Homme m'a communiquée. Je la mets au rang des Démonſtrations morales, puiſqu'elle a pour ſon fondement, comme la mienne, les Attributs moraux de l'Etre l'Etre parfait. Elle se réduit à ceci. Il y a un Dieu souverainement bon. Ce Dieu par conséquent veut communiquer à ses Créatures, tout le bonheur dont elles sont susceptibles. Donc il ne veut point les exposer à souffrir sans nécessité. Mais si mon Corps n'est qu'une idée ; si je dois regarder tous les autres Corps de l'Univers comme des Etres chimériques ; alors tous les sentimens tristes que j'éprouve à l'occasion du dérangement de ce prétendu Corps, ou en vertu du choc des autres Corps qui me paroissent environner le mien ; alors tous les contretems & les chagrins qui m'arrivent dans le commerce ordinaire de la vie, seront autant de maux que je souffrirai sans nécessité, puisque je ne les pourrai regarder comme une suite indispensable de l'ordre établi pour me procurer des biens réels. Au contraire, si une fois l'on me suppose dans une certaine dépendance par rapport à des Etres réels ; si l'état de mon Ame est tel, qu'elle ne puisse se perfectionner sans le secours d'un Corps, qui, pour remplir ce but, devoit être soumis à l'action de tous les autres, & intéresser l'Ame à sa conservation, par des sentimens, les uns agré-

agréables, les autres douloureux, la Bonté de Dieu se trouvera parfaitement conciliée avec notre assujettissement à de certaines souffrances, vû qu'elles seront inséparables d'un Ordre d'où résulte notre plus grand bien.

Cette nouvelle Démonstration me paroît solide, & se lie très-naturellement avec la mienne. Oserai-je pourtant dire en faveur de celle-ci, qu'elle a sur l'autre un avantage, c'est de remonter plus haut, en rendant raison de ce que celle-là se contente de supposer ; savoir qu'un rapport réel de notre Ame avec des Corps actuellement existans, lui étoit nécessaire pour déployer ses facultés, pour se mettre en état d'aquerir des connoissances, d'étendre ses idées, enfin de se rendre heureuse, autant qu'elle est capable de le devenir. Ce rapport devoit être réel, puisque le Monde des Corps est l'unique Raison suffisante qui lie les sensations, & qui règle l'ordre de nos idées sensibles. Cette Raison ôtée, Dieu agiroit sans suite, sans fondement, sans règle, & par conséquent d'une maniére qui paroît peu digne de sa Sagesse. Comme en ce cas, l'ordre de la dispensation des Biens se-

k 2 roit

roit purement arbitraire, & non fondé sur la vérité des choses, les Maux ne pourroient être justifiés comme dépendance des Biens, & comme suite inévitable d'un Ordre fondé sur cette même vérité.

Selon l'Auteur de la nouvelle Démonstration, de ce que Dieu est infiniment bon, il s'ensuit qu'il doit y avoir hors de lui une raison des Maux que les hommes souffrent dans le cours ordinaire de la vie; & cette raison ne peut être que l'existence des Corps, dont le rapport avec notre Ame, se trouvant à mille égards utile pour elle, entraîne d'ailleurs inévitablement ces Maux. Selon moi, Dieu étant infiniment sage, il faut qu'il ait créé une Matiére, un Monde, pour servir de Principe, & de fondement à cet ordre de Perceptions sensibles dont nous éprouvons la merveilleuse harmonie. L'un cherchant la raison des Perceptions affligeantes, & ne la trouvant que dans l'existence actuelle des Corps, démontre par là cette existence; l'autre cherchant quel est le Principe de nos Perceptions sensibles en général, de quelque nature qu'elles soient soit agréables, soit tristes, soit indiffé-

indifférentes, le trouve dans cette même existence de la Matiére. Quand je demande d'où me vient cette magnifique représentation de l'Univers qui se présente à mon Ame, j'en trouve d'abord la cause dans l'Univers même. Je conclus de cette représentation sensible, que l'Etre Sage qui m'a créé, & qui ne fait rien en moi sans raison, a aussi créé hors de moi cet Univers, pour servir de modelle & de cause objective à la perception que j'en ai. Mais en même tems je m'appercois que cet Ordre de Perceptions sensibles, lequel est essentiellement relatif à un Monde corporel, en procurant à mon Ame mille avantages, l'assujettit aussi à diverses incommodités, sensations douloureuses, &c. Ce qui me convainc que le rapport de l'Ame au Corps, ou l'existence de la Matiére, étant nécessaire afin que Dieu remplisse les vues de sa Bonté, les divers Maux qui résultent inévitablement d'un tel rapport, ne sont point en contradiction avec cette Bonté même.

XIII.

XIII. *Il ne prouve pas moins celle du Monde intellectuel. La même Vérité invinciblement établie par tout ce qui nous représente le Mal moral.*

Pour ce qui est de l'obstacle que nous font les autres hommes, dont les divers intérêts croisent les nôtres : & de leurs défauts ; la preuve qu'on en pourroit tirer, regarde directement la réalité du Monde Intellectuel, ou de cette Societé d'Esprits dont nous sommes membres. Si ce n'est que ces passions & ces intérêts divers supposant dans les Hommes avec lesquels Dieu m'appelle à vivre, un assujettissement de leur Ame à la matiére, tout pareil à celui que j'éprouve moi-même, confirme aussi par là l'existence du Monde des Corps. Cependant à la rigueur je pourrois nier les Corps, sans douter que je fasse partie d'une Societé d'Esprits, dont le commerce mutuel, établi par le Créateur, se trouve réglé sur certaines Loix. Il demeureroit toujours vrai, que la dépendance où Dieu m'auroit mis à l'égard de ces Etres intelligens, mais imparfaits, en m'aggrégeant à leur Societé, seroit pour moi une source ce de biens d'où naîtroient par accident divers maux. Dieu, sans déroger à sa Bonté, pouvant permettre que je patisse à divers égards, en vertu de ma liaison avec des Etres réels, desquels la Societé m'est d'ailleurs infiniment utile. Au lieu que si cette Societé se trouvoit étre une Chimére, si ces Créatures intelligentes n'existoient point, je souffrirois durant le cours de ma vie mille maux sans nécessité; ce qui répugne à la Bonté du Créateur. Ce seroit changer la vie humaine en une Comédie bien indigne de sa Sagesse, que de supposer que les divers mouvemens de compassion, d'indignation, de joye, d'espérance & de crainte, qu'excitent en nous tour-à-tour ces hommes avec lesquels nous croyons vivre, n'eussent aucun objet réel, & ne fussent destinez qu'à troubler inutilement notre repos.

Indépendemment donc du Monde Corporel, nous avons certitude que Dieu a placé hors de nous des Etres intelligens qui nous ressemblent. Et la conformité de leurs idées, l'harmonie qui regne entre leurs perceptions, fortifie notre conviction touchant la réalité du Monde des Corps. Il est vrai que ces

Intelligences ne se manifestent à nous que par des Phénomènes sensibles, qui n'ont rien de réel si nos Sens nous trompent. Mais quand même ces Phénomènes seroient quelque chose de purement idéal, ils supposent toujours, entant que Phénomènes, une Cause singuliére & proportionnée, savoir des Esprits finis. Lorsque j'entends prononcer un Discours de Physique ou d'Astronomie; lorsqu'on me fait une description de l'Univers en général, ou de certains Païs en particulier; mon Oreille que paroît frapper le son de ce Discours, la bouche qui le prononce, la figure humaine qui me parle, ce seront autant de Phantômes, si vous-voulez: mais le Discours même qui me dépeint ces Objets d'une maniére conforme à ce que l'expérience m'en a fait voir ou sentir, ce Discours suppose un Esprit semblable au mien, & qui apperçoit le même Univers que moi. La même conclusion se tire des mouvemens que je vois faire aux autres hommes; mouvemens tout pareils à ceux que mon Ame ordonne à son Corps dans des circonstances semblables, & à la préfence des mêmes Objets.

Outre le Mal physique, ou les divers cha-

chagrins que l'on éprouve dans le commerce de la vie, le Mal moral, c'eſt-à-dire les caprices, les folies, les crimes dont nous ſommes ſimples témoins, & dont il n'y a que des Créatures intelligentes, mais imparfaites & vicieuſes qui puiſſent être la ſource, nous prouvent que ces Créatures exiſtent. Quand je lis des Ouvrages pleins d'erreur, de menſonge, d'impieté; lorsque j'entends des diſcours qui me tentent au mal, ou qui tendent à réveiller mes paſſions; lorsque je vois des actions qui expriment quelque défaut ou quelque deſordre moral, il faut de néceſſité que tout cela émane de quelques mauvais Principes. Ce qui prouve qu'il y a des hommes hors de nous, ne prouve que trop la réalité de la corruption humaine.

CHAPITRE VIII.

Eclaircissemens sur la grande Règle de la Raison suffisante. Comment la Véracité de Dieu assûre la plûpart de nos connoissances. Si un Athée a certitude des Vérités qui ne sont pas Mathématiques. Comment nous pouvons être assûrés de plusieurs choses sans connoître le principe de notre certitude. Conclusion.

I. Objection. La règle de la Raison suffisante manque d'évidence.

S'Il manque encore quelque chose à la clarté des raisonnemens que l'on vient de lire, je ne sache rien de plus propre à les mettre dans tout leur jour, que l'examen de deux Objections qui me sont envoyées de très-bon lieu. L'une regarde le grand Principe de la Raison suffisante; l'autre attaque l'usage que j'ai fait de l'Axiome, que Dieu ne peut nous tromper. J'ai

J'ai posé pour premier fondement de certitude, cette Règle générale; *que Dieu n'étant point trompeur, la liaison d'un concours d'apparences avec une Cause simple, qui peut seule les expliquer, prouve la réalité de cette Cause.* A cela voici ce qu'on m'objecte. " L'Auteur parleroit-il d'u-
,, ne cause qui puisse expliquer les Phé-
,, nomènes, sans le secours d'aucune au-
,, tre; ou veut-il parler d'une Cause
,, telle, qu'il n'y ait qu'elle qui puisse ex-
,, pliquer ces Phénomènes ? Si c'est
,, dans ce dernier sens qu'il employe le
,, mot de *seule*, ce Principe n'est pas
,, moins évident que celui-ci; *deux &*
,, *deux font quatre*; & les conséquences
,, que l'on en tirera par une juste ap-
,, plication, seront démontrées tout
,, comme les vérités de Géométrie : que
,, s'il prend le mot de *seule* dans le pre-
,, mier sens, son Principe a besoin d'u-
,, ne preuve qu'il ne rapporte point; la
,, cause la plus simple n'est pas plus
,, certainement la vraye cause, que la
,, plus composée; à moins qu'on ne soit
,, sûr de l'habileté de l'Ouvrier qui a
,, choisi entre les causes qui pouvoient
,, produire également les mêmes Phé-
,, nomènes. Ainsi l'argument *à simpli-*
ciori,

„ *ciori*, qui est d'un si grand usage en
„ Physique, est fondé entiérement sur
„ la connoissance que nous avons de la
„ Sagesse du Créateur.

II. *Eclaircissement. La Raison suffisante des Phénomènes, quand c'est un Principe simple, est nécessairement la Raison unique.*

Je réponds, que quand je parle d'une cause simple qui peut seule expliquer les Phénomènes, je prends le mot *seule*, dans le premier sens pour exprimer une Cause qui seule suffit, sans le secours d'aucune autre, à rendre raison des Phénomènes. Comme, par exemple, une Ame raisonnable suffit pour expliquer toutes les actions humaines, qui marquent quelque intelligence. Ces actions extérieures que nous voyons faire aux autres hommes, forment un concours de Phénomènes dont l'explication n'a besoin que de cette unique cause. Cela posé, je fais un pas plus avant, & j'ajoûte que l'existence d'une telle cause est prouvée par ces Phénomènes, parce qu'il ne peut y avoir deux Raisons suffisantes d'un pareil concours; c'est-à-dire, deux Principes simples, qui soient de différent genre, & qui pourtant rendent égalementgalement raison d'un même assemblage d'effets, ou qui ayent avec eux une liaison également naturelle. Il me paroît évident, que si une proportion naturelle entre les effets & les causes, caractérise les causes par leurs effets, les mêmes effets qui caractérisent une cause, & qui m'en donnent l'idée, ne sauroient naître d'une autre Cause d'un genre tout différent. Plus certains effets, concourent à me peindre par des traits distinctifs une Ame raisonnable, plus ils ont de rapports marquez avec cette cause simple, & plus il m'est impossible de les attribuer à quelqu'autre Principe simple de différent genre, à un Etre immatériel non intelligent, par exemple, supposé qu'il y en eût de tel dans la nature des choses. D'où j'infére qu'une telle Ame agit, & par conséquent existe, là où je vois de pareils effets.

On ne sauroit opposer à ma conclusion qu'une seule chose. C'est que plusieurs causes se sont peut-être réunies pour produire ces effets qui me paroissent avoir pour Principe un seul Etre individuel. Par exemple, certain nombre d'Agens brutes se feront rassemblez & disposez de manière, qu'ils exécu-

P 7   teront

ront ces opérations merveilleuses que nous attribuons à une Ame humaine. Or dès qu'un tel assemblage de causes peut remplacer la cause simple, l'existence de celle-ci demeure douteuse; & des effets qui ont également pu naître ou d'une enchaînure de causes aveugles, ou d'un seul Principe intelligent, ne prouvent rien en faveur de ce dernier. Mais ce nuage se dissipera bientôt, si l'on fait avec moi ces deux réflexions. La première, que ce concours de Causes partiales, ne détruit point l'Analogie naturelle entre les effets en question, & la Cause simple d'où je les déduis; laquelle, en qualité de Cause simple, demeure toujours leur unique raison suffisante. Ma seconde réflexion, c'est que cet assemblage de causes, devroit nécessairement avoir lui-même pour cause, le choix d'un Etre intelligent; lequel, sachant l'Analogie des effets produits par leur entremise avec un Principe plus simple, a bien voulu par là le représenter à mes yeux. Chaque mouvement de l'Animal, pris à part, peut donc bien, si vous voulez, avoir son ressort particulier qui l'ait produit; mais cela n'empêche pas que le total de ces

Mou-

Mouvemens, que la suite des actions humaines, considérées dans leurs directions, dans leurs liaisons & leurs rapports mutuels, ne me représente une Ame, comme l'unique raison suffisante qui leur soit proportionnnée, & ne m'engage à en croire une, là où, selon votre supposition, il n'y en a point réellement ; cet assemblage arbitraire d'agens aveugles produisant sur moi nécessairement cet effet.

III. *Le rapport des effets à la Cause simple qui les explique, est celui d'un Tableau à son Original.*

Car enfin les Phénomènes dont je parle, nous peignent leur cause, comme un Tableau représente son Original. Direz-vous qu'un Tableau qui représente une Histoire, un Païsage, n'a point été fait pour dépeindre ces objets ; mais qu'en vertu de certaines Loix générales du Mouvement, les couleurs sont venues s'étendre ainsi sur la toile, y former ces justes contours, ces proportions correctes des figures, ces attitudes animées, ces nuances délicates, cette savante distribution d'ombres & de jours ? Où bien

bien soutiendrez-vous que véritablement un Artiste a fait ce Tableau, mais qu'il n'avoit nullement en vue de représenter ce que j'y vois? On ne parla jamais ainsi sérieusement. Cependant les Phénomènes qui me représentent leur cause, font encore un tout autre effet sur mon Esprit que le Tableau du Peintre. Ce Tableau qui me peint les objets, je ne le prends point pour les objets mêmes ; j'en vois assez la différence ; je sai que ce n'est qu'un mêlange de couleurs sur une toile inanimée. Que si l'Art de ce Tableau étoit tel, que je prisse les Objets qu'il représente, pour des Objets réels, ce ne seroit plus une simple représentation, ce seroit une imposture ; le but de l'Ouvrier se trouvant déterminé par la nature de l'Ouvrage, & par l'effet que cet Ouvrage produit infailliblement. Si le but du Peintre qui a fait le Portrait de Louïs XIV., est simplement de représenter Louïs XIV., le but de celui qui auroit fabriqué un Automate qui feroit tous les mouvemens d'un véritable Homme, seroit de faire prendre cet Automate pour un véritable Homme. Le but du Créateur, en rassemblant sous mes yeux des

des effets dont le concours caractèrife une certaine Caufe, fans que cette caufe exiftât, feroit donc auffi de me faire chercher fous ces effets une Caufe qui n'y feroit point. Il feroit auffi déraifonnable de faire entrer le hazard dans ce concours d'effets, que de le faire entrer dans la production du Tableau. Il feroit tout de même auffi abfurde de nier que le Créateur, en amenant ces effets par une direction arbitraire, ait eû en vue la caufe qu'ils caractérifent, que de nier que le Peintre ait eu devant les yeux en faifant fon Tableau, les objets qu'il repréfente.

IV. *Dans quels cas on eft fujet à fe tromper, en déduifant d'une feule Caufe, ce qui eft l'effet de plufieurs.*

En un mot dans ce concours de Phénomènes liez, dont parle ma Règle, l'alternative entre l'exiftence de leur Caufe ou raifon fuffifante, & l'action d'un Pouvoir fupérieur qui agit pour me tromper, cette alternative fe fonde fur ce que les rapports de l'effet à fa caufe fuffifante, ne font point arbitraires; au lieu qu'un amas de caufes partiales,
defti-

destinées à la remplacer, le seroit nécessairement. Lorsque nous attribuons par erreur à une certaine cause ce qui résulte de diverses autres jointes ensemble, on peut nous convaincre de notre méprise en nous montrant : 1°. Que l'effet n'a point dans toutes ses parties, avec la cause imaginée, cette liaison intime, ces rapports caractéristiques qui peuvent lui donner la qualité de Raison suffisante : Que les rapports qu'on trouve, sont en petit nombre ; qu'ils sont vagues, forcés, équivoques. 2°. Que les Causes qui jointes ensemble ont pu produire l'effet en question, se trouvent naturellement amenées là selon le cours réglé des choses du Monde. Car il est clair alors, que le Maître de l'Univers n'a point combiné ces Causes, dans le dessein de nous tromper par un effet équivoque, puisque c'est en vertu de l'enchaînure générale qu'elles se rencontrent, & qu'elles jouent toutes à la fois. Ainsi de ce qu'on voit des Voyageurs venus de différents Païs, arriver en certain jour dans une même Ville, on en concluroit mal-à-propos que c'est le même dessein qui les y amene, puisque cette rencontre peut avoir par rapport

à

à chacun, des causes toutes différentes. Divers motifs, & des vues même tout opposées, peuvent engager à se rendre dans un certain lieu, & par là réunir cinquante Personnes dans une démarche semblable. Ces Causes diverses dépendent des différents intérêts qui animent chacune de ces Personnes, & de la suite particuliére des événemens de sa vie. Il n'y a rien en tout cela qui ne soit très-naturel.

Mais il ne l'est point du tout, qu'un pareil assemblage de causes, concoure à me persuader un certain Fait précis qui ne seroit point, en produisant à mes yeux les mêmes apparences qu'auroit produit le Fait même. Je ne puis penser que parmi des milliers de Personnes, lesquelles, indépendemment les unes des autres, s'accordent à me certifier un Evénement, chacune ait eû ses raisons pour m'en imposer, ou pour agir d'une maniére qui m'en impose; ensorte que dans l'infinie varieté des circonstances où se sont trouvez tous ces gens-là, l'enchaînure des principes qui réglent leur conduite ait dû les faire agir ainsi. Il est clair que si l'on n'admet point la vérité même du Fait, pour
cen-

centre & pour principe de tous ces Phénomènes, il faudra qu'une direction supérieure du Maître de l'Univers, ait exprès rassemblé une infinité de Causes pour me préparer cette illusion.

Ces réflexions se transportent aisément de l'Histoire à la Physique. Je puis me méprendre sur la cause des Phénomènes; par exemple, attribuer à l'Art, certains jeux de la Nature, c'est-à-dire, rapporter à une cause unique, ce qui sera l'effet du concours de plusieurs Agens aveugles, que dirigent les seules Loix du mouvement; étant bien sûr que ces Loix ont dû produire en certains cas, des Ouvrages qui ressemblent assez à ceux de l'Art. Alors Dieu n'est nullement responsable de mon erreur; parce que l'effet équivoque qui y donne lieu, résulte d'un concours d'Agens que les seules Loix de la Nature ont rapprochez les uns des autres, & combinez d'une certaine façon. Mais ces mêmes Loix n'ayant pu produire l'Organisation des Animaux, encore moins un Méchanisme d'où résultent les actions que nous leur voyons faire, ce seroit Dieu qui me tromperoit, si ces actions qui me montrent une Ame pour leur

Rai-

Raison suffisante, se trouvoient réellement produites sans elle.

V. *Différentes maniéres d'envisager le Principe du plus simple, & de l'appliquer aux Démonstrations Morales.*

Au reste qu'une Cause simple doive passer pour la vraye, préférablement aux plus composées c'est un Principe fondé sur la Sagéffe de Dieu qui ne fait jamais rien d'inutile, mais un Principe dont l'application est difficile, & dont par conséquent l'usage est assez borné dans la Physique où l'on s'en sert communement; parce que le plan général de l'Univers, & l'étendue des desseins de Dieu, passent infiniment les étroites bornes de notre Esprit. Il n'en est pas de même quand on l'applique à la question touchant l'existence des Esprits ; où il s'agit de choisir pour les mêmes effets, non entre des causes plus ou moins simples de même genre, mais entre des causes de genre différent. Quand je dis que pour trouver le vrai Principe des actions des Animaux, il faut préférer une Ame immatérielle, Principe simple, cause unique, au Méchanisme, Principe composé

posé d'un amas de causes aveugles, enchaînées les unes aux autres ; je ne me fonde pas précisément sur ce que Dieu agira d'une maniére plus simple, en établissant cette Ame pour cause de ces actions, qu'en construisant une Machine capable de les produire ; je me fonde sur ce que ces actions caractérisent si bien une telle Ame, & me la peignent si vivement, que si cette Ame n'existe pas en effet, la Machine qu'on lui substitue doit avoir été faite pour me représenter cette Ame agissante, & par conséquent pour me tromper en me persuadant qu'elle existe. Je n'envisage point cette Ame immatérielle, sous le même point de vue où j'envisage les causes méchaniques dans le Monde corporel, c'est-à-dire, sous l'idée de l'instrument le plus simple que la Sagesse divine ait pû choisir pour exécuter certains effets ; mais sous l'idée d'un Etre dont l'existence ne pouvoit se manifester mieux, que par des opérations sensibles qui soient exactement proportionnées à sa nature ; en sorte que Dieu en me faisant voir de telles opérations où cette Ame ne seroit pas, dérogeroit à sa Véracité. Cette Ame une fois admise, le choix

choix des Systémes qui expliquent son union au Corps, forme une question à part. On peut disputer, à le prendre du côté de la Sagesse divine, sur le plus ou moins de simplicité de ces Systémes, on peut soutenir, que la voye la plus digne de cette Sagesse pour produire les mouvemens des Animaux, est de les faire naître d'un Méchanisme préétabli. Cela n'intéresse en rien la preuve de l'existence de leur Ame. Car que l'appareil d'un tel Méchanisme, au cas que cette Ame n'agisse point physiquement sur le Corps, soit plus digne d'une Sagesse infinie, que le Systeme des causes occasionnelles, il demeure toujours vrai que ce Méchanisme, dans chaque Animal, sera relatif aux sensations d'une Ame, & dans une juste harmonie avec ses besoins & ses desirs ; que par conséquent il suppose cette Ame, comme son unique raison suffisante dans les vues du Créateur, qui n'agit jamais sans but, & qui ne sauroit vouloir nous tromper. Qu'on ne s'y méprenne donc pas ; le principe du plus simple, n'est point différent de celui de la Raison suffisante: seulement selon les sujets, il y a quelque différence dans la maniére de l'appliquer.

pliquer. S'agit-il de l'Ordre phyſique ? la cauſe la plus ſimple des Phénomènes, ou ce qui revient alors au même, le moyen le plus ſimple pour une certaine fin, devient, par rapport à la Sageſſe du Créateur, une Raiſon ſuffiſante, qui exclut tout autre moyen ou Cauſe moins ſimple. S'agit-il de l'exiſtence des Eſprits ? le rapport naturel de certains Phénomènes, avec l'action d'un Eſprit borné, montre cet Eſprit pour leur raiſon ſuffiſante, par rapport à la Véracité de Créateur, qui n'auroit pu ſouffrir que des opérations propres à de certains Etres qu'elles caractériſent, paruſſent ſous nos yeux, ſans qu'il y eût réellement de tels Etres dans le Monde.

VI. *Seconde Objection. L'Axiome de la Véracité de Dieu eſt ici de peu d'uſage.*

L'on me conteſte en ſecond lieu l'uſage que je fais de la Véracité de Dieu pour ſervir de baſe à la Certitude morale." Ce ,, Principe, dit-on, plus certain que le ,, précédent, ne paroît pas y ajoûter ,, beaucoup de poids. Car ſi la relation
,, de

„ de l'effet à la cause est nécessaire, qu'est-il besoin d'autres preuves ? Si elle n'est que possible, comment prouvera-t-on que la Véracité de Dieu ne nous permet pas de nous tromper, lorsque par un jugement précipité nous confondons le vraisemblable avec le certain ? En un mot, ou la chose qu'on veut prouver par ce principe de la Véracité divine, est évidente, ou elle ne l'est pas. Si elle est évidente, nous n'avons que faire de recourir à ce principe ; tout le monde en conviendra intérieurement. Si la chose n'est pas évidente, la Véracité de Dieu ne la prouvera pas. Car il ne nous a donné une pente invincible à croire que ce qui est évident. Dans tout le reste il nous a laissé le pouvoir de suspendre notre jugement.

VII. *Réponse à l'Objection. Il y a une Analogie évidente entre de certaines Causes & de certains Effets, quoiqu'il n'y ait point de liaison nécessaire.*

Avant que d'examiner en détail cette seconde Objection, commençons par démêler ce qui m'y est accordé, d'avec ce que l'on m'y conteste. Que Dieu soit

inca-

incapable de tromper les hommes, c'eſt un Axiome évident, auſſi n'eſt-ce pas ce qu'on me nie. La proportion naturelle des Effets avec leurs Cauſes, qui fait que certains Effets, par leur rapport avec une Cauſe d'un certain genre, la caractériſent excluſivement à toute autre, c'eſt encore une choſe qui, je crois, ne m'eſt point conteſtée; & quand elle le feroit, je n'ai pas beſoin d'en donner ici des preuves, l'ayant fait aſſez amplement dans ce Traité. Mais on me nie que la Véracité de Dieu puiſſe ſervir à nous aſſûrer de l'exiſtence d'une Cauſe, dont la relation avec l'Effet, quelque naturelle qu'elle ſoit, ne les lie point néceſſairement l'un à l'autre. Car il faut obſerver que l'Analogie naturelle entre telle Cauſe & tel Effet, ne met point entre eux de liaiſon évidente & néceſſaire, & que celui-ci ne démontre point l'exiſtence de celle-là. Il n'y a que la Cauſe premiére qui ſe démontre immédiatement par les effets, & dont l'exiſtence ait, par conſéquent, une évidence métaphyſique. Il faut donc reconnoître d'un côté, que la liaiſon d'un effet avec quelque Cauſe particuliére que ce ſoit, n'eſt que poſſible, fible, dès qu'il y a un pouvoir supérieur capable de produire cet effet, sans l'entremise d'une telle Cause : comme il faut aussi avouer de l'autre, que ce pouvoir supérieur ne détruit pas l'Analogie essentielle qui se trouve entre cette Cause particuliére & cet effet.

VIII. *Si de tels Effets ont lieu sans de telles Causes, Dieu nous trompe.*

Voici donc déja deux choses incontestables ; l'une que Dieu n'est point trompeur, l'autre qu'indépendemment du pouvoir de la Cause premiére & dans l'idée même des choses, il y a une proportion très-évidente entre certaines Causes & certains Effets. Pour conclure de la vue de ces Effets, à l'existence même de ces Causes, & pour démontrer cette existence, je n'ai plus besoin que de ce troisième principe ; c'est que si ces effets existoient sans les causes qui leur sont naturellement proportionnées, Dieu nous tromperoit.

IX. *Si le pouvoir de suspendre notre jugement, empêche qu'on ne nous trompe, il s'enfuivra* 1°. *que Dieu n'a pas le pouvoir de nous tromper.*

Il ne nous tromperoit point, dites-vous, car il ne nous a donné une pente invincible à croire, que ce qui est évident. Dans tout le reste il nous a laissé le pouvoir de suspendre notre jugement. Mais si cette exception étoit valable, il s'ensuivroit que l'Être Tout-puissant auroit moins que tout autre le pouvoir de nous tromper, puisque de sa Toute-puissance même il résulteroit toujours un motif raisonnable de suspendre son jugement, & par conséquent une infaillible ressource contre toute Erreur. Je dis contre toute Erreur, sans en excepter aucune. Car dans les cas où cette suspension est impossible, parce que l'évidence y est entière, non seulement Dieu ne nous trompe point, mais nous n'avons point à craindre d'être trompez. L'évidence est le fondement immédiat de notre certitude, n'y ayant point de pouvoir au monde qui puisse faire, que ce que nous voyons avec évidence ne soit pas vrai. Tant s'en faut que la Règle de l'Evidence dépende de la Véracité de Dieu, qu'au contraire, nous

nous ne savons que Dieu existe, & qu'il est Véritable, que par l'évidence des principes qui nous le démontrent. Hors donc de ce cas d'évidence, où nous ne pouvons être trompez, la suspension du jugement, toujours possible, nous mettroit en état de ne pouvoir être trompez par la Toute-puissance elle même, à suivre les principes de l'Objection.

X. 2°. *Que personne n'est jamais responsable de nos Erreurs.*

Il s'ensuivroit secondement que personne que nous n'est jamais responsable de nos Erreurs. Sur ce pied-là de quelques artifices, de quelque fausses apparences que nous ayions été la duppe, nous ne pouvons légitimement accuser autrui de nous avoir trompez, ou de nous avoir voulu tromper. Ce sera notre pure faute, de n'avoir pas suspendu notre jugement sur ces apparences qui nous présentent un Objet pour un autre, & qui tendent à nous persuader ce qui n'est point. Mais la Thèse est-elle soutenable ? Quoi ! Celui qui me donne pour antique une Medaille moderne ; celui qui me produit un faux Acte, celui qui contrefait avec

tant d'adresse l'écriture, le stile & les sentimens de mon Ami, que je ne puis m'empêcher de regarder comme sienne, la Lettre que je reçois, n'est il point la cause de l'illusion où ces apparences me jettent? N'ai-je point droit de l'accuser de tromperie? J'avoue qu'absolument parlant, je puis me garantir de ces sortes de surprises, soit en songeant à certaines raisons de me défier de celui dont il s'agit; soit en me rappellant des exemples de pareilles impostures; soit par un doute subtil, pris des caprices de l'Esprit humain, & de l'étendue de ses artifices. Je sai bien aussi que si je m'arrête à ces doutes, le trompeur manquera son coup; mais il n'en sera pas moins un trompeur. Il sera toujours vrai qu'il l'est d'intention, & que toutes ses démarches tendoient à ce but. Que je donne dans le piége, ou que je m'en garantisse, son dessein est démontré par la proportion naturelle qu'ont ces apparences qu'il a pris soin de rassembler, avec la réalité qu'elles indiquent; ensorte que si cette réalité n'a point lieu, il faut que l'on ait eu en vue de me la persuader faussement. Il est clair que des Effets, naturellement liez
avec

avec une certaine Cause, au cas qu'elle n'existe point, sont, de la part de celui qui me les montre, autant de moyens destinez à me tromper. Pour mériter à mon égard la qualité de trompeur, il suffit qu'on me pousse à un faux jugement; il n'est pas besoin qu'on m'y nécessite. Il en est si peu besoin, que ce qui entraîne mes jugemens avec une force irrésistible, de quoi les Démonstrations ou les raisons évidentes sont seules capables, n'en produit jamais de faux, & ne sauroit par conséquent me jetter dans l'erreur.

XI. *Il y a des choses que nous devons croire sans y être poussez invinciblement. La Raison nous y engage, sans que l'Evidence nous y entraîne.*

Rappellons ici un Principe que j'ai établi ci-dessus, & auquel on ne prend pas assez garde, quoiqu'il soit de grande importance en cette matière. C'est que la Raison nous ordonne de croire mille choses qui ne sont point évidemment vrayes, qui ne sont point démontrées, & qui, absolument parlant, pourroient être fausses. L'assûrance raison-

nable,

nable, qui fur divers fujets détermine & fixe nos jugemens, fe fonde fur ce que nous avons de puiffans motifs de croire, fans en avoir aucun de douter. En quoi elle différe de la fimple Probabilité laquelle, avec des motifs de créance, renferme des raifons de doute, & quoiqu'elle faffe pencher notre efprit plus ou moins d'un certain côté, le laiffe toujours un peu en fufpens. Pour appliquer ce Principe à mon fujet, je dis donc, que lorsqu'il s'offre à mes yeux une fuite d'Effets, évidemment proportionnés à une Caufe de certain genre, & dans leur variété s'accordant tous à caractérifer cette Caufe, la Raifon m'ordonne d'en conclure que cette Caufe exifte. Que fi cette Caufe n'exifte point en effet, à coup fûr il y a du deffein, & quiconque a fû fi bien ajufter ces apparences trompeufes a voulu qu'elles m'impofaffent ; il a fait précifément tout ce qu'il falloit pour cela, & demeure pleinement refponfable de mon erreur, puifque je n'ai pu m'en garantir que par un doute déraifonnable. Oferiez-vous dire que ce doute abftrait & fubtil, qui demeure toujours en mon pouvoir, juftifie d'impofture un Homme me qui aura épuisé toute son adresse à séduire mon jugement ? Car, après tout, les hommes n'ont aucun empire sur mes idées ; ils essayeroient en vain de me montrer l'évidence où elle n'est pas, & de m'entraîner par ce moyen dans l'erreur, malgré que j'en eusse. Toute leur industrie consiste à lier ensemble certaines apparences, pour me persuader la réalité du Principe auquel elles appartiennent naturellement ; ils se cachent, pour ainsi dire, sous l'enveloppe de certaines Causes, en imitant les Effets qui sont propres à ces Causes-là. Pour lors je me trouve dans le cas de l'Assurance raisonnable, puisque parmi des motifs de croire, il ne s'en présente aucun de douter. Je dois donc croire ; la Raison me l'ordonne ; non que je ne puisse absolument m'en empêcher, puisqu'après tout il n'y a point là d'évidence qui me nécessite, mais c'est que le doute dénué de tout motif, car la pure possibilité du contraire n'en est pas un, seroit déraisonnable en pareil cas. Si je me trompe alors, cette erreur est entiérement sur le compte de ceux, dont l'artifice met en œuvre ce qu'il y a de plus propre à m'y indui-

re,

re, sans me fournir aucun préservatif pour m'en garantir.

C'est bien un préservatif infaillible contre l'Erreur, que le doute ou la suspension du jugement; mais quand ce doute n'est fondé sur aucun motif, quand on n'a pour se défendre de croire une chose, contre toutes les apparences imaginables, que la seule possibilité opposée, ou l'idée vague d'une Puissance capable de détacher les Phénomènes d'avec leur Raison suffisante, & de faire passer certains effets sous nos yeux, dans l'absence de la cause qui doit naturellement les produire, alors ce préservatif nous est ôté; la Raison elle-même nous en interdit l'usage. S'il arrive que par là nous tombions dans une erreur, ce n'est plus notre faute, (1) c'est celle de celui, qui par les motifs de crédibilité qu'il nous offre, nous met dans la nécessité de choisir entre une opiniâtreté capri-

---

(1) Quelquefois dans nos Erreurs l'un & l'autre se réunissent. Il y a de notre faute & de celle d'autrui. Ce qui arrive, lorsque l'imposture n'étoit point assez fine pour nous rendre excusables d'en être la duppe. L'intention de nous dupper peut-être avérée, quoiqu'elle ne réussisse que par notre faute.

capricieufe, qui fera toujours condamnable au Tribunal du Bon-Sens, & une perfuafiou erronée. Pour nous qui portons un jugement conforme à la Raifon, nous fommes entiérement hors de blâme; lui feul a tort, puifque par fes artifices lui feul eft caufe que notre jugement fe trouve oppofé à la Vérité. Au lieu que fi dans ces circonftances nous euffions pris le parti d'être incrédules, nous aurions tort à notre tour de former un jugement, qui quoique plus conforme à la Vérité, ne fe trouvant tel que par hazard, feroit contraire à la Raifon.

XII. *Si nous nous trompons dans ces fortes de chofes, ce n'eft pas nous, mais autrui qui eft refponfable de notre Erreur.*

Si l'on me dit après cela: vos plaintes font injuftes; l'on ne vous a point trompé, puifque vous pouviez fufpendre votre jugement; je répondrai qu'on m'a trompé, puifque fur ce que je voyois je n'ai point du le fufpendre. La conféquence que je prétends tirer de tout ceci, c'eft qu'un pouvoir de douter, qui me refte toujours au milieu des plus grandes impoftures des hom-

I. 6. mes,

mes, ne juftifieroit point la Véracité de Dieu, s'il me plaçoit dans des circonſtances pareilles à celles qui rendent les hommes reſponſables de mes erreurs. Telle feroit la vue de l'Automate Cartéſien, qui feroit à mes yeux toutes les actions d'un véritable homme. Dieu (2) peut-il produire un tel Automate, ou bien ne le peut-il pas? dit le Cartéſien. Dieu eſt aſſez puiſſant pour me tromper, lui répliquerai-je. Dire qu'il peut conſtruire une Machine pareille, fans la joindre avec une Ame, ce n'eſt dire préciſément que cela. Certainement l'Ouvrier d'un tel Automate ne feroit pas moins

(2) Il eſt bon d'avertir une fois pour toutes, que ſi dans ce Traité, ni dans celui de l'Ame des Bêtes, je n'ai point cru devoir prendre le parti de nier que l'Automate Cartéſien ſoit poſſible, je n'ai pas prétendu pour cela reconnoître formellement, qu'il le ſoit. On peut répondre en deux maniéres à une pareille queſtion. 1º. En diſant, j'ai dans mon eſprit l'idée claire, ou a peu près, d'une Machine qui feroit ce que font les Bêtes. 2º. En diſant, je ne vois point clairement l'impoſſibilité d'une ſemblable Machine; je ne m'apperçois pas qu'elle implique contradiction. Celui qui prend le premier parti, eſt obligé de montrer en décrivant cette Machine, la poſſibilité qu'il y voit. Celui qui s'en tient au ſecond, a droit d'exiger qu'on lui montre cette contradiction qu'il ne voit pas.

moins trompeur, que celui qui contreferoit les Lettres de mon Ami. Si ces Lettres sont parfaitement imitées, sans que rien d'ailleurs me fournisse matiére au moindre soupçon, j'ai du prendre ces fausses Lettres pour véritables, comme j'ai du prendre l'Automate pour un Etre intelligent. Car il sera toujours vrai, si les Bêtes ne sont Automates, que par leurs opérations médiatement ou immédiatement produites, Dieu m'aura représenté une Ame unie à un Corps, pour me persuader l'existence de cette Ame. Si je nie alors ce que de si fortes raisons me poussent à croire, j'ai tort de le nier, & le Cartésien en se vantant de n'être pas trompé comme moi, se vante de n'être point raisonnable. Il est clair qu'indépendemment du pouvoir que Dieu ou les hommes ont de me tromper, certains motifs doivent suffire pour fixer mon jugement ; mais il y a cette différence entre les choses soumises au pouvoir humain, & celles qui ne le sont pas, que sur celles du premier ordre, ma créance n'est jamais une Certitude démonstrative, n'étant point absolument sûr si ces hommes, avec le pouvoir de me tromper, n'en ont point aussi eu eu la volonté ; au lieu que sur les choses qui passent le pouvoir humain, & qui, par la Toute-puissance divine, pourroient être réellement autres qu'elles ne me paroissent, la Véracité, qui est essentielle à l'Etre parfait, change mon assûrance en Démonstration.

XIII. *Le recours à la Véracité de Dieu ne justifie point nos Erreurs.*

Au reste il ne faut point craindre, qu'en le prenant pour garand de la grande Règle de la Raison suffisante, les hommes n'ayent lieu de s'affermir dans leurs erreurs, & de faire Dieu responsable, de tout ce qu'ils se feront faussement persuadez. L'abus qu'on pourra faire de cette Règle, en l'appliquant mal, n'en sauroit détruire la solidité ni l'évidence. C'est à nous d'en faire une application juste aux sujets que nous examinons, & de ne pas donner aux effets, pour Cause proportionnée & pour Raison suffisante, ce que nous ne voyons pas clairement qui le soit. Mais quand cette Cause ou Raison suffisante est manifeste, quand hors d'elle il n'y auroit, pour expliquer les Phénomènes qui frappent nos yeux, que l'immensité du pouvoir divin, c'est alors à Dieu de ne nous point tromper, en dé-

détachant ces Phénomènes de leur cause pour faire en sorte qu'ils existent, quoique cette Cause n'existe point. C'est aussi ce qu'il ne fera jamais, sans du moins nous en avertir ; sa souveraine perfection nous en assûre. Sur ce fondement j'ai une parfaite certitude qu'il y a eu un Jules César, & qu'actuellement il y a de vrais hommes hors de moi ; parce que la vérité de ces deux Faits, se trouve être l'unique Raison suffisante des apparences qui me les persuadent. Dieu me tromperoit si, ces apparences existant, leur raison suffisante n'existoit pas.

Mais cette façon de raisonner ne fera jamais l'Apologie de nos Erreurs. Les Philosophes, par exemple, qui ont cru le Soleil beaucoup plus petit que la Terre, ont du cette opinion à la négligence de leurs observations, ou aux erreurs de leurs calculs, ou bien au préjugé grossier pris de la petitesse du diamétre sensible du Soleil. Ils ont précipité leur jugement, ils se sont hâtés de conclure de la grandeur apparente, à la grandeur réelle. S'ils eussent songé aux Règles les plus communes de l'Optique, telles que l'expérience journaliére les leur mettoit devant les yeux, indépendemment

ment de la parallaxe & des calculs, ils eussent jugé que la grandeur de cet Astre, devoit être incomparablement au-dessus de ce qu'elle paroît à nos yeux ; & qu'une telle grandeur réelle, suivant les Loix connues de la Vision étoit, dans un Objet aussi éloigné, une Raison suffisante de l'apparence sensible.

XIV. *A parler exactement, il est faux que les Sens nous trompent.*

Les Sens nous trompent, dit-on, Dieu sera-t-il responsable de cette erreur, lui qui pourtant nous les a donnés ? Je réponds que ce n'est pas le simple rapport des Sens qui nous trompe. L'apparence sensible qui est destinée à nous faire connoître l'Objet, n'est point l'Objet même, puisqu'elle ne nous le représente qu'imparfaitement, mais un effet lequel nous conduit à l'Objet comme à sa vraye Cause. Pour en connoître la nature, il faut comparer & réunir ces divers effets. Quand je regarde le Soleil, je ne vois proprement ni le Soleil, ni même un Globe ; je vois un disque lumineux de quelques pouces de diamétre. Rien ne me force à croire le Soleil exactement

sem-

semblable à ce disque. Quand j'apperçois de loin une Tour, rien ne m'oblige à croire que ce qui répond hors de moi à cette perception, ou ce qui la cause, ressemble exactement à l'image que j'apperçois, soit de même grandeur, de même couleur, de même figure. Lorsque je m'en approche, que je touche cette Tour, que j'y monte, que je la mesure, je reçois successivement d'autres images; & de la comparaison de ces images différentes, ou de ces diverses impressions que fait sur moi le même objet, j'en tire la vraye idée de leur Cause, qui est la Tour même. C'est en vertu de cette expérience complette, qu'une autre fois la premiére image qui m'a frappé, deviendra le signe de l'Objet, & en réveillera chez moi la vraye idée. Vous voyez donc, que la simple perception sensible n'étant point un jugement, ni ne me poussant invinciblement à juger, de ce que cette sensation que Dieu me donne, ne représente point exactement l'Objet, on ne peut en conclure que Dieu me trompe. C'est moi qui m'étois d'abord trompé, en concluant précipitamment de l'ima-

ge

ge à l'objet, ou en assignant au concours des apparences sensibles, pour raison ou pour cause, ce qui ne l'est pas. Au contraire les Loix de l'Optique étant telles que les établit l'expérience, Dieu me tromperoit, si ce Clocher que j'apperçois à l'Horison, si le Soleil que je vois au Méridien, n'étoient réellement pas plus grands, qu'ils me le paroissent.

XV. *La Règle pour discerner ceux de nos Jugemens dont nous sommes seuls responsables, d'avec ceux dont autrui doit répondre, est la même, soit qu'il s'agisse de Dieu ou des hommes.*

Dieu ne trompe jamais ses Créatures. Il est trop grand, trop bon, trop sage, trop parfait, en un mot, pour leur vouloir faire illusion; mais il permet qu'elles se trompent par leur propre faute, par un abus libre qu'elles font de la Raison qu'il leur a donnée; comme il permet qu'elles violent les Loix de l'ordre, quoique lui-même soit incapable de violer ces Loix. Il n'est pas plus à craindre, que le recours à la Véracité de l'Etre suprême pour servir d'apui à notre certitude, tende à justifier mille

mille erreurs où les hommes tombent, qu'il est à craindre qu'en prenant la probité de certaines Personnes pour garand de ce qu'elles m'assûrent, soit par le langage des paroles, soit par celui des actions, cela n'aille à les rendre comptables des méprises que j'aurai faites en interprétant mal leurs discours, en jugeant trop légérement des motifs de leur conduite, ou pour avoir pris le change sur leur véritable dessein. Les mêmes Règles qui discernent en ce cas l'erreur où me jette l'artifice d'autrui, d'avec celle où je me précipite moi-même par ma propre faute, nous aideront à faire la différence entre ceux de nos jugemens dont Dieu se rend le garand, pour ainsi dire, & ceux dont nous sommes uniquement responsables. Dans les sujets où l'évidence est notre règle, c'est toujours par notre propre faute que nous errons, parce que, si nous avons l'évidence, il est impossible qu'il y ait erreur, & si nous ne l'avons pas, il est non seulement possible, mais raisonnable de suspendre notre jugement. Dans les Faits il n'en va pas de même ; nous pouvons errer sans blâme, en raisonnant très-juste, parce que le fondement

sur

sur lequel nous raisonnons, c'est l'Analogie des Effets avec leurs Causes. Quand tous les caractères qui appartiennent à une certaine Cause, toutes les circonstances qui ont coutume de l'accompagner, tous les signes propres à manifester son action, se trouvent dans certains Effets, on juge que cette Cause existe & agit actuellement. On s'en tient suffisamment assûré; n'ayant aucun motif pour ajuger ces Effets à quelqu'autre Principe, qu'à celui qu'ils caractérisent par la proportion naturelle qu'ils ont avec lui. Quiconque me trompera dans un tel cas, en me fournissant tous ces motifs de juger comme j'ai fait, sans me munir d'aucun préservatif, sera pleinement responsable, & moi pleinement disculpé de mon erreur.

XVI. *Sources de nos Erreurs. Quels sont les cas où nous en devenons responsables.*

Je n'en deviens moi-même responsable, que lorsque sur des apparences équivoques, ou sur des motifs insuffisans, je précipite un jugement qu'il fal-

falloit suspendre. Voilà ce qui nous arrive tous les jours. Nous rapportons un Effet à telle ou telle Cause, sur des convenances vagues qui ne caractérisent point cette cause précise. Nous imaginons des rapports faux ou forcez, pour ajuster les faits à nos conjectures. Nous décidons brusquement que tels Phénomènes ont une telle Cause, sans daigner regarder tout auprès d'autres Phénomènes qui excluent la cause assignée, ou qu'il est mal-aisé de concilier avec elle. Tantôt nous attribuons à plusieurs, ce qu'une seule a pu produire ; tantôt nous réunissons à un seul principe, ce qui a fort bien pu naître de divers principes très-indépendans. En vertu de cette dernière illusion, qui est des plus fréquentes, nous croyons voir des (3) rapports mystérieux entre certaines actions qui n'en ont aucun ; & souvent des Evénemens qui par cas fortuit viennent à se rencontrer ensemble, nous paroissent l'effet & la suite de quelque dessein. De toutes ces fausses Opinions, nous ne devons nous en

---

(3) Voi. *Essai sur l'Ame des Bêtes*, première Partie Chap. VI. p. 101.

en prendre qu'à nous mêmes. Ce n'est pas la Règle qui nous trompe, c'est nous qui abandonnons la Règle, & qui l'appliquons mal en la falsifiant, ce qui nous arrive en mille manières. Nous supposons entre les Effets vus, & la Cause imaginée, cette parfaite harmonie qui réellement ne s'y trouve point. Nous jugeons de l'usage & du but de certaines choses, sans considerer leur liaison avec d'autres, &, sans connoître l'enchaînure totale, nous voulons discerner l'espèce des Causes, par certains Phénomènes qui ne nous en indiquent tout au plus que le genre. Nous distinguons ou confondons mal à propos les Principes, sans autre motif que la diversité des Effets ou leur ressemblance; quoique souvent, & c'est-là le propre des Agens libres, une même cause produise des effets dissemblables, ou que de Causes différentes il naisse de semblables Effets: réflexion qui nous feroit éviter une infinité de faux raisonnemens dans la Morale. De ces diverses illusions notre Imagination est la source; n'étant jamais plus habile à nous tromper, que lorsqu'elle ne fait pas seule tout l'ouvrage, mais qu'elle a un

fonde-

fondement réel fur lequel elle puiſſe bâtir. Ici donc les Effets fur quoi l'on raiſonne, ont bien pluſieurs relations avec la Cauſe qu'on leur attribue; mais ils n'ont point avec elle ces rapports caractériſtiques qui fixent l'eſprit à cette cauſe préciſe, plutôt qu'à toute autre: alors notre Imagination a beau jeu; imperceptiblement elle ajoute à notre vue, & nous donne le Vraiſemblable pour le Vrai. Et voilà pourquoi, pour faire en paſſant cette remarque, les Paſſions ſont cauſes de tant d'Erreurs; c'eſt qu'appliquant fortement notre eſprit à leur objet, le rendant attentif à ce qui les favoriſe, tandis qu'elles l'éloignent de tout ce qui leur eſt contraire, elles allument l'Imagination, & la tournent toute entiére d'un certain côté. Par ce moyen elles mettent des liaiſons entre les choſes les moins relatives, elles rapprochent les plus éloignées, elles uniſſent les plus indépendantes, & ſur ces rapports imaginaires, fondent les plus fauſſes, mais en même tems les plus fortes perſuaſions.

Plus nous creuſerons les ſources de nos Erreurs, & plus il paroîtra que
l'exem-

l'exemple de ces Erreurs, loin d'ébranla règle que l'on attaque, & de la rendre fufpecte, en affermit au contraire la certitude, & montre que ce n'eft qu'en s'en écartant, qu'on s'éloigne de la Vérité. Que certains jugemens fe foient trouvez faux, cela ne prouve rien contre d'autres, dont le fondement n'eft pas le même. S'il y a des apparences équivoques, fur lesquelles on ne peut établir qu'une probabilité plus ou moins grande, il y en a qui fe lient fi clairement à un Principe unique, qu'on eft obligé, ou d'admettre ce Principe, ou de fuppofer l'efficace illufoire de quelque pouvoir hors de nous. Quelques apparences en petit nombre ne décident rien; car, comme je l'ai déja obfervé, des Caufes de différent genre peuvent avoir quelque chofe de commun dans leurs Effets. Il arrivera qu'un Portrait de phantaifie aura quelques-uns de mes traits, n'étant pas plus impoffible que l'imagination du Peintre fe rencontre à quelques égards avec la Nature, qu'il l'eft, qu'un fonge que j'aurai fait, ait certains rapports avec des événemens arrivés long-tems depuis. Mais l'ambiguité ne fauroit

fubsubsister dans un grand concours de Phénomènes qui indiquent une même cause pour leur centre & pour leur lien commun. J'entends prononcer dans la Chambre voisine des paroles qui forment un sens ; je juge d'abord qu'il y a un homme dans cette Chambre, & il se trouve que c'est un Perroquet ; je me suis trompé sur des apparences vraisemblables : Mais si après avoir entendu une conversation de deux heures, j'en conclus qu'il y a Compagnie dans cette Chambre, une pleine certitude accompagne alors mon jugement. J'ai pu m'abuser sur l'ouïe de quelques mots, mais après un entretien suivi, je ne crains point d'avoir pris un Perroquet pour un Homme.

XVII. *Dieu, incapable de nous tromper, permet que les hommes nous trompent, & que nous errions aussi par notre faute.*

Dans tout ce qui est de la sphere du pouvoir humain, nous ne devons nous en prendre qu'à nous-mêmes 1°. Lorsque nous donnons une pleine créance à ce qui n'est que probable ; comme lorsque les motifs qui nous inclinent à croire un Fait, se trouvent combattus par d'autres motifs; nommément par des soupçons d'imposture, tirez de l'intérêt que certaines gens ont à nous tromper, & des moyens qu'ils ont eu en main pour cela. 2°. Lorsque nous regardons comme démontrées, des choses sur lesquelles nous devons nous contenter d'une assûrance raisonnable; puisque cette assûrance qui suffit pour croire, n'emporte pas l'absolue impossibilité du contraire. Dire alors: si je suis dans l'erreur, Dieu me trompe, c'est mal conclure; car sans nous y induire, Dieu peut permettre que les hommes le fassent, dans tout ce qui est du ressort du pouvoir humain. Mais il faut se souvenir que comme nous ne connoissons pas exactement & précisément les limites de ce pouvoir, il nous arrive quelquefois de chercher la parfaite certitude où elle ne sauroit se trouver, en jugeant que nous sommes dans le cas où les hommes ne peuvent nous faire illusion, quoique nous n'y soyons point en effet. Alors encore la méprise de prendre pour démontré ce qui ne l'est pas, demeure sur notre compte. (†)

XVIII.

(†) Voyez ci-dessus Note (1.)

XVIII. *Objets susceptibles de certitude, plus importans que les autres.*

Observez encore cette différence entre les Faits dont Dieu même nous est garant, parce qu'ils ne sauroient être faux qu'il ne nous trompât, & ceux, dont l'assûrance que nous en avons, repose sur l'autorité des hommes, que ceux de ce dernier ordre ont une influence peu étendue, parce qu'ils n'intéressent que quelques particuliers; au lieu que ceux qui intéressent le Genre-Humain tout entier, sont revêtus de cette certitude dont la Véracité divine nous répond. Tels sont en général ceux de la Religion, de la vérité desquels dépendent les plus grands Intérêts de l'Homme. Tels sont encore tous ces effets naturels, dont la régularité constante assûre l'Ordre de la Societé, & le repos de la vie humaine.

Voilà donc l'usage de mon second Principe justifié, & la Démonstration morale que nous avons de certains sujets, mise dans une parfaite évidence. Car puisqu'il se trouve une évidente Analogie entre certains Phénomènes, & une seule Cause ou Raison suffisante; puisqu'une pareille analogie nous autorise à croire, que cette cause ou raison suffisante existe; puisqu'il est clair que l'on nous tromperoit si cela n'étoit pas; puisqu'enfin il est de la derniére évidence que Dieu ne peut tromper, il s'ensuit que nous avons alors sur la réalité de cette Cause, une vraye Démonstration.

XIX. *Question curieuse, si un Athée est assûré qu'il y ait des Corps? Rép. Hors des Vérités mathématiques, l'Athée ne peut s'assûrer de rien sans abjurer son Athéisme.*

Une troisième Difficulté me reste à résoudre. On demande s'il est vrai qu'un Athée n'ait aucune certitude de l'existence des Corps ? Et cette question s'étend, comme on voit, à toutes les Vérités moralement certaines, desquelles la Démonstration dépend, selon moi, de la Véracité de Dieu. Ma réponse est, qu'un Athée, outre sa propre existence, peut connoître avec certitude les vérités idéales ou Mathématiques. Hors de là, s'il raisonne conséquemment, il ne doit admettre autre

tre chose que des probabilités. Dans son Systême tout est soumis à la Nécessité, ou dirigé par le Hazard. Nul pouvoir supérieur, pour régler l'Univers avec Bonté & Sagesse. Que sait-il ? tout ce qu'il voit peut n'être qu'illusion. Le Hazard & la Nécessité, Principes également aveugles, peuvent amener ce qu'il y a de plus bizarre, de plus irrégulier, de plus opposé à toute idée d'Ordre. Quand on refuse de reconnoître un Ouvrier sage pour l'Auteur des merveilles de l'Univers, quel droit a-t-on de ne les point regarder comme un beau songe ? Qu'elles bornes osera-t-on mettre à l'extravagance de l'Esprit ? En supposant avec l'Athée qu'il y a des Corps, on lui prouve bien par-là qu'il y a un Dieu : cela n'empêche pas que l'existence de Dieu ne soit réellement plus évidente que celle des Corps. L'Athée croit qu'il y a des Corps, parce qu'une vive impression de ses Sens le pousse sans cesse à le croire. Je veux qu'il n'en puisse même douter ; sa certitude là-dessus, suppose à son insû un principe qu'il rejette, savoir l'existence d'un Etre tout bon & tout sage. Il ne songe pas que lorsqu'il nie ce principe, & qu'il croit des Corps, il se contredit lui-même. Qu'il aprofondisse les motifs de ce dernier jugement, ils le porteront à condamner le premier, & l'invincible certitude de la Vérité qu'il admet, le conduira par degrés vers celle qu'il nie. L'Athée ne peut s'empêcher de croire un Monde corporel; cette persuasion subsiste en lui indépendemment de la Créance distincte d'une Divinité; mais sans l'idée de cette dernière, il ne sauroit se démontrer qu'il y ait des Corps. Sa Créance à cet égard, qui, tant qu'elle demeure un sentiment confus, renferme implicitement celle d'un Dieu, supposera formellement qu'il existe, dès qu'elle prendra la forme d'une connoissance démontrée. En un mot, obligé à rendre raison de ce qu'il croit le plus invinciblement, cet Athée cessera de l'être; ou plutôt, il se convaincra qu'il n'a jamais pû l'être en effet, quelque desir qu'il en eût. Sans s'arrêter aux Athées, mille gens qui ne sont rien moins que Philosophes, & qui n'ont jamais médité sur la Certitude morale, n'en sont pas moins assûrez de certains faits, pour

avoir

avoir ignoré toute leur vie les Démonstrations qu'on en peut donner, & les vrais principes de ces Démonstrations. Voici à peu près, ce me semble, comment ce Paradoxe s'explique.

XX. *Comment le commun des hommes a sur mille choses une vraye Certitude, dont il ne connoît point les principes.*

Toute certitude est fondée sur des motifs réels, qui convainquent notre esprit, sans lui laisser aucun sujet raisonnable de doute. Mais ces motifs peuvent agir sur l'Ame, & n'en être pourtant pas distinctement apperçus. Alors nous sommes bien entrainez par leur poids; nous sentons bien que nous ne pouvons raisonnablement douter; mais nous n'en sommes pas plus en état de déveloper ces motifs, de les arranger en forme de Démonstration pour convaincre les contredisans, en leur montrant le sophisme des argumens qu'ils nous opposent. Il faut de nécessité, ou bien refuser aux Simples, toute assurance raisonnable des Vérités qu'ils croyent, tout discernement de ce qui est certain d'avec ce qui ne l'est pas; ou reconnoître avec moi, que souvent l'Esprit est solidement convaincu par un amas de raisons, qu'il lui est impossible de démêler ni d'arranger d'une maniére distincte, pour démontrer aux autres sa propre persuasion. Ces principes qui frappent à la fois vivement, quoique confusément l'esprit, en établissent une solide dans ceux-la même qui, faute d'en pouvoir faire l'analyse, quand on leur dira; prouvez-nous ce dont vous êtes si bien persuadé, seront réduits au silence.

Une fausse persuasion n'ayant point de ces principes solides, différe essentiellement en cela de la véritable. Celle-la sera bien accompagnée quelquefois du même degré d'adhérence dans la volonté, mais elle n'aura point pour fondement, comme celle-ci, cet assemblage de motifs qui opérent l'impossibilité du doute. Deux Esprits peuvent embrasser avec une confiance égale, l'un la Vérité, l'autre l'Erreur; mais l'un ayant des motifs convainquans de ce qu'il croit, en est certain, tandis que l'autre ne sauroit l'être, parce que de tels motifs lui manquent.

Ne demandez donc plus, comment il
se

se peut que tant de gens, sans penser à cet Axiome, que *Dieu ne sauroit tromper*, sont parfaitement assûrez de plusieurs vérités de Fait. Leur certitude est réellement appuyée sur ce grand principe, quoiqu'il ne soit pas développé dans leur esprit, & qu'ils n'y ayent jamais fait d'attention expresse. L'on sent confusément la liaison de certaines apparences avec la Cause qui leur est proportionnée ; l'esprit se repose, tant sur ce motif confus, que sur l'idée confuse aussi, d'une bonne foi que nous supposons chez les hommes, quand il s'agit de vérités qui s'appuyent sur leur témoignage ; ou que nous plaçons quelque part au-dessus de nous, lorsqu'il s'agit de Faits indépendans de ce témoignage. En ce dernier cas, cette idée qui est obscurément au fond de notre esprit, & qui sert d'appui secret à notre foi, n'est autre que celle de la Bonté du premier Etre : c'est alors pour nous le *Dieu inconnu*, à qui, sans le connoître, notre foi ne laisse pas de rendre hommage. En un mot, la dispute devient inutile. Vous convenez que le commun des hommes est assûré de certains faits, & qu'il a raison de l'être;

l'être; Montrez-moi les vrais principes de cette aſſûrance raiſonnable qu'il en a, je retorquerai contre ces principes, ce que vous objectés à celui de la Véracité de Dieu. Il vaudra mieux avouer enfin, que cette croyance certaine, & par conſéquent ſuſceptible de Démonſtration, eſt fondée chez le Vulgaire, tout comme chez le Philoſophe, ſur des principes ſolides; mais que ces principes, que le Vulgaire eſt incapable de développer nettement, & qui agiſſent ſur ſon eſprit d'une maniére ſourde, preſque imperceptible, pour opérer ſa conviction, le Philoſophe les ſaiſit, les démêle & les arrange.

XXI. *Concluſion. Vrai caractère de la Certitude morale. Diverſité des Sujets ſur leſquels elle peut s'étendre. Logique nouvelle pour juger des Probabilités, ouvrage auſſi néceſſaire que difficile.*

Pour ramener ce Diſcours, en le finiſſant, au but général que je m'y ſuis propoſé, il réſulte des diverſes Réflexions qu'on vient de lire, que la Certitude morale, à la réſoudre dans ſa derniére Analyſe, remonte juſques à des Axiomes métaphyſiques; & que quoique cette eſpèce de certitude ne ſoit
point

point fondée sur l'évidence de l'objet, elle l'eſt ſur des principes évidens ; ſavoir l'Exiſtence d'un Dieu, ſa Véracité, & la proportion naturelle des effets aux cauſes. Les Démonſtrations morales qui nous rendent certains qu'une choſe eſt, ne le font point en nous prouvant que le contraire implique contradiction ou ſoit impoſſible, ſi l'on entend par *impoſſible*, ce que ni l'Intelligence ni la Toutepuiſſance divine ne ſauroit avoir pour objet ; mais en nous faiſant voir que le contraire répugne aux Attributs moraux de la Divinité, & ne peut avoir lieu, que par le renverſement de cet Ordre dont Dieu ne ſauroit ſe départir, ſans renoncer à ſa Sageſſe. Le contraire d'une Vérité Géométrique, eſt inintelligible & contradictoire dans la nature, & dans l'idée même des choſes : l'oppoſé d'un Fait, moralement démontré, eſt très-intelligible, très-poſſible dans ſa nature & dans ſon idée ; mais comme il répugne à la Sageſſe, à la Véracité de l'Etre parfait, qui ne ſauroit, ſans démentir ces Attributs, admettre l'oppoſé du Fait en queſtion, cet oppoſé devient impoſſible en ce ſens ; nous ſommes ſûrs qu'il eſt faux ; & par

con-

conséquent le Fait devient certain & démontré. La Toutepuissance elle-même ne sauroit faire que le Tout soit égal à sa partie, ni que deux & deux fassent cinq. Ainsi toute proposition évidemment liée, dans la nature & dans l'idée des choses, avec celles-ci ; *deux & deux font quatre ; le tout est plus grand que sa partie,* est une proposition mathématiquement démontrée. Mais la Toutepuissance peut former tel concours de Phénomènes qu'il lui plaira, elle peut placer sous nos yeux des Objets qui, s'ils nous étoient offerts, nous jetteroient nécessairement dans l'illusion. On ne sauroit nier ce pouvoir. On n'oseroit soutenir, que des actes de Toutepuissance qui aboutiroient à nous tromper, soyent mathématiquement impossibles ; ou, ce qui revient au même, qu'un tel pouvoir soit contradictoire, & que nous n'en ayïons point l'idée. Mais comme de tels actes répugnent à la Sagesse de l'Etre parfait, nous sommes sûrs qu'il ne les fera jamais. Toute proposition qu'on ne peut nier sans les admettre, ou sans attribuer à l'Etre parfait une conduite indigne de lui, est donc par cela même moralement

lement démontrée ; nous fommes fûrs de la fauffeté de fon contraire, qui devient alors impoffible, non en vertu d'une contradiction qu'il y aît dans l'idée de l'effet même, ou faute d'un vrai Pouvoir de produire cet effet, mais en vertu d'une oppofition formelle entre cet effet, & la Sageffe immuable de Dieu ; ou faute d'un Vouloir en Dieu, d'excercer fon pouvoir d'une maniére contraire à fa Sageffe ; étant indubitable que l'Etre parfait voudra toujours ce qui eft conforme, à cette Sageffe, & ne voudra jamais ce qui y répugne. Difpofition qui appartient effentiellement à l'idée de l'Etre parfait. Nous fommes donc affûrez que Dieu ne tiendra jamais une conduite qui démente fes Perfections ; & c'eft cette infaillibilité d'événement, fondée fur l'immutabilité des Perfections que Dieu prend pour règle de fa conduite, qui fait toute la force des Démonftrations morales.

Nos idées claires nous conduifent à une premiére Caufe intelligente & libre, qui eft l'Etre fouverainement parfait. Dans cet Etre nous découvrons évidemment les attributs de Puiffance, de

Sa-

Sagesse, de Bonté, de Véracité. En conséquence de ces attributs nous sommes sûrs que Dieu, qui ne prend point plaisir à tromper, & qui n'a point voulu sans doute que les seuls Principes de connoissance que nous ayons, dès que nous voulons sortir du Monde idéal, fussent pour nous des sources d'erreur, a établi dans la Nature un Ordre inviolable de Causes & d'Effets; ensorte que les effets supposent toujours des causes qui leur soyent proportionnées. C'est sur ce fondement métaphysique, que la Certitude morale bâtit ses Démonstrations. Elles consistent à réduire l'assemblage des apparences, à une Raison unique, qui est la chose dont on veut démontrer l'existence. Soit qu'un certain Concert entre les Agens libres, manifeste le Principe commun en vertu duquel ils agissent, & constate la réalité d'un même Objet qui les frappe ; c'est là le cas des preuves Historiques : soit qu'une suite d'actions dans le même Agent, fasse pénétrer ses motifs secrets, & dévoile son intérieur ; & de là dépend la Science du Cœur humain : soit qu'une complication de mouvemens & de Phénomènes dans les Corps, se rapporte à une certaine

Loi

Loi naturelle ; toute Démonſtration phyſique roule là-deſſus : ſoit enfin qu'en général la nature des opérations qui frappent nos yeux, nous prouve l'exiſtence d'Agens inviſibles ; & c'eſt par cette méthode que nous nous aſſûrons qu'il y a divers Eſprits créés hors de nous. Dans tous ces divers ſujets, l'arrangement des choſes que nous voyons, ſi nous ſavons bien le conſiderer & le ſuivre juſques au bout, nous donne une entiére certitude ſur ce que nous ne voyons pas. Si bien des gens réſiſtent à ces ſortes de Démonſtrations, c'eſt faute d'embraſſer, d'une vue aſſez nette & aſſez ferme, tout l'amas des Phénomènes ſur leſquels elles ſe fondent. A quoi l'on doit joindre certaines Difficultés dont on s'entête, après les avoir été prendre bien loin hors du ſujet, comme il eſt arrivé ſur la queſtion de l'Ame des Bêtes. Si d'un autre côté les Démonſtrations nous manquent dans une infinité d'autres points de la Phyſique & de l'Hiſtoire, cela vient de ce que les Phénomènes connus, ſur leſquels on peut raiſonner, ſont en petit nombre ; de ce qu'il eſt rare de leur voir former un certain concert ; & plus rare encore, re, de leur trouver un Principe unique qui les explique exclusivement à tout autre. Au défaut de la Certitude, c'est alors à la Probabilité qu'il faut s'attacher; en prenant garde d'en distinguer avec soin les divers degrés. Donner la-dessus en détail de bonnes Règles que l'on appliquât aux choses d'usage, ce seroit, de la maniére dont je le conçois, un Travail presque nouveau dont l'utilité seroit grande, mais dont on sent assez que la difficulté n'est pas médiocre. Car pour assigner en chaque chose au pur vraisemblable sa juste mesure, il faut bien plus de lumiére & de finesse d'esprit, que pour distinguer simplement le Faux d'avec le Vrai. Une Logique sur les Probabilités, une espèce d'Art Critique qui embrasseroit toutes les Sciences, par rapport à ce qu'elles ont de moins certain, c'est un Ouvrage qui nous manque; & je me tiendrois heureux, si le peu que j'ai fait ici, pouvoit exciter quelque habile main à l'entreprendre.

F I N.

ESSAI PHILOSOPHIQUE
SUR
L'AME DES BETES.

DISCOURS PRELIMINAIRE.

Réflexions sur l'Histoire de cette question. Vicissitudes d'opinions auxquelles elle a donné lieu. Les progrès de la Philosophie dans notre Siécle en favorisent plus que jamais l'éclaircissement. Plan de cet Ouvrage.

RIEN ne me paroît plus humiliant pour l'esprit humain que ce flux & reflux d'opinions qui s'observe chez les Philosophes dans différens Siécles. Ce qu'il y a de remar-

remarquable, c'eſt qu'un même homme ne peut guère s'être appliqué longtems à l'étude de la Vérité ſans éprouver en lui de pareilles viciſſitudes. On embraſſe un nouveau Syſtême avec chaleur, parce qu'on y croit voir des caractères d'évidence; l'a-t-on eſſayé durant quelque tems, il commence à ne paroître plus que vrai-ſemblable, enſuite on le trouve tout-à-fait faux, puis abſurde & ridicule; on en vient à regarder en pitié cette même opinion que l'on reſpectoit, & l'on la change pour une autre, d'auſſi bon cœur qu'on en avoit abandonné de plus anciennes pour celle-là.

En général, le premier penchant d'un Eſprit Philoſophe, c'eſt de s'éloigner de toute ſa force des opinions vulgaires, & de ſacrifier les préjugez naturels aux paradoxes les plus hardis. Mais il arrive ſouvent, qu'après s'être promené tout à ſon aiſe ſur des paradoxes, il vient à s'en dégouter, & qu'une méditation plus approfondie le ramène par de nouvelles routes, à ces ſentimens communs dont il s'étoit écarté d'abord.

Il eſt même plus avantageux qu'on ne penſe d'avoir fait tout ce chemin:

nous

nous ne sommes pas assez heureux pour trouver le Vrai du premier coup, & quoique souvent les sentimens, où s'accorde le commun des hommes, soient véritables dans le fond, ils se trouvent toujours mêlez de je ne sai combien de faux préjugez, qui défigurent étrangement la Vérité. Or le même courage qui nous pousse à nous établir des opinions, bien loin des routes battues, nous ayant fait sécouer les préjugez de l'enfance, il arrive, que quand l'expérience ou la réflexion, nous a rendu suspectes nos opinions acquises par le raisonnement, & nous en a montré le foible, nous revenons avec moins de peine à la Vérité pure & simple qui tient ordinairement le milieu, entre les paradoxes philosophiques, & les préjugez vulgaires, & qui n'est au fond autre chose que ce que l'impression naturelle nous persuadoit; mettant à part les erreurs que nous confondions avec elle. Mais aussi quelquefois il arrive que ce milieu, auquel on se trouve obligé de revenir, après mille & mille détours, est un sage Pyrrhonisme; on entre dans l'examen d'une question par rejetter le sentiment populaire, comme le le plus groſſiérement déraiſonnable, & ne trouvant pas mieux ſon compte dans les Syſtêmes les plus ingénieux, quand on les conſidére de près, la concluſion qui réſulte de nos recherches, c'eſt que nous manquons de lumiéres pour décider la queſtion qui en eſt l'objet.

Voilà ce que bien des gens penſent, ſur celle de l'Ame des Bêtes, qui va faire le ſujet de ce Traité. Elle eſt un exemple illuſtre de ces révolutions ſi fréquentes dans la Philoſophie, où l'Eſprit humain ſemble parcourir un cercle, & revenir dans la ſuite des Siécles au même point qu'il avoit quitté: tant il eſt difficile dans les choſes naturelles, de découvrir la Vérité, & facile de s'imaginer l'avoir trouvée ! L'ame des Bêtes étoit un ſujet aſſez digne d'inquiéter les Anciens Philoſophes ; il ne paroît pourtant pas qu'ils ſe ſoient fort tourmentez ſur cette matiére, ni que partagez entr'eux ſur tant de points différens, & d'humeur, comme ils l'étoient, à s'entre-diſputer tout, à ſe contrarier ſur tout, ils ſe ſoient fait de la nature de cette Ame un nouveau prétexte de querelle. Ils ont tous donné dans

dans (1) l'opinion commune que les Brutes sentent & connoissent, attribuant seulement à ce principe de connoissance, plus ou moins de dignité, plus ou moins de conformité avec l'Ame humaine; & peut-être, se contentant d'envelopper diversement sous les savantes ténèbres de leur stile énigmatique, ce préjugé grossier, mais trop naturel aux hommes, que la Matiére est capable de penser. Car je ne compte presque pour rien, ce que les Cartésiens (2) alléguent de St. *Augustin*, pour le

(1) *Pythagore* attribuoit aux Bêtes τὸν καὶ θυμόν. Mais par-là il n'entendoit point la Raison & l'Intelligence qu'il accorde à l'Homme seul, la faisant la derniere des Substances raisonnables. Selon l'explication de *Timée de Locres*, *Pythagore* a crû l'Ame des Bêtes une partie de l'Ame du Monde, ou de cette Matiére subtile tirée des Astres, qui composoit aussi l'ἰχνὸς de l'Ame humaine & donnoit la vie au Corps terrestre & matériel de l'homme. Ceux qui ont cru que *Pythagore* donnoit aux Bêtes une ame raisonnable que la seule organization empêchoit de faire ses fonctions, se sont trompez. *Dacier, Vie de Pythag*. pp. 88-92. qui se trompe lui-même en croyant que le sentiment de ce Philosophe n'étoit pas éloigné de l'hypothèse des Machines. Il a bien plus d'affinité avec celui de *Willis*. V. ci-dessous p. 16. la note (1).

(2) Voyez M. *Dilly*, Prêtre d'Ambrun, dans son

le mettre dans leur parti, ni les passages ambigus que le P. *Pardies* a tiré d'*Aristote* même, (3) comme favorables au système des Machines, (& c'est l'endroit où ce Pére donne le plus lieu de le soupçonner, de (4.) la prévarication dont on l'accuse) ni la la prétention de Mr. du *Rondel* qui croit (5) remarquer dans les sentimens de *Seneque*, & de *Diogène*, beaucoup de ressemblance avec la doctrine de *Descartes* sur cet Article. Je pourrois faire voir qu'il n'est rien de plus mal fondé que l'antiquité de cette opinion, si mon dessein ne m'en-

son Traité *de la connoissance des Bêtes*, Chap. 28. On peut consulter le 5e. & le 6e. vol. de *la Philosophie Chrét. d'Ambroise Victor*. St. *Augustin* a cru l'ame des Bêtes spirituelle & indivisible. Voy. *Rech. de la V.* l. VI. ch. VII. p. 258. 3e. Vol. de la derniere Edition. Le Traité *de quantitate animæ* semble pourtant prouver la contraire. Voy. ci-dessous Ch. III. p. 44. Mettons cela au rang des Variations de cet illustre Pére de l'Eglise.

(3) Pardies, *Discours de la connoissance des Bêtes*. §. 70-75. Voy. *Bayle* Dict. Crit. Art. Pereira, rem. C. Tom. IV. de la 4. édit. & rem. H, la discussion des passages des Anciens qui paroissent favoriser cette opinion. Voy. aussi *Huet*, Cens. Philos. Cartes. C. 8. §. 8. p. m. 249.

(4) *Bayle*, Art Rorarius, rem. C. Tom. IV. p. 77. de la 4. édit.

(5) Art. Pereira, rem. E.

m'engageoit à en faire ici l'examen, plûtôt que l'hiſtoire.

Mais ſi les Philoſophes anciens ont laiſſé en paix les préjugez populaires ſur cette grande queſtion, les Modernes y ont ſignalé leur hardieſſe. *Deſcartes* ſuivi d'un parti nombreux, eſt le prémier Philoſophe qui ait ôſé traiter les Bêtes de pures machines; car à peine *Gomeſius Pereira*, qui le fit quelque tems avant lui, mérite-t-il qu'on lui donne ce titre; puisqu'il tomba dans cette Hypothéſe par un pur hazard, & que, ſelon la (6) judicieuſe réflexion de Mr. *Bayle*, il n'avoit point tiré cette opinion de ſes véritables principes. Auſſi ne lui fit-on l'honneur, ni de la redouter, ni de la ſuivre, pas mêmè de s'en ſouvenir; & ce qui peut arriver de plus triſte à un Novateur, il ne fit point de Secte.

(7) *Deſcartes* eſt donc le prémier, que la ſuite de ſes profondes méditations

ait

(6) *Nouv. de la Rép. des Lettres*, Mars 1684. p. 22.

(7) On aſſure qu'il n'avoit jamais lû le Livre de Pereira, & que dès ſa premiere jeuneſſe, vingt ans avant que de publier les Principes de ſa Philoſophie, il étoit tombé dans ce ſentiment. *Vie de Deſcartes.* l. 1. ch. 11.

ait conduit à nier l'ame des Bêtes, paradoxe auquel il a donné dans le monde une vogue extraordinaire. Et certainement cette penſée, toute bizarre qu'elle paroît, fait honneur à l'Eſprit humain, ſi vous conſidérez quel chemin il a dû faire pour y parvenir. A la regarder même comme fauſſe, vû l'état où la Philoſophie ſe trouvoit au commencement du dernier Siécle, par combien de nouvelles véritez n'a-t-il pas fallu paſſer, pour pouvoir imaginer & défendre une telle erreur avec autant de vrai-ſemblance ?

Les opinions ont leur cours, & le monde, ce me ſemble, commence fort à ſe dégouter de celle-ci. Le Cartéſianiſme a toujours triomphé, tant qu'il n'a eu en tête que les ames matérielles d'*Ariſtote*, que ces Subſtances incomplettes tirées de la puiſſance de la Matiére, pour faire avec elle un tout ſubſtantiel qui penſe & qui connoît dans les Bêtes. On a ſi bien mis en déroute ces belles Entités de l'Ecole, que je ne penſe pas qu'on s'aviſe de les reproduire jamais ; ces fantômes n'oſeroient ſoutenir la lumiére d'un ſiécle comme le nôtre, & s'il n'y avoit pas de milieu entr'eux tr'eux & les *Automates Cartéfiens*, on feroit indifpenfablement obligé d'admettre ceux-ci. Heureufement, depuis *Defcartes* on s'eft apperçu d'un troifiéme parti qu'il y avoit à prendre; car c'eft le fort des hommes de n'atteindre que par dégrez à ce qu'il y a de plus raifonnable. Une erreur découverte eft remplacée d'ordinaire par quelque autre erreur un peu moins abfurde, qui ne fe foutient qu'à la faveur de la comparaifon qu'on en fait avec l'ancienne, & par l'ignorance de quelque chofe de mieux. La feule abfurdité des ames matérielles a fuffi durant quelque tems, pour maintenir en crédit le Syftéme des Automates; mais celui-ci a eu fon tour, & fon ridicule s'eft développé, dès qu'on a pû s'avifer d'une Hypothèfe plus vrai-femblable. Ce qui nous a mis fur les voyes de cette hypothèfe, c'eft une idée plus jufte qu'on s'eft fait, depuis quelque tems, du Monde intellectuel (8). On a compris que ce Monde doit être beaucoup plus étendu qu'on ne croyoit, & qu'il renferme bien d'autres habi-

(8) Locke *Effai fur l'Entendem. humain*. Liv. IV. Ch. III. §. 27.

habitans que les Anges, & les Ames humaines; (9) ample ressource pour les Physiciens, par-tout où le Méchanisme demeure court, en particulier quand il s'agit d'expliquer les mouvemens des Brutes. Mais je ne sai quelle fatalité a voulu, qu'on n'ait point profité de ces ouvertures, pour former sur l'ame des Bêtes, un Systême fixe & régulier. Je n'ai vu jusqu'ici que des conjectures vagues qui ne satisfont guère. L'esprit n'est point content qu'on lui dise en général, qu'il y a un Principe immatériel qui produit dans les Brutes tous leurs phénoménes; si l'on n'ose conjecturer quelle est la nature de ce Principe, & si l'on

---

(9) *Jure autem credes ad inexhaustam Dei fœcunditatem respiciens, plures esse rerum ordines in Mundo intellectuali, quam sunt animalium, aut arborum, fruticum, & herbarum genera in hac terra.* Burnet, *Tellur. theor.* L. IV. cap. VII. p. m. 256.
„ A ce nombre prodigieux d'Intelligences ré-
„ panduës par-tout il (*Mr. Hartsoeker*) en ajoûte
„ qui président aux mouvemens celestes & qu'on
„ croyoit abolies pour jamais. Ce n'est pas là le
„ seul exemple qui fasse voir qu'aucune idée de
„ la Philosophie ancienne n'a été assez proscrite
„ pour devoir desesperer de revenir dans la mo-
„ derne Fontenelle, *Eloge de Hartsoeker.* Ainsi la prédiction de *Bayle* s'est accomplie. Voyez le Dict. Crit. Art. *Plotin.* rem. G.

l'on ne tente de répondre aux difficultez qui naiſſent de ſon exiſtence. C'eſt laiſſer dans la Philoſophie un grand vuide qui tourne viſiblement au profit du Pyrrhoniſme.

Je ſerai moins timide dans mes recherches; mais je déclare d'avance, que ma hardieſſe ne va que juſques aux conjectures, ſur tout ce qui me ſera particulier dans cet Ouvrage. Je ne prétends point garantir la vérité du Syſtéme que je me ſuis fait ſur la nature ſpécifique de l'Ame des Brutes: il m'a plû par ſa ſeule vrai-ſemblance, & parce qu'il me paroît être à l'abri de ces difficultez accablantes dont un (10) fameux Pyrrhonien ſemble menacer tous les Syſtêmes imaginables ſur cette matiére. Je diviſe tout ce Traité en deux Parties. Dans la premiere il ſera queſtion de prouver l'exiſtence de l'ame des Bêtes, & pour y mieux réuſſir, 1. Je propoſerai d'abord le Syſtême des Automates Cartéſiens, & je tâcherai de donner un précis (11) auſſi

───────────

(10) *Bayle*, Dict. Crit. Art. *Rorarius*, rem. G.
(11) *Prima veniat in medium Epicuri ratio, quam à nobis ſic intelliges expoſitam, ut ab ipſis qui eam diſci-*

aussi exact & aussi fidèle des raisons qui le favorisent que si je l'avois moi-même adopté. 2. Je montrerai qu'il faut reconnoître dans les Brutes, un Principe immatériel uni à leur Machine, lequel est la cause de tous ces mouvemens que nous admirons en elles. Dans la seconde Partie j'examinerai quelle est la nature de cette Ame, & j'expliquerai en détail ce qu'il me paroît qu'on pourroit penser de plus raisonnable là-dessus. Je rendrai raison par cette hypothése des principaux phénoménes, & tâcherai par son secours de répondre aux principales objections. Je commence par exposer un peu en détail le Systême des Automates quelque connu qu'il soit, parce que c'est le seul qui soit digne d'être réfuté, & qu'on ne peut aller à la Vérité qu'au travers de ses ruïnes, (12). Afin de le mettre mieux dans

disciplinam probant non soleat accuratius explicari. Verum enim invenire volumus non tanquam adversarium convincere. Cic. l. 1. de Finib. Cap. 5. Je n'ose m'appliquer que les dernieres paroles de ce Philosophe, dont l'exemple en ceci doit servir de modelle aux Controvertistes.

(12) *Gaudetque viam fecisse ruina.* Lucan.

dans son jour, laissons parler le Cartésien, & l'écoutons plaider lui-même sa cause, après avoir préalablement établi quelques principes généraux, qui nous seront communs avec lui, & dont nous saurons bien ensuite profiter contre lui-même.

PREMIERE PARTIE.

Où l'on prouve qu'il doit y avoir dans les Bêtes un Principe immatériel.

CHAPITRE PREMIER.

Exposition du Systême des Automates. Premier fondement de ce Systême, l'inspection du corps humain. Doubles Loix auxquelles il est soumis, selon son état absolu & relatif.

LEs Bêtes ressemblent aux hommes; elles ont comme nous un Corps organisé, qui se meut & qui exerce, à peu près, les mêmes fonctions que le nôtre. L'extérieur & l'intérieur de leur machi-

machine ont une analogie sensible avec celle du Corps humain ; & de tout ce qui tombe sous nos sens, il n'est rien qui aproche de plus près l'Homme que la Bête. Mais jusqu'où les Bêtes nous ressemblent-elles ? elles se meuvent comme nous; leurs actions imitent assez bien les nôtres : mais sentent-elles, connoissent-elles comme nous ? C'est-là le point embarrassant, & voilà précisément où l'on commence à décider (1) par préjugé, & où il est bien difficile de décider par raison.

Pour nous démêler de cet embarras, il me semble que, comme nos jugemens touchant la nature des Bêtes sont fondez uniquement sur l'analogie de cette nature avec la nôtre, nous ne pouvons mieux faire, que d'examiner d'abord celle de l'homme, entant qu'il est un composé de corps & d'ame, de pensées & de mouvemens.

Je présupose connue la distinction réelle, & la différence essentielle des deux Substances, avec celle des propriétez & des opérations qui sont propres à cha-

(1) *Nulli præjudicio magis omnes adsuevimus quam ei quod ab ineunte ætate persuasit bruta animantia cogitare.* Descartes, Epist. ad H. Morum, qui est la CXVII. du I. Vol. de ses Lettres.

chacune. *Descartes* l'a montré, S. *Augustin* l'avoit prouvé long-tems avant lui, &, à la honte du Genre-humain, (2) il ne falloit qu'un peu de bon-sens pour s'en convaincre; tout sentiment est une perception & une pensée; il ne peut se trouver que dans un sujet qui se connoît soi-même, c'est-à-dire dans un esprit, & par conséquent le sentiment ne peut se

(2) C'est pourtant-là ce que le fameux *Willis* traite d'absurdité si palpable qu'il ne daigne perdre du tems à la réfuter, *de Anim. Brut.* C. IV. p. 34. tant la force des préjugez est grande chez les plus grands hommes! Quel dommage qu'un si habile Naturaliste ignorât les vrais principes de la Philosophie! Sans cela il n'eût point imaginé pour les Bêtes aussi bien que pour l'Homme une Ame corporelle & sensitive tout à la fois, une Ame étenduë & divisible qui pénètre tout le corps & occupe le même volume, qui par conséquent capable de diminution & d'accroissement, se dissipe, se répare & enfin s'évapore & s'éteint. Elle consiste proprement selon lui dans les esprits animaux. C'est une flamme subtile qui du cœur qui en est le foyer va échauffer la masse du sang pour produire la vie de l'animal, & qui du cerveau comme d'un miroir où sa lumiere se concentre, rayonne dans tout le Systême nerveux comme dans autant de tubes optiques afin d'opérer la sensation & le mouvement. On peut bien admettre dans les Bêtes une telle Ame comme le grand ressort de leur machine; mais non comme principe sensitif.

se trouver dans la Matiére. Il y a contradiction, il y a impossibilité métaphysique, que la Matière sente, & soit capable de sentiment, comme il y a contradiction qu'elle pense, & soit capable de pensée. On ne sauroit contester non plus, que le Corps humain ne soit une Machine, en prenant ce mot dans cette idée précise où conviennent les productions de la nature & de l'art. J'appelle Machine, un tout formé de l'assemblage régulier de diverses parties tellement disposées, enchaînées & proportionnées l'une à l'autre, qu'il en résulte un mouvement uniforme & régulier, par rapport à ce tout. Il est, ce me semble, évident que le Corps humain ne différe des machines que l'Art a inventées, que par la délicatesse, le nombre & l'arrangement merveilleux de ses ressorts, par la composition & la variété infinie de ses mouvemens, par l'artifice & la beauté de sa structure. C'est une machine infiniment plus composée, & mieux construite que toutes les autres; & cela ne doit pas surprendre, puis qu'elle est de la façon du Créateur de l'Univers

Cette admirable machine a donc nécefcessairement en elle-même le principe de son mouvement ; la vie du corps animal n'étant autre chose que ce mouvement constant & régulier, qui maintient toûjours la machine dans le même état : toutes les fonctions vitales, comme le mouvement du cœur, celui des poumons, le battement des artères, la digestion des alimens, la circulation du sang & des esprits, la sécrétion des humeurs &c, appartiennent à la machine, & ne suposent, outre les forces mouvantes déja établies dans la Nature, & qui influent continuellement sur cette machine comme sur tous les Corps de l'Univers, aucune action d'un principe immatériel ou d'une ame qui lui soit unie. Rapellez-vous encore, la correspondance mutuelle, l'harmonie, la proportion qu'ont entr'elles toutes les parties du corps humain, pour exécuter tant de divers mouvemens particuliers, selon les loix les plus exactes de la Mechanique. Je me dispense ici d'entrer dans le détail qui seroit infini & hors d'œuvre. On peut voir l'excellent Traité de *Borelli de motibus animalium* & tous les Anatomistes qui depuis *Galien* ont traité de l'usage

des

des parties. Il me suffit d'indiquer d'un seul mot les vues qui ont rapport à mon sujet.

Appliquons-nous à considerer dans la Machine humaine un seul rapport général, qui en comprend une infinité d'autres; c'est celui de toutes les parties, tant internes qu'externes, avec le cerveau. Le cerveau est le réservoir des esprits, & le principe de tous les nerfs, qui de ce centre de leur origine, s'étendent jusqu'aux extrémitez du corps, se ramifient & s'entrelacent en mille maniéres différentes dans toutes les parties, & forment une espèce de labyrinthe. Ces nerfs sont comme autant de cordes plus ou moins tenduës par où tous les membres se remuent, ou plûtôt, ce sont autant de petits tuyaux, par lesquels les esprits animaux du cerveau, où est leur source, coulent dans les différens muscles nécessaires au mouvement. Il y a entre les nerfs une dépendance & des sympathies qui produisent, comme nous verrons ensuite, les jeux les plus surprenans dans la machine, & qui suffisent pour expliquer d'une maniére assez simple, ses mouvemens les plus compliquez.

Par

Par le moyen des nerfs, non seulement le cerveau tient dans sa dépendance les membres extérieurs, mais il entretient aussi une correspondance étroite avec les parties internes, principalement avec le cœur. Mais il est important d'observer que cette dépendance universelle & si étroite de tout le reste de la machine à cette seule partie que nous nommons le cerveau, par le moyen des nerfs, est double, & renferme deux rapports opposez. Comme le cerveau donne le branle à tout le corps, & lui communique l'impression de toutes ses déterminations ; reciproquement, l'action des objets extérieurs sur le Corps, (& je dis la même chose des mouvemens internes,) se communique en un instant au cerveau, par le moyen des nerfs ; & c'est au cerveau que les diverses impressions faites sur les organes des sens vont se réunir & se terminer : ainsi le cerveau est tout à la fois centre de mouvement, & centre de sensation.

Maintenant, considerons qu'il y a dans l'Homme une ame jointe à cette machine, & que quelle que puisse être la cause de cette merveilleuse union, elle consiste dans un certain empire, &

dans

dans une certaine dépendance réciproque entre les deux Substances; ou, si vous voulez, dans une correspondance mutuelle de pensées & de mouvemens, en sorte que l'ame n'est pas un seul instant sans agir sur le corps, c'est-à-dire, sans y produire quelque mouvement; ni le corps sans agir sur l'ame, c'est-à-dire, sans y exciter quelques pensées.

Il ne faut pas se représenter au reste, cette influence réciproque des deux Substances l'une sur l'autre, comme interrompue, & n'agissant que par intervales, & par accès: Au contraire, c'est une action constante & uniforme: il doit y avoir pour cela dans le cerveau un endroit principal qui soit, par rapport à cette partie, ce qu'elle est elle-même par rapport à la machine entiére, c'est-à-dire, un centre où se réunissent assez exactement les impressions de tous les sens, & d'où le mouvement se puisse propager jusqu'aux extrémitez du corps. Quoique les recherches les plus délicates des Anatomistes n'ayent pû assigner au juste cet endroit, & que *Descartes* se soit trompé, en le mettant dans la Glande pinéale, du moins, on ne peut s'empêcher de le placer quelque part
dans

dans le centre ovale ; puisque c'est-là que les fibres & les nerfs prennent leur naissance : Ce sera, si vous voulez, le centre ovale tout entier que nous prendrons pour le *Sensorium* ou siége de l'ame après (3) Mr. *Vieussens* ; car il n'importe pour notre but d'avoir une précision plus exacte.

Quand je dis que l'ame est unie à ce *Sensorium*, & par son intervention à tout le corps, j'entends que Dieu donne à l'ame une sensation ou perception confuse, mais forte & constante de cette petite portion de matiére organisée qui l'aplique à cette matiére, de sorte qu'elle en aperçoit tous les mouvemens, d'une perception confuse que je nomme sensation, & qu'elle agit sans cesse sur cette matiére, en y produisant quelque mouvement. Or en vertu du rapport mutuel établi entre le *Sensorium* & tout le reste de la machine, l'ame continuellement appliquée au *Sensorium* s'aperçoit confusément de tous les mouvemens qui se passent dans le corps,

&

---

(3) Voyez un bon Extrait de sa *Neurographia Universalis*, dans les *Nouv. de la Rép. des Lett*, mois de Nov. 1685. p. 1193.

& des impressions que les objets du dehors font sur ses organes, par celles que reçoit le *Sensorium*, lesquelles sont à l'égard de l'ame représentatives, pour ainsi dire, de tout ce qui arrive au corps: & voilà comment nous sentons notre corps & nous nous appercevons des objets. Vous voyez que de la même maniere s'explique aisément l'action de l'ame sur le corps, par la détermination qu'elle imprime au *Sensorium*.

Je conçois donc l'ame dans l'état d'union comme étant en même tems active & passive, comme appliquée à son corps d'un côté par une perception continuelle qu'elle en a, laquelle est modifiée par les divers changemens qui s'y produisent, & c'est ce qui fait la variété de ses Sensations: d'autre côté par une action continuelle sur le *Sensorium*, qui tantôt y demeure renfermée, tantôt se transmet au reste du corps; mais qui dans l'un & dans l'autre cas, produit toujours quelque effet que l'ame aperçoit: car il s'en faut beaucoup que l'ame n'aperçoive toûjours immédiatement son action entant qu'elle est cause de mouvement: & l'on doit distinguer trois sortes de mouvemens dans le corps humain.

1. Ceux

1. Ceux qui font abſolument involontaires & indépendans de l'ame; je mets dans ce rang tous les mouvemens vitaux qui entretiennent la machine, par exemple, la palpitation du cœur, le battement des artéres &c. 2. Les mouvemens abſolument volontaires, ceux dont l'ame a une idée diſtincte, & qu'elle veut produire ſelon cette idée qu'elle en a, comme quand je remue ma main pour écrire & ma langue pour parler; mon ame connoît en général ce mouvement de la langue & de la main, & ma volonté a pour objet ce mouvement connu : ce ſont ceux qui ſont appellez dans l'Ecole *actus imperati*. 3. Il y a des mouvemens qui ne ſont ni tout-à-fait volontaires, ni involontaires abſolument ; c'eſt lors que l'ame agit ſur le corps, ſans connoître diſtinctement l'objet, & l'effet immédiat de ſon action; par exemple, quand l'ame imagine, & ſe reſſouvient, ces opérations ne s'exécurent que par l'entremiſe du cerveau. L'ame n'a aucune idée diſtincte du cours que doivent prendre les eſprits animaux, des traces où ils doivent couler, des fibres qu'ils doivent écarter, des pores qu'ils doivent ouvrir pour exciter

citer dans l'ame l'image ou la senfation de certains objets. Cependant elle détermine précifément les efprits de la maniere qu'il faut pour exciter cette image.

On fait que les diverfes paffions, comme la crainte, la joye, la triftefse, produifent certaines impreffions dans le cerveau, & par lui dans tout le corps, quoique l'ame ignore de quelle nature font ces impreffions, & n'ait point eu de volonté directe de les produire; & même dans les mouvemens volontaires des membres du corps, l'ame qui connoît & qui veut diftinctement ces mouvemens extérieurs, ne connoît ni ne veut de la même maniére, cette détermination précife des efprits qui les exécute. On en peut dire autant de ces actions auxquelles on donne pour principe le fentiment, & qui précedent en nous toute délibération, tout commandement formel de l'ame: comme lors que je me fuis brûlé la main, & que je la retire auffi-tôt, fans réflexion. Ce n'eft pas qu'au fond dans toute cette efpèce d'action notre volonté n'agiffe, mais c'eft qu'alors la volonté n'a pour objet qu'une fenfation confufe à laquelle elle s'attache, si elle est agréable, & qu'elle s'efforce de repousser si elle est douloureuse. Cet effort ou ce penchant aveugle de l'ame, en vertu des loix de l'union, est suivi d'une impression dans le *Sensorium*, qui détermine le corps à s'éloigner de l'objet ou à s'unir avec lui selon l'espèce de sentiment qu'il excite.

Ainsi regardant l'homme comme composé d'une Machine & d'un Principe intelligent, distinguons-y quatre rapports, ou quatre dépendances d'action. 1. Les objets extérieurs par l'impression qu'ils font sur les organes du corps, agissent sur le *Sensorium*, en vertu de la correspondance générale de toutes les parties du corps avec le cerveau, &c. 2. Le *Sensorium* détermine l'action de tout le reste du corps. 3. Le *Sensorium* selon les impressions qu'il reçoit, excite certaines pensées dans l'ame. 4. L'ame par ses pensées produit certaines impressions dans le *Sensorium*. Ces deux derniers rapports se mêlent & se combinent avec les deux premiers, en une infinité de manières différentes; presque toutes les actions du corps sont accompagnées ou précédées en nous de sentiment & de connoisnoissance; souvent notre volonté suit la disposition que nous avons à certains mouvemens, d'où pourtant il ne semble pas qu'on doive inférer que ces actions & ces mouvemens ont nécessairement pour cause le sentiment & la connoissance. Cette admirable composition d'esprit & de matiére qui se rencontre dans l'homme, & ces différens rapports de dépendance pour l'action, ont rendu bien difficile, non seulement le discernement entre les propriétez de son ame & celles de son corps, mais aussi la détermination du pouvoir qu'auroient chacune de ces deux natures séparées, & entr'autres des opérations dont la machine seule seroit capable, si l'ame n'en régloit point les mouvemens.

CHAPITRE II.

Où l'on discerne les mouvemens qui naissent du pur méchanisme du corps d'avec ceux qui dépendent de son union avec l'ame : d'où il paroît, que le corps humain est une machine qui subsisteroit indépendemment de cette union.

C'est d'ici que le Philosophe Cartésien commence à tirer ses conséquences, en proposant une conjecture, qui plus elle aura de vrai-semblance, plus elle facilitera l'établissement de son Système sur les Automates. Il est constant que le principe de la vie du corps n'est point dans l'ame: comme ce n'est point elle qui l'a formé, (1) ce n'est point

(1) *Henri Moore* attribue * à l'ame de l'Animal avec le pouvoir de remuer la matiére, celui d'organizer une certaine matiére duëment préparée pour recevoir son action & prendre sous cette action la forme précise d'Homme ou de Bête, selon la nature de cette ame. C'est-là, dit-il, le premier dégré de l'union vitale. *Tract. de*

* *Willis* est du même avis. ubi sup. C. V. initio.

point elle qui lui donne, & qui lui conserve son mouvement; elle ne fait que le déterminer différemment, pour produire ce que nous nommons les actions libres. Puis donc que la Machine humaine a en elle-même le Principe de la vie

de Anima Cap. VI. p. m. 26. Mais une telle faculté plastique ne sauroit conduire à l'union qui renferme autant de sensation que d'action & qui suppose que l'ame au premier moment de l'union trouve le tout organizé, & que c'est cette organization qui met l'ame en état d'agir sur lui & de sentir à son occasion. Voyez aussi ce que dit *Locke* touchant un privilège des Anges. *Essai sur l'Ent. humain.* Liv. II. Chap. XXIII. §. 13. Cela n'empêche pas que mille gens qui n'ont jamais fait la réflexion qu'on vient de voir, n'ayent tort de supposer qu'une ame soit nécessaire dans le poulet pour la conservation du poulet, en niant qu'il y en ait une dans l'œuf pour former le poulet. Et le P. Malebranche relève avec raison cette inconséquence du préjugé, en disant que l'impression sensible en est cause. Ainsi le préjugé rencontre la Vérité par hazard; il conclut bien mais sur de faux principes. *Rech. de la Ver.* Tom. II. L. IV. p. 362. V. encore Tom. III. Liv. VI. Chap. 7. Au reste Mr. *Hartsoeker* se déclare pour cette ame végétative & plastique, dans *la Suite des Eclaircissemens sur les Conjectures Physiques*. *Sennert* avoit à peu près le même sentiment que *Morus*; il croyoit que la semence de tous les Etres vivans est animée, & que cette ame dirige l'organisation. V. le *Dict. Crit.* Art. SENNERT, Rem. C, où cette opinion est amplement réfutée.

vie, qui est la source de toutes les actions extérieures que l'ame tire du corps à sa volonté, qui nous empêchera de croire qu'il y a dans l'organisation même de la machine un principe pour produire & pour régler ses mouvemens extérieurs d'une maniére convenable aux besoins du corps, sans aucune intervention de l'ame? Certainement le Corps humain pourroit vivre sans être uni à aucun Principe intelligent, alors toutes les fonctions vitales s'y passeroient comme à présent; le cœur auroit sa Systole & sa Diastole; les artéres battroient réguliérement; le sang circuleroit & se filtreroit dans les chairs; il y auroit dans le mouvement des esprits animaux un fonds suffisant pour mouvoir les membres selon toutes les déterminations imaginables. Il ne faut que lier ensemble les deux premiers des quatre rapports dont nous venons de parler; il ne faut que supposer les nerfs & les fibres du cerveau tellement arrangez, entremélez, & ajustez les uns aux autres, & joints dans une si juste correspondance avec toutes les parties du corps, que l'ébranlement causé dans le *Sensorium* par les objets extérieurs, fit
faire

faire au corps, par rapport à ces objets, certaines actions conformes à ses besoins, & qui auroient pour but sa conservation & son avantage. Ainsi, au lieu qu'à préfent le Créateur nous fait arriver à ce but par un grand détour; enforte que d'abord l'objet fait fur les organes une impreffion qui fe tranfmet au *Senforium* comme à fon dernier terme, le *Senforium* ébranlé avertit l'ame de la préfence de l'objet par certains fentimens qu'il y excite, & l'ame fe réglant fur le fentiment agréable ou trifte qu'elle reçoit de l'objet, ou feulement, fur l'idée de l'objet même & des rapports avantageux ou nuifibles que fa Raifon ou fon expérience lui fait voir entre cet objet & fon corps, détermine fon corps par le moyen du *Senforium* au mouvement convenable en cette occafion: dans l'Automate que nous fuppofons, tout fe feroit d'une maniére plus fimple; fes mouvemens feroient réglez fur la difpofition interne du corps, & fur l'impreffion des objets extérieurs, & cela felon la Loi du befoin & de l'utilité. Une telle liaifon immédiate entre deux fortes de mouvemens fubordonnez l'un à l'autre dans le même Automate, entre

tre l'impreſſion que reçoit le cerveau des objets du dehors, & celle qu'il donne à la machine, paroît plus ſimple & plus facile à comprendre, que celle que l'expérience nous montre être entre les mouvemens & les penſées. Et puis que le corps animal a déja en lui-même indépendemment de l'ame le principe de ſa vie & de ſon mouvement, il ſemble que le Créateur eût laiſſé l'ouvrage imparfait, s'il n'eût pas donné, pour ainſi dire, à la machine une tablature qui régiât ſes mouvemens ; s'il n'eût pas établi entr'elle & les objets, une certaine harmonie, propre à la maintenir dans un bon état: certainement la premiére de ces idées nous conduit à l'autre.

Mais il y a plus qu'une ſimple conjecture, ajoûte ici le Cartéſien ; l'expérience nous fournit des preuves inconteſtables de ce Méchaniſme. Quoique les nouveaux rapports qu'introduit l'union du corps & de l'ame, le cachent & l'affoibliſſent, l'action plus viſible & plus conſtante d'une cauſe étrangére, je veux dire du Principe intelligent, ne permet guères à celui-ci de ſe déployer dans toute ſon étendue ; cependant elle ſe manifeſte comme à la dérobée, par
plu-

plusieurs effets que nous avons lieu de remarquer tous les jours.

I. Il est certain que l'homme fait un grand' nombre d'actions machinalement, c'est-à-dire, sans s'en appercevoir lui-même, & sans avoir la volonté de les faire; actions que l'on ne peut attribuer qu'à l'impression des objets, & à une disposition primitive de la machine, où l'influence de l'ame n'a aucune part. De ce nombre sont les (2) habitudes corporelles, qui viennent de la réitération fréquente de certaines actions, à la présence de certains objets; ou de l'union des traces que diverses sensations ont laissées dans le cerveau; ou de la liaison d'une longue suite de mouvemens, qu'on aura réitérez souvent dans le même ordre, soit fortuitement, soit à dessein. A cela se rapportent toutes les dispositions acquises par l'art. Un Mu-
ficien,

(2) Témoin ce fou dont parle *Willis* dans son Traité *de Anima Brut.* Ch. XVI. qui comptoit aussi bien les heures par lui-même que l'horloge la mieux réglée l'eût pu faire. Voyez l'explication de ce Phénomène, par rapport au méchanisme des habitudes, dans la *Philos. de Regis*, Phys. Liv. VIII. I. Part. Chap. XXIV. p. 84. V. quelque chose de semblable dans la *Rép. des Lettres* Octob. 1685. p. 1091.

ficien, un Joueur de Luth, un Danseur, exécutent les mouvemens les plus variez & les plus ordonnez tout ensemble, d'une manière très-exacte, sans faire la moindre attention à chacun de ces mouvemens en particulier ; il n'intervient qu'un seul acte de la volonté, par où il se détermine à chanter, ou jouer un tel air, & donne le premier branle aux esprits animaux ; tout le reste suit régulièrement sans qu'il y pense. Il faut dire la même chose d'un Orateur, qui pour prononcer une Harangue apprise par cœur, n'a besoin que de déterminer sa langue à proférer le premier mot ; d'un homme qui l'esprit plein de ses affaires, se met en chemin &c. Rapportez à cela tant d'actions surprenantes des gens distraits, des Somnambules &c. dans tous ces cas les hommes sont autant d'Automates.

II. Il y a des mouvemens naturels tellement involontaires, que nous ne saurions les retenir, comme, par exemple, ce Méchanisme admirable qui tend à conserver l'équilibre, lors que nous nous baissons, lors que nous marchons sur une planche étroite ; le clignement des yeux, quand quelque chose vient

pas-

passer devant eux avec promptitude; les mouvemens que fait un homme qui se sent frapper; le tressaillement que nous cause quelque bruit extraordinaire &c.

III. Les goûts & les antipathies naturelles pour certains objets, qui dans les Enfans précédent le discernement & la connoissance, & qui quelquefois dans les personnes formées surmontent tous les efforts de la Raison, ont leur fondement dans le Méchanisme, & sont autant de preuves de l'influence des objets sur les mouvemens du Corps humain.

IV. On sait combien les passions dépendent du dégré du mouvement du sang, & des impressions réciproques que produisent les esprits animaux sur le cœur, & sur le cerveau, dont l'union par l'entremise des nerfs, est si étroite. On sait comment les impressions du dehors peuvent exciter ces passions, ou les fortifier, entant qu'elles sont de simples modifications de la machine. *Descartes* dans son *Traité des Passions*, & le P. *Malebranche* dans sa *Morale* expliquent d'une maniére satisfaisante le jeu de la machine à cet égard, & comment, sans le secours d'aucune pensée, par la correspondance & la sympathie merveilleuse des nerfs & des muscles, chacune de ces passions, considerée comme une émotion toute corporelle, répand sur le visage un certain air qui lui est propre, est accompagnée du geste & du maintien naturel qui la caracterise, & produit dans tout le corps, des mouvemens convenables à ses besoins, & proportionnnez aux objets.

 Mais les Loix de l'union de l'Ame & du Corps resserrent extrêmement ce pouvoir du Méchanisme, & ne lui permettent d'agir, qu'autant qu'il s'accorde avec le but de l'union. Ce but n'est point directement & principalement la conservation du Corps. L'ame étant d'une nature plus excellente que lui, n'est point faite pour lui: (3) c'est lui au contraire qui est fait pour elle. L'union de l'Ame avec lui, est tout à la fois une union d'empire & de dépendance, mais dans la dépendance comme dans l'empire l'utilité de l'ame est l'unique but. Dieu veut que le Corps serve
à

---

(3) Voilà, par exemple, un de ces aveux dont le Cartésien ne prévoit pas les conséquences & dont on se prévaudra contre lui. V. ci-dessous.

à l'Ame d'instrument pour certaines connoissances, pour certaines sensations, & que son bonheur dépende en partie du Corps; voila ce qui l'interesse, & l'oblige de veiller à sa conservation, puis que du bon état du Corps dépend en partie la tranquilité de l'Ame. De plus, le Corps fournit à l'Ame la matiére & l'occasion d'exercer un grand nombre de vertus: l'empire qu'elle a sur lui est la source d'une infinité d'actions libres. Or posant une fois cet empire de l'Ame qui commande aux mouvemens du Corps, les loix du méchanisme qui suffisoient pour régler les actions nécessaires à sa conservation, s'il eût existé séparement de l'Ame, doivent être affoiblies & suspendues. Il faut desormais que ce soient les volontez de l'Ame, qui produisent les mêmes actions qu'auroient produit l'impression des objets du dehors, ou la disposition intérieure de la machine.

Voilà d'où vient que nous ne sentons point cette attraction ou cette impulsion méchanique des objets, & que ce sont nos sensations & nos jugemens qui nous déterminent. L'action continuelle de l'Ame sur le Corps, dont nous avons

avons déja parlé, & par où chaque nouvelle modification de l'Ame excite quelque nouveau mouvemeut dans le *Sensorium*, & l'exercice fréquent qu'elle a fait dès l'enfance de son empire sur le Corps, dans les actes libres, a rompu la liaison naturelle, qui se trouvoit entre l'ouverture de certaines traces du cerveau & le cours des esprits dans certains muscles, pour exécuter tels ou tels mouvemens. Il y auroit d'extrêmes inconvéniens que le Corps pût soustraire incessamment ses opérations au pouvoir de l'Ame. Il est évident, par exemple, que si de l'impression d'une certaine image sur la Retine, si d'un certain ébranlement du Nerf optique, transmis jusqu'au *Sensorium*, suivoit infailliblement une détermination du cours des esprits animaux dans les muscles des jambes, telle qu'il le faut pour courir, l'Ame ne seroit plus maîtresse des actions du Corps; il ne seroit pas plus en son pouvoir d'empêcher le mouvement résultant de l'impression de l'objet, que d'arrêter l'impression de l'objet même sur ses organes; il ne seroit pas plus possible à un homme de s'empêcher de fuir à la présence d'un objet nuisible,

que

que de ne pas voir cet objet qui s'offre à ses yeux, tandis qu'il aura les yeux ouverts. L'Ame seroit obligée de céder toujours & d'obéir aveuglément aux besoins du Corps; & dès-là, plus d'actions libres.

Il est donc devenu nécessaire que l'Ame pourvoye elle-même à la conservation du corps, à laquelle son propre bonheur est attaché, puis qu'obéissant à l'Ame il ne peut plus obéir à l'impression des objets. Voilà pourquoi entre cette impression faite dans le cerveau & le mouvement du corps, il intervient une perception de l'ame comme principe de nos mouvemens spontanées, en sorte que c'est presque toujours ou une volonté confuse, comme il arrive dans les mouvemens brusques qui suivent une violente sensation; ou une volonté distincte, comme dans les opérations précédées de raisonnement & de choix, qui donne aux esprits animaux la direction, & aux organes le jeu nécessaire pour exécuter les actions utiles à l'animal, telles que celles de prendre & d'avaler les alimens, de s'approcher de certains objets, d'en fuir, ou d'en repousser d'autres, de parler, de crier &c.

&c. Il est si vrai que c'est uniquement en faveur du but de l'union des deux substances, & pour maintenir l'empire qu'il a plû au Créateur de donner à notre Ame sur notre Corps, que les loix du méchanisme sont interrompues & cédent à d'autres loix purement arbitraires, cela, dis-je, est si vrai, que dans les cas extraordinaires où l'empire de l'ame est fort affoibli, & en partie suspendu, comme dans le sommeil à l'égard des Somnambules, chez les Enfans, chez les Foux, &c. on remarque à proportion plus d'effets de cette influence immédiate des objets sur les actions du corps. Le Méchanisme & l'Instinct regagnent bien vîte tout le pouvoir que perd la Raison.

Il est aisé de voir où doivent aboutir toutes ces réflexions sur le Corps humain, considéré comme un Automate existant indépendemment d'une Ame, ou d'un Principe de sentiment & d'intelligence ; c'est que si nous ne voyons faire aux Brutes que ce qu'un tel Automate pourroit exécuter en vertu de son organisation, il n'y a, ce semble, aucune raison qui nous porte à supposer un Principe intelligent dans les Brutes,
&

& à les regarder autrement que comme de pures machines; n'y ayant alors que le préjugé qui nous fasse attacher au mouvement des Bêtes, les mêmes pensées qui accompagnent en nous des mouvemens semblables : c'est ce qui reste à faire pour la défense de l'Hypothèse Cartésienne.

CHAPITRE III.

Application de ces principes aux Bêtes. Dieu peut faire des machines qui se conservent, & qui produisent des mouvemens réglez & suivis. Empire des objets extérieurs sur le cerveau, très-étendu, lors qu'il n'est point balancé par celui de l'Ame. Le Cartésien se tire aisément d'une objection que le P. Daniel croit insoluble.

CHANGEONS donc présentement d'objet, & nous appliquons à regarder les Brutes. Qu'y voyons-nous? Une machine assez semblable à la nôtre, quoique des variétez infinies, soit pour la figure extérieure, soit pour la dispo-

disposition du dedans, diversifient cette ressemblance selon les différentes espèces de ces Animaux. Mais nous ne les envisageons ici que dans cette nature générique dans laquelle ils conviennent tous, & qui les distingue de l'espèce humaine. Encore une fois, que découvrons-nous de nos propres yeux dans les Brutes ? Une machine naturelle, un Corps organisé dont les mouvemens internes, celui du cœur, du diaphragme, des intestins, des artéres, celui du sang, & des esprits, entretiennent la machine entiere en bon état, ou plûtôt constituent l'être de la machine, & font la source d'une infinité de mouvemens qu'elle produit à nos yeux. Tout cela, comme nous l'avons vu, ne suppose point une Ame dans le Corps humain, & par conséquent n'en demande aucune dans la Brute ; ce ne sont que des mouvemens enchaînez les uns aux autres, comme ceux des rouës d'une pendule.

S'il restoit encore à quelqu'un du scrupule là-dessus, continue notre Philosophe, je le prie de considerer que l'union de l'Ame à un Corps vivant suppose la vie, c'est-à-dire un principe intérieur

térieur du mouvement dans cette machine, & ne le produit point. L'Ame ne pourroit se servir du corps, ni le remuer comme il lui plaît, si elle n'y trouvoit une certaine force mouvante prête à obéir à ces directions. Si l'Ame étoit dans le Corps, principe du mouvement, 1. Elle sauroit qu'elle l'est. 2. Elle pourroit l'augmenter autant qu'il lui plairoit; l'homme le plus foible acquerroit, quand il voudroit, la force du plus vigoureux; elle pourroit aussi le diminuer. 3. Elle pourroit conserver son corps sans le secours du repos, du sommeil, & des alimens. (1) Elle l'empêcheroit de s'affoiblir par le travail, de s'user par la vieillesse, de se déranger par les maladies, & d'être détruit par la mort. Une bonne preuve encore, que l'Ame n'est point principe de vie dans les Brutes, ce sont les expériences que fit St. *Augustin* sur certains insectes qu'il avoit coupez par morceaux, & dont il remarqua que les différentes parties se

mirent

(1) Les conséquences absurdes qui suivroient de ce que l'on placeroit dans l'Ame le principe de la vie du corps, sont exposées dans un beau détail par Cordemoy, *Discernement du Corps & de l'Ame.* p. m. 115--122.

mirent à courir en des sens opposez, & à se détourner suivant l'obstacle qu'il leur opposoit, de la ligne de leur mouvement. On peut voir (2) la démonstration qu'il en tire contre l'ame des Bêtes, (au sens que nous prenons ce mot, savoir d'un principe indivisible & véritablement un) dans son Livre *de quantitate animæ*.

Les mouvemens extérieurs des Brutes, considerez simplement comme des mouvemens, sont une suite nécessaire des

(2) Voyez de bons raisonnemens sur cela dans la Préface de *Schuyl* sur le Traité de Descartes *de Homine*. Voyez aussi les diverses expériences faites par le Dr. *Woodvard* sur les animaux vivans qu'il a dissequez, d'où, il résulte que chaque partie organisée de l'Animal fait ses fonctions vitales, ayant en propre sa sensibilité & son action indépendemment du cœur & du cerveau. *The Natural History of the Earth illustrated*. Introd. p. 67---103. Averroès assure qu'il a vu marcher un Belier auquel on avoit coupé la tête. Avicenne, qu'un Taureau fit encore deux pas après qu'on lui eut arraché le cœur. Les Tortues selon Aristote vivent après qu'on leur a ôté ce viscere. Voyez la maniere originale dont le *P. Guerinois* répond à ces exemples, & ses bizarres raisonnemens sur l'Ame des Bêtes. *Journ. des Savans*, Supplément d'*Avril* 1707. pp. 117--120. Edit. d'Amsterdam. Ajoûtez Willis *de Anim. Brut.* c. 2. p. 7. & c. 3. p. 25.

des internes; c'est un jeu de la machine qui ne nous conduit à rien au delà d'un principe materiel. Ainsi de ce qu'un chien est un Corps organisé & vivant, de ce qu'il a un cœur, un cerveau, des veines, des artéres, du sang qui circule dans ses artéres & dans ses veines; de ce qu'il a des membres extérieurs d'une certaine structure, & des muscles pour les remuer, il s'ensuit qu'il pourra sauter, marcher, courir, faire tous les cris, tous les tours, & toutes les contorsions que nous voyons faire à un chien; & qui l'empêcheroit de faire tout cela? L'ame du chien, s'il en avoit une, ne pourra tout au plus que déterminer le mouvement qu'elle trouvera dans la machine, à telles ou telles actions. S'il ne se trouvoit pas dans le cerveau des esprits animaux qui y coulent actuellement, s'il ne se trouvoit pas des muscles, qui par la réunion de plusieurs tuyaux, fortifient l'action du liquide qui les remplit, si ces muscles n'étoient pas inserez aux os, d'une maniére convenable pour les plier & les remuer comme il le faut; en un mot si la structure de l'animal

nimal entier, n'étoit pas favorable aux mouvemens qu'il exécute, l'ame ne produiroit point ces mouvemens ; elle ne peut, tout au plus, que donner ses ordres dans un petit État où elle trouve tout heureusement disposé pour l'exécution. Vous voyez donc que dans la machine, que nous supposons n'être point soumise aux directions d'une ame, le seul hazard faisant couler les esprits plus ou moins vîte dans telle partie, ou dans telle autre, produira tous les divers mouvemens que nous voyons, & en devra toujours produire quelqu'un, quoique sans ordre, sans liaison & sans suite.

Mais il y a plus dans les animaux, & c'est où commence la difficulté. On remarque une suite, un ordre, une liaison dans leurs actions. On les voit agir réguliérement, par rapport aux objets, & pour un but général qui est la conservation de chaque individu & celle de toute l'espèce. Ce rapport est plus ou moins sensible dans les différentes espèces d'animaux: Les uns tendent au but général par des méthodes plus variées, plus composées, plus fines que ne font les autres; mais cependant, tous y tendent,

depuis

depuis l'animal le plus noble jusqu'au plus vil insecte, depuis l'Eléphant jusqu'au Ciron. On y voit par-tout des traces plus ou moins distinctes d'un ordre qui conduit à ce grand dessein: car il faut d'abord poser pour certain que tout ce que font les Brutes se rapporte au but que nous avons dit. Comme les hommes n'agissent que par le désir du bonheur & pour le bonheur, les Bêtes ne font rien (3) qui ne tende ou à conserver la machine, ou à conserver l'espéce; & tous les traits que l'on nous rapporte de leurs passions & de leurs vertus, toutes les actions qu'on leur attribue, & qu'on prétend être indépendantes de ce but, ou sont de pures visions, ou reviennent indirectement à ce but unique. Tout ce que nous connoissons de l'instinct, de la discipline des animaux, toutes les marques qu'ils semblent nous donner de sentiment & d'intelligence aboutissent-là. Ce qu'on leur voit faire pour se nourrir, pour se loger, pour fuir les périls; la correspondance & l'intelligence qui regne
entre

(3) *Grotius*, *de Jure B. & P.* Proleg. n. 7, dans Bayle Art. *Rorarius*, rem. K.

entre ceux de même espèce; le soin qu'ils ont de leurs petits; les rufes qu'ils employent pour attaquer leurs ennemis, (4) pour se défendre, pour se dérober à leur poursuite; la souplesse, la docilité de ceux que les hommes dressent & aprivoisent pour leur usage; en un mot, toute cette suite d'opérations merveilleuses, a pour derniere fin leur propre conservation, c'est-à-dire, celle de la machine.

Le Cartésien vous demande là-dessus; croyez-vous que Dieu ne puisse pas faire une machine semblable au corps d'un Chien, d'un Cheval, d'un Singe, laquelle se conserve elle-même, en produisant les mouvemens nécessaires pour cela; comme de marcher & de s'approcher quand on lui présente du pain, de le saisir avec les dents, de le mâcher, de l'avaler ensuite; de s'éloigner du feu quand il est trop proche, de fuir un précipice qui s'offre à ses yeux, de se soutenir dans l'eau en nâgeant; je ne raporte ici que les actions les plus simples, & l'on

---

(4) *Grot. ubi sup.* Lib. I. Cap. 2. §. 1. ibi; que not.

l'on doit comprendre sous ce peu d'exemples ceux des mouvemens plus fins & plus composez. Ne concevez-vous pas que le Créateur ait pû établir une telle harmonie entre cet Automate & les différens corps qui l'environnent, que de la différente impression qu'ils feront sur le nerf acoustique, sur l'optique, sur ceux qui servent à l'odorat &c., combinée avec les dispositions internes de l'estomac, du cœur &c., & avec tout l'état intérieur, resulteront des mouvemens convenables aux objets, proportionnez au bien de la machine, & semblables à ceux qui dans l'homme sont accompagnez ou prévenus par le sentiment.

Cette ébauche de méchanisme que nous avons remarqué dans l'homme, par rapport aux mouvemens involontaires, aux habitudes, aux passions, aux sympathies, aux antipathies, nous ouvre des vues là-dessus qu'il nous est aisé d'étendre; d'autant mieux que nous avons déja vu la raison qui empêche que l'empire des objets ne soit ni fort étendu, ni fort sensible dans l'homme; raison prise du but de l'union d'une Ame raisonnable & libre, avec un Corps; raison que nous n'avons aucun lieu d'admettre dans les Brutes, fans fuppofer ce qu'il faudroit prouver par ailleurs, & ce qui eft en queftion, favoir qu'elles ayent une ame raifonnable. Ainfi le peu de traces de Méchanifme qui paroiffent dans l'Homme, nous font naître l'idée d'un Méchanifme parfait, très-poffible dans la Bête, & fuffifent pour autorifer cette idée ; fans que les argumens pris de ce que dans des actions femblables à celles des bêtes, nous n'obfervons pas chez nous le même méchanifme, puiffent la ruïner.

Voilà pourquoi, pour le remarquer en paffant, (5) une Objection du P. *Daniel* fur les mouvemens fpontanées, quoi qu'il la faffe valoir avec beaucoup de confiance, porte vifiblement à faux: la voici. Si lors qu'un chien fe jette fur un plat de viande, ce font les rayons de lumiére réfléchis de cette viande dans fon œil, & les corpufcules odorants qu'elle exhale, qui venant à frapper fon odorat, produifent en lui le mouvement par lequel il s'en approche, fans qu'il faille

---

(5) *Suite du Voyage du Monde de Defcartes*, pp. 22-32.

faille avoir recours à un principe connoissant & sensitif qui donne le branle au corps du chien; pourquoi moi-même étant assis à certaine distance d'une table couverte de viande, ayant faim, & mon ame bien resolue de ne s'opposer point à cette impression des objets sur mon cerveau, ne me sens-je point attiré vers cette viande & poussé par une impulsion machinale à m'en approcher, à en prendre, à en mettre sous la dent? Il a bien prévû que le Cartésien lui alleguéra l'action de l'ame sur le cerveau, mais il a cru prévenir cette réponse en étendant sa supposition, & disant: Je veux laisser agir la machine, mon ame ne met aucun obstacle à l'ébranlement des objets, cependant le mouvement ne suit point.

En rappellant ici ce que j'ai dit ci-dessus des loix de l'union & de l'action continuelle de l'ame sur le corps par le moyen des esprits, vous voyez que la supposition du Jésuite est impossible. Il n'y a pas de milieu pour l'ame entre déterminer le cours des esprits animaux pour une certaine action, & les retenir lors-

(6) Le P. *Daniel ubi sup.* p. 27.

lors qu'elle a préfente l'idée de cette action. L'empire de l'ame fur les mouvemens fpontanées, eft tel qu'elle ne fauroit s'en deffaifir au moment qu'elle penfe à ces mouvemens. Lors qu'étant affis je penfe à l'action de me lever & de marcher, & que dans le moment précis, que mon ame y penfe, elle s'abftient de vouloir cette action, elle l'empêche pofitivement ; elle arrête le cours des efprits propres à l'exécuter, malgré l'impreffion des objets qui les folliciteroit à prendre ce cours ; parce qu'il importe pour affurer la liberté de l'ame unie, & fon empire fur le corps, qu'elle y foit le premier principe de ces fortes de déterminations, & qu'elle les caufe, ou par une volonté expreffe qui fuppofe l'idée diftincte de l'action, ou par un defir confus envelopé dans la fenfation, comme nous l'avons déja expliqué. Quand même nous n'aurions pas recours à ce defir confus, pour expliquer les mouvemens indéliberez, & que le pur méchanifme agiroit alors, nous pourrions bien fuppofer en cas pareils, un empire des objets qui n'intereffèroit point celui de l'ame ; puifqu'alors elle feroit occupée ailleurs, & ne voudroit rien par rapport

à

à l'action : au lieu que dans le cas proposé la seule volonté de ne point agir est un obstacle positif que l'ame apporte à l'action, lequel contrebalance suffisamment l'impression des objets extérieurs, & qui suivant les loix de l'union doit la contrebalancer. On peut opposer à l'argument fondé sur ce cas imaginaire, dont les conditions sont impossibles, ce grand nombre d'actions involontaires, dont l'ame profondément occupée d'autre chose, ne s'aperçoit pas, & qui pourtant gardant une certaine régularité, par rapport aux objets, semblent prouver assez clairement que c'est la seule impression des objets qui les produit. (7)

Rien ne donne une plus juste idée des Automates Cartésiens que la comparaison employée par Mr. *Regis*, de certaines Machines hydrauliques, que l'on voit dans les grottes & les fontaines de certaines maisons des Grands, où la seule force de l'eau déterminée par la disposition des tuyaux, & par quelque pression extérieure, remue diverses machi-

(7) Regis, *Cours de Philos.* Tome 2. Avert. du Liv. VII. p. m. 504. Voyez cette même Comparaison ingenieusement poussée dans LA FORGE, *Traité de l'Esprit de l'homme,* chap. XIX. init.

C 3

chines. Il compare les tuyaux des fontaines aux nerfs ; les muscles, les tendons &c. sont les autres ressorts qui appartiennent à la machine ; les esprits sont l'eau qui les remue ; le cœur est comme la source, & les cavitez du cerveau sont les regards (8). Les objets extérieurs qui par leur présence agissent sur les organes des sens des bêtes, sont comme les étrangers qui entrant dans la grotte, selon qu'ils mettent le pied sur certains carreaux disposez pour cela, font remuer certaines figures ; s'ils s'approchent d'une Diane, elle fuit, & se plonge dans la fontaine ; s'ils avancent davantage, un Neptune s'approche & vient les menacer avec son Trident. On peut encore comparer les bêtes dans ce Système à ces orgues qui jouent différens airs par le seul mouvement des eaux ; il y aura de même, disent ces Messieurs, une organization particuliére dans les bêtes, que le Créateur y aura produite, & qu'il aura différemment reglée dans les diverses espèces d'animaux, mais toujours proportionnément aux objets, tou-

(8) Endroit où le Fontenier se tient pour distribuer les jets d'eau & en régler la conduite.

toujours par rapport au grand but de la conservation de l'individu & de l'espèce. Rien de plus aisé que cela au suprême Ouvrier, à celui qui connoît parfaitement la disposition & la nature de tous ces objets qu'il a créez; l'établissement d'une si juste correspondance, ne doit rien coûter à sa puissance & à sa sagesse. L'idée d'une telle harmonie paroît grande & digne de Dieu; cela seul doit, dit-on, familiariser un Philosophe avec ces paradoxes si choquans pour le préjugé vulgaire, & qui donnent un ridicule apparent au Cartésianisme sur ce point; par exemple, qu'un Chien qui crie lors qu'on le frappe, ne sent pourtant aucune douleur; qu'il n'a point de joie, ni d'amour pour son Maître, lors qu'il le flatte & le caresse; qu'il obéït à son Maître, sans savoir ce qu'il lui commande; qu'un Agneau fuit le Loup, sans avoir peur du Loup, & une infinité d'autres qui nous choquent, à cause de l'habitude où nous sommes d'attacher une idée de sentiment à des mouvemens semblables à ceux qui se passent en nous.

Il suit de la supposition générale d'une telle harmonie, que les bêtes auront

quel-

quelque chose d'analogue à ce que nous appellons passion, imagination, mémoire. Comme toutes ces facultez en nous supposent une organization particuliére du cerveau, qui détermine & modifie notre perception, des différentes maniéres auxquelles nous donnons ces noms, il n'y a qu'à concevoir la même organization, ou la même disposition du cerveau dans les bêtes, separée de la perception, & voilà leur imagination & leur mémoire, d'où naissent toutes les actions que nous attribuons à l'une & à l'autre de ces facultez.

Par-là s'explique encore la discipline des Bêtes, les habitudes qu'elles contractent, les dispositions qu'elles acquiérent & qui leur tiennent lieu de l'expérience. Il suffit de penser que leur cerveau étant le principe des mouvemens de l'animal, & recevant lui-même diverses impressions de la part des objets du dehors, il s'y forme une infinité de traces plus ou moins profondes, plus ou moins étendues, par où les esprits ont plus de disposition & de facilité à couler, qu'ailleurs; que ces esprits peuvent fortuitement les renouveller, & les fortifier, sans une nouvelle impression du dehors;

dehors; c'est ce qui produit l'imagination & la mémoire. Concevez encore que ces traces peuvent s'unir d'une infinité de maniéres, en sorte que quand les esprits ouvrent l'une, ils en ouvrent en même tems une ou plusieurs autres, à peu près comme l'eau coule dans une prairie entrecoupée de mille canaux; par cette liaison de traces & d'espèces, s'expliquent les habitudes des animaux, & comment on parvient à les dresser. Peut-être qui voudroit s'en donner la peine, expliqueroit-il assez naturellement par-là, la merveilleuse police des Elephans qu'*Elien* dans (9) son Histoire des animaux nous dit s'être fait admirer du Peuple Romain dans l'Amphithéatre aux Jeux publics que donna *Germanicus*, & la docilité de ceux que dressent les Siamois (10) au rapport du P. *Tachard* dans sa Rélation du Voyage de Siam ; & ce que (11) *Pline* rapporte à la louange de ces

---

(9) *Ælian*. Lib. 2. *de Nat. Animal*. C. XI. qui a pour titre περὶ τῆς τ̄ ἐλεφάντων εὐμαθίας τε καὶ εὐπει-θείας.

(10) Joignez-y l'Abbé Choisi, *Journal du Voyage de Siam* p. 240.

(11) *Pline*, L. VIII. *Hist. Nat.* C. I. *init.* met la Religion entre les vertus morales des Elephans *Maximum est Elephas proximumque humanis sensibus* &c

Voy.

ces animaux dans le beau passage cité par
Voy.l'Art. *Rorarius* Rem. D. p. m. 2602. b. du Dict. Crit. de
M. *Bayle* Voy. aussi *Celse* qui dit quelque chose d'aprochant sur ces animaux οὐκ οἶδα δ' ὅπως ὁ Κέλσος καὶ ὄρνυ ἐλεφάντων ἔκυσε καὶ ὅτι εἰσὶν ὅτοι πιστότεροι πρὸς τὸ θεῖον ἡμῶν καὶ γνῶσιν ἔχουσι τοῦ Θεοῦ. Orig. Philocal. C. 19. pag. 259. edit. *Tarini*. Voyez tout ce Chapitre où *Celse* attribue aux Bêtes la Religion, parce qu'elles possedent l'Art de la Divination & de la Magie comme les Aigles & les Serpens, & outre cela exercent la Justice & la Charité. C'est encore aujourd'hui l'opinion des Indiens, conséquence naturelle de leur Metempsychose. V. *l'Histoire du Christ. des Indes* par Mr. de la Croze. Liv. 6. p. 479. Ce ne sont pas les Payens seulement qui se font plûs à debiter de pareilles rêveries. V. l'Histoire d'un chien de Corbie, dont la dévotion étoit exemplaire, & qui écoutoit la Messe fort modestement & avec toutes ces postures qu'il faut avoir selon que le Prêtre lit l'Evangile ou qu'il fait l'élevation de l'Hostie. *ap. Ephem. Nat. curios.* Rep. des Lett. Sept. 1686. p. 1019. Il se rencontre plaisamment que le Monastère de Corbie, déja fameux par la Doctrine de son Abbé, le doive être aussi par l'Histoire de son Chien. Notez que *Paschase* écrivoit en 818. & que le Chien vivoit l'an 893. ce que j'observe de peur que quelcun n'aille soupçonner la pauvre bête d'avoir été instruite par ce grand Docteur, Au reste on fera bien de placer ce fait, que je ne garantis point, dans le Chapitre de la Discipline des animaux. V. ci-dessous seconde Part. ch. X. Qui voudra voir un grand nombre de preuves de la même force en faveur de la Thèse de *Celse* n'a qu'à consulter le judicieux Auteur (*) du Livre intitulé: *Ecole de l'Eucharistie où l'on traite de l'honneur que les bêtes ont rendu à ce Sacrement*.

(*) C'est le R. P. *Toussaint Bridoul* Jésuite. L'Ouvrage

par M. *Bayle*. Je ne fais que couler ici sur les sources d'explications ; on peut consulter sur l'union des espèces dans le cerveau, l'explication ingénieuse & détaillée qu'en donne Mr. *Dilly* dans le Livre que j'ai cité ; & l'on verra, de la maniére dont il la manie, que c'est une des meilleures clefs de la Doctrine Cartesienne sur les Automates.

vrage est imprimé à Lille en l'an 1672. avec Approbation des Supérieurs.

CHAPITRE IV.

Suite des argumens du Cartesien. Machines surprenantes que les hommes ont faites. Comparaison de l'Art humain avec l'Art divin. L'Instinct des Brutes suppose une Raison extérieure qui les conduit, en produisant par le Méchanisme des effets raisonnez. La Sagesse incréée, la Raison universelle est la Raison des Brutes. Magnificence de cette idée qui mal entendue a produit celle de l'Ame du Monde. Dieu ne fait rien d'inutile. Les Bêtes n'ont donc

donc point d'ame. Conclusion du Plaidoyer du Cartesien.

CONTINUONS d'écouter le partisan de cette Doctrine, il va nous alléguer en sa faveur une nouvelle consideration, qui me paroit avoir quelque chose d'éblouïssant, elle est prise des productions de l'Art. On sait jusqu'où est allée l'industrie des hommes dans certaines machines; leurs effets sont inconcevables, & paroissent tenir du miracle, à ceux qui ne sont pas versez dans la Méchanique. Rassemblez ici toutes les merveilles dont vous ayez jamais ouï parler en ce genre ; Des (1) Statuës qui marchent, des Mouches artificielles qui volent, & qui bourdonnent; des Araignées de même fabrique qui filent leur toile ; des Oiseaux qui chantent, une Tête d'or qui parle, un Pan qui joue de la flute ; on n'auroit jamais fait l'énumération, même à s'en tenir aux généralitez de chaque espèce, de toutes ces inventions (2) de l'Art qui copie

(1) V. *Kircher. Oedip.* Tom. 2. Clas. 8. C. 3. apud *Pardies, de la connoiss. des Bêtes*, §. 20.

(2) Telles étoient ces Statues de la façon de Dédale qui avoient en dedans des ressorts par le moyen

copie si agréablement la nature. Les Cartésiens croyent que l'on pourroit tirer de ces essais imparfaits, de ces foibles ébauches, des Machinistes, le même usage que les Chimistes tirent de leurs fermentations artificielles, par où, dit Mr. DE FONTENELLE, *en contrefaisant la nature on attrape quelquefois son secret.* Voici donc comme nos Philosophes raisonnent. Réunissez tout l'art & tous les mouvemens surprenans de ces différentes Machines dans une seule; ce ne sera encore que l'Art humain; jugez ce que produira l'Art divin. Remarquez qu'il ne s'agit pas d'une machine en idée, que Dieu pourroit produire; la machine est toute produite; le corps de l'animal est incontestablement une machine composée de ressorts

yen desquels elles s'échapoient & marchoient comme si elles eussent été vivantes. Socrate en parle dans l'Eutyphron de Platon, Trad. de Dacier. t. 1. p. 536. Ajoutez-y la Tête d'airain parlante & l'Androïde d'Albert le Grand, aussi bien que ces machines de Boëce dont Cassiodore dit *Metalla mugiunt Diomedis in ære grues buccinant, æneus anguis insibilat, aves simulata fritinniunt, & quæ propriam vocem nesciunt ab ære probantur dulcedinem emittere Cantilena*, Cassiod. l. Var. Epist. 45. Voi. encore la belle Préface de *Florentius Schuyl*, sur le Traité de l'Homme de Descartes. p. 11.

forts infiniment plus déliez que ne feroient ceux de la machine artificielle, où nous fupposons que fe réunit toute l'induftrie répandue & partagée entre tant d'autres que nous avons vu jufqu'ici. Il s'agit donc de favoir, fi le corps de l'animal étant, fans comparaifon, au deffus de ce que feroit cette machine, par la délicateffe, la varieté, l'arrangement, la compofition de fes refforts, nous ne pouvons pas juger, en raifonnant du plus petit au plus grand, que fon organization peut caufer cette varieté de mouvemens réguliers, que nous voyons faire à l'animal; & fi, quoi que nous n'ayons pas à beaucoup près la-deffus une connoiffance exacte & complette, nous ne fommes pas en droit de juger qu'elle renferme affez d'art pour produire tous ces effets.

En vain replique-t-on, qu'il n'eft rien de plus vague que l'idée des Cartefiens, qu'ils ne peuvent donner la defcription précife de cette fabrique, qu'ils s'expliquent toujours confufément, indéterminément, qu'ils ne parlent jamais que de certaines fibres, de certaines traces; fans nous marquer en detail le tiffu de ces fibres, la nature de ces traces &c.

C'eft

C'est là très-mal raisonner, n'en déplaise au P. *Daniel* qui s'égaye fort sur cet article. Nous avons une idée claire de certaines causes générales, dont la fécondité peut produire mille effets particuliers : nous connoissons clairement cette fécondité, quoi que nous ne puissions déterminer au juste la maniere dont cette cause s'applique à tel & tel effet. Nous savons que les Plantes, les Métaux, les Mineraux, & tous les corps physiques, ne different entr'eux que par la grosseur, la configuration, l'arrangement de leurs parties intégrantes ; il nous est pourtant impossible de déterminer la figure, la grosseur, l'arrangement précis des parties insensibles qui composent chaque corps, qui en constituent la forme, & qui le différencient de tous les autres. Outre cela, l'objection peut se retorquer contre ceux qui la font. Vous, Messieurs, dira le Cartésien, qui vous moquez de mon Hypothèse, parce que je ne puis vous la démontrer en détail; expliquez-moi, je vous prie, quelle est cette différente impression des objets sur vos organes qui produit, ou excite dans votre ame les différentes sensations des couleurs,

des

des sons, des odeurs. Non seulement les sensations qui dépendent des différens sens, mais les variétez infinies de chaque espèce de sensation, supposent autant de variétez dans l'impression faite sur les organes. Vous n'expliquerez jamais ces variétez, qu'en vous servant de ces termes vagues que vous me reprochez. Vous demandez pourquoi un Chien demeure immobile quand on prononce certaines paroles, & se met à sauter au son de certaines autres ? Vous ne vous payez pas de la correspondance, que je suppose entre un certain ébranlement du nerf acoustique & certain mouvement dans les jambes, parce que cela est vague ; je demande à mon tour, pourquoi l'ame du Chien reçoit-elle deux idées distinctes, lorsqu'on prononce deux différens mots ? Vous voila dans le même embarras que moi.

L'admirable instinct des animaux, si nous en voulons tirer quelque conséquence, semble conclurre pour le Méchanisme : vous voyez dans chaque espèce une maniére d'agir uniforme, beaucoup plus sûre & plus fixe, & qui les méne beaucoup plus droit à leur but, que

que les hommes n'iroient en pareil cas, aidez, comme ils le font, de tous les secours du raisonnement & de l'expérience. (3) Les bêtes sont renfermées dans une certaine sphère dont elles ne s'écartent jamais, & dans cette sphère, elles passent toute l'industrie humaine. Ce n'est point par les inductions du raisonnement, & par les vues que donne l'expérience, que les brutes choisissent leurs alimens, se servent des avantages particuliers de la structure de leurs corps pour se défendre, que l'Hirondelle bâtit son nid, que les Abeilles construisent leurs ruches, (4) & que les Fourmis rem-

(3) Cette inégalité de raison & d'industrie dans les Bêtes ressemble assez au caractere de ces Esprits que M. *Bayle* suppose presider à la Fortune, Art. *Timoleon* rem. K. §. VI. à la fin. L'instinct & la structure dans chaque espèce de Brutes supplée l'intelligence par rapport aux besoins de chacune, qui sont bornez: dans l'Homme où les besoins sont plus étendus, l'intelligence seule supplée à ces divers méchanismes. V. Myl. *Shaftsbury* Characterist. Tome II. *the Moralists* p. 304. Sur l'instinct des animaux Voy. *Schaftsb. ubi sup.* p. 308. &c. & le Spect. Tom. II. *Disc.* XXI. & XXII. de la Traduction Françoise, sur les fins & les usages de leurs differentes fabriques.

(4) Il semble pourtant par une observation de *Leeuwenhoeck*, que la prétendue œconomie des Four-

remplissent leurs magazins ; que les mères en général pourvoient si admirablement, si convenablement, à la nourriture de leurs petits. On voit dans chaque espèce pour toutes ces différentes fonctions, un art, des vues, un ordre, une proportion des moyens aux fins, qui nous ravissent en admiration, & que l'Intelligence humaine n'auroit pu ni prevoir, ni imaginer. Cet Art que possede chaque animal, est exactement renfermé dans un petit cercle : il paroît également dans tous les individus ; il y paroît tout d'un coup, sans préparation ; il n'est jamais fautif, ni derangé le moins du monde. Qui peut avoir averti l'Agneau que le Loup est son ennemi ? Qui est-ce qui a conseillé aux Abeilles de chasser les Guêpes qui gâteroient leur ouvrage ? (5) Sous quel Maître d'Archi-

---

Fourmis n'est qu'un instinct naturel à tous les animaux pour la conservation de leurs petits, non une prévroyance pour l'avenir. V. *Bibl. Univ.* Tom. XI. p. 154.

(5) *Et cum ingenia nostra quæ nos scilicet ambitiosi nostri æstimatores proxima divinis credimus, ad percipiendas disciplinas multo labore desudent, nulla apis nisi artifex nascitur. Quid credas aliud quam divinæ partem mentis iis animis inesse ? quid præcipuum referas ?* Quintil. *Declam XIII. cui titulus,*
Apes

chitecture ont-elles apris à conſtruire ſi artiſtement leurs cellules? Qui leur a donné la recepte de leur miel? C'eſt la Nature, dit-on, c'eſt l'Inſtinct. D'accord: mais qu'entendez-vous par ces mots d'Inſtinct & de Nature? De bonne foi, (6) une ſi grande habileté & des lumieres ſi infaillibles, mais bornées à un ſeul objet, & qui ne paſſent jamais une certaine ſphère, c'eſt ce qu'on ne peut attribuer raiſonnablement à l'ame des Bêtes. Vous

Apes pauperis. *t. 3. p.* 291. *edit. Burm. quo loco apum laudes, indolem, artem, eleganter & fuſe perſequitur.* Comparez les paſſages citez ci-deſſus II Part. Chap. XI.

(6) *Eſſais nouveaux de Morale de l'ame de l'homme.* Ch. VI. p. 43.
„ On ne peut reconnoître dans les Bêtes des in-
„ ſtincts qui les éclairent, puis qu'ils ne nous é-
„ clairent pas nous mêmes qui ſommes d'ailleurs
„ inconteſtablement capables d'être éclairez par la
„ Raiſon. *Ibid.* p. 35.
„ Une Raiſon finie eſt toujours imparfaite &
„ limitée. C'eſt une lumiere qui ne fait point tou-
„ jours agir de même façon, elle n'eſt pas dé-
„ terminée à un objet ſeulement. Elle conduit
„ & eſt conduite: Or il eſt certain que la Raiſon
„ des Bêtes n'a aucun de ces caractères. *Ibid.*
„ p. 36.
Voyez auſſi l'Illuſtre M. Abbadie, *Art de ſe connoître ſoi-même*, Ch. II. p. 36-42. Il reconnoît que le Syſtême des Automates n'a pas encore été bien réfuté.

Vous vous recrierez tant qu'il vous plairra, (7) que c'est faire des suppositions inconcevables, ridicules, extravagantes, que de prétendre expliquer par la seule disposition de la Machine, tout ce qui se passe dans la République des Abeilles; que cette multiplicité de ressorts, que ces combinaisons infinies d'impressions & de mouvemens qu'il faudroit supposer dans chaque Abeille, par rapport à tous les emplois qu'elle exécute, & pour répondre à toutes les relations qu'elle a avec les autres Abeilles du même essain, est une chose dont l'absurdité revolte l'esprit; je détruirai par la retorsion toute la force de cet argument; car si l'ame de l'Abeille règle par son action sur la Machine toutes ces opérations, où l'art qu'elles renferment doit être

---

(7) *Suite du Voyage du Monde de Descartes.* pp. 63-65. V. *Hist. de l'Acad. des Sciences* an. 1712. p. 6. & les Observations mêmes de Mr. Maraldi sur les Abeilles p. 391. des *Memoires.* Les paroles de l'Historien de l'Academie sont remarquables. *Le détail*, dit-il, *de la construction de ces alveoles hexagones que M. Maraldi a fort curieusement observés n'avoit point encore été connu, mais ce qui ne passe pas la portée & pour ainsi dire le genie de ces petits Insectes, est trop géometrique & trop compliqué pour avoir place ici*: ubi sup. p. 8.

être attribué à cette ame, à qui Dieu en aura communiqué au moment de sa Création toutes les idées & toutes les règles par une habitude infuse, ce qui seroit placer l'ame de ces petits animaux infiniment au dessus de l'ame humaine; ou (8) bien, il faut que vous conveniez que c'est la structure particuliére du cerveau de l'Abeille qui modifie son ame d'une maniere propre à imprimer à son corps telle ou telle suite de mouvemens; & c'est revenir par un grand détour au Méchanisme qu'on vouloit éviter. Ainsi les différences que l'on aperçoit dans les animaux, par rapport au plus ou moins d'art, de finesse, de connoissance, dépendront de la différente structure de leurs organes.

De là le Cartésien conclut que l'Intelligence qui préside aux mouvemens des animaux, n'est autre que celle du Créateur, dont l'art infini a su préparer

en

(8) Il me paroît en effet à moi que c'est le seul parti raisonnable que l'on puisse prendre. Et le Cartesien que je fais parler ici a grand tort de ne pas voir la différence qu'il y a entre ces deux choses: faire entrer le mechanisme dans l'explication qu'on donne aux mouvemens des bêtes, & rapporter ces mouvemens au seul Méchanisme. V. infra, Part. II. Ch. VIII.

en eux par une espèce d'harmonie préetablie, tant de mouvemens si variez, si réglez, & proportionnez avec une si exacte justesse aux fins qu'il s'est proposé, qu'ils ne s'en écartent jamais. Le Cartésianisme ne fait que donner à cette conclusion un peu plus d'étenduë qu'elle n'en a dans l'autre Systéme; car on convient assez généralement, ce me semble, que le dernier but de certaines actions des Bêtes, sur-tout celles que nous attribuons à l'Instinct, n'est pas un but que l'Ame de l'animal se propose, mais celui du Créateur.

On sent mieux que je ne puis l'exprimer, la magnificence de cette idée. Il semble par un passage de *Plutarque* qu'*Anacharsis*, Philosophe Scythe, l'avoit du moins entrevue: Il dit, ,, que les ,, animaux brutes obéïssent dans leurs ,, mouvemens aux impressions que leur ,, donnent les Dieux, à peu près (9) ,, com-

(9) Ὥσπερ Σκύθαις τίξα καὶ Ἕλλεσι κιθάραι λύραιτε καὶ αὐλοὶ συμπαθέοι. Plut. *in Sympos.* versus finem. Un homme qui auroit bien envie de trouver dans l'Antiquité l'opinion des Automates la trouveroit à coup sûr dans ces paroles d'*Anacharsis*. Ce n'est pourtant point tout à fait cela si on examine bien ce passage. *Gorgias* venoit de raconter l'Histoire d'*Arion* sauvé par les Dauphins: on avoit ensuite
alle-

„ comme la fléche tirée par un Scythe,
„ suit la direction du mouvement que sa
„ main

allegué d'autres exemples de l'amitié que cette espèce d'animaux porte aux hommes & des bons offices qu'elle leur avoit rendus. Sur quoi *Anacharsis* prenant la parole, dit que ce que *Thalès* avoit soutenu, que les parties les plus considerables de l'Univers, sont gouvernées par une ame, doit s'étendre aux plus remarquables évenemens de la vie humaine, qui sont sans doute soumis à un pouvoir superieur; que comme le corps est un instrument de l'ame, l'ame elle-même est un instrument dans la main de Dieu; que comme le corps animal a de deux sortes de mouvemens, les uns qui procedent du corps seul; les autres qui sont les plus nobles & en plus grand nombre, dont l'ame est le principe, de même il y a des actions que l'ame opere par son propre pouvoir, mais qu'il y en a beaucoup plus où elle n'est que l'instrument de la volonté & du pouvoir de Dieu. Ce Philosophe ajoûte qu'il seroit injurieux à la sagesse des Dieux de supposer, qu'ils se contentent d'employer le feu, l'eau, les vents, les nuages & la pluye pour exécuter les desseins de leur Providence sur les hommes, pour les proteger ou pour les punir; & qu'ils ne se servent point pour les mêmes fins de l'action des animaux ζῶα aussi dociles aux impressions que les Dieux voudroient leur donner, que la fléche d'un Scythe &c. Ce n'est point là l'idée Cartésienne d'une Raison divine qui gouverne les animaux par le pur méchanisme. *Anacharsis* suppose au contraire que c'est l'ame de ces animaux qui obéït aux impressions que lui donne la Divinité & que par conséquent chaque animal a son ame en propre.

„ main lui imprime, & comme la Lyre
„ & la Flûte dans celle du Grec, font
„ dociles à l'impreſſion qu'elle leur don-
„ ne, & rendent fidélement tous les
„ fons qu'il plaît au joueur d'en tirer.

Cette vafte Intelligence qui embraſſe tout l'Univers, qui anime & dirige tout, qui fe manifefte par-tout avec des caractères auſſi brillans que variez, mais qui cependant réfide dans un ſeul Eſprit infini, eſt quelque choſe de ſi grand que l'Eſprit humain a toujours eu de la peine à le concevoir. De là vient (10) l'opi
nion

(10) Voyez-la parfaitement bien refutée dans DITTON *Diſc. concerning the Reſurrect. of Chriſt.* Append. Sect. VIII. Les Partiſans de ce Syſtême ſe ſerviroient volontiers des expreſſions d'*Anacharſis*, quoi que dans un autre fens. Ils employent la comparaiſon d'une Orgue dont les differens tuyaux remplis par un même ſouffle rendent une grande varieté de ſons. L'ame du Monde reſſembleroit à ces Muſiciens de l'Antiquité qui jouoient avec des Flutes conjointes, c'eſt-à-dire avec pluſieurs Flûtes qu'un ſeul homme embouchoit à la fois, pour plus de juſteſſe dans l'accompagnement. Voyez auſſi la doctrine de l'Ame du Monde ſoutenue dans un autre ſens & developée par divers paſſages d'*Ariſtote*, que l'on prouve l'avoir enſeignée en concluant des corps organizez à l'Univers, ap. CUDWORTH *Intell. Syſt.* L. 3 § 23. 24. Platon ſemble ſuppoſer que le Créateur a formé les ames d'une matiere (ὕλη) ſpirituelle & intelligible, comme il a formé les corps d'une matiere ſenſible préexiſtente. C'eſt
du

nion si commune chez les Anciens Philosophes, touchant l'Ame du Monde, qu'ils concevoient répandue par tout l'Univers, dont les Ames humaines & celles des animaux brutes étoient autant de portions, & qui s'accommodant à la disposition des Corps particuliers qu'elle animoit, raisonnoit dans l'Homme, sentoit dans les Bêtes, & vegetoit dans les

du moins le sens qu'on pourroit donner à ces paroles de Plutarque dans son livre *de anima procreatione ex Timæo*. ὁ γὰρ θεὸς ὅτε σῶμα τὸ ἀσώματον ἔτε ψυχὴν τὸ ἄψυχον ἐποίησιν. apud Stillingfleet Orig. Sacr. III. 2. Cette Matiere préexistante d'où les Ames seroient tirées, ressemble assez à l'idée de l'Ame du Monde, & ne s'éloigne pas trop de la *pensée universelle* de Spinosa, dont, selon lui, tous les individus pensans ne sont que des modes particuliers, Mr. de Fenelon veut que les difficultez au sujet de la connoissance des bêtes, ayent conduit les anciens Philosophes à ce bizarre sentiment d'une Ame universelle. Sur quoi il cite ce bel endroit de Virgile, Georg. L. IV. 220.

Esse apibus partem divinæ mentis &c.

Ainsi, ajoûte cet illustre Prélat, *les Philosophes à force de s'eloigner des Poëtes, retomboient dans toutes les imaginations Poëtiques.* Demonstr. de l'Exist. de Dieu §. 29. p. 59. Conf. infra. p. 95. Ch. VI. Note 3. On peut encore consulter sur ce sujet Newton, Optique. p. 578. de la Trad. Françoise; & un Traité de Boyle intitulé, *de ipsa Natura disquisitio*, où il fait voir que la notion ordinaire qu'on se forme de la Nature, favorise l'opinion impie de l'Ame du Monde.

les Plantes. L'Esprit humain foible & borné n'a pu concevoir l'Intelligence qui gouverne l'Univers, qu'en la partageant & la dissipant, pour ainsi dire, en une infinité de parcelles, qu'en assignant à divers sujets distincts, une mesure distincte de raison & de connoissance. On a cru voir dans chaque partie du Monde, autant de principes particuliers de vie, de volonté, de pensée, d'action, qu'on voyoit de formes, de propriétez distinctes dans les corps, & de Phénomènes differens. C'est ce qui a donné lieu aux fictions des Poëtes, qui animent toute la Nature. Ce n'est pas dans leur seule imagination qu'ils les ont puisées; ils ont suivi la pente universelle de l'esprit humain, & c'est à cause du rapport qu'elles ont avec ce penchant, que ces fictions nous plaisent. (11) C'est encore là une des sources du Polythéïsme. C'est incontestablement celle des préjugez & du langage obscur de l'Ecole, quand elle enseigne que la Nature abhorre le vuide; quand elle parle de l'antiperistase, de la guerre des Ele-

---

(11) Voyez *Bayle*, *Dict. Crit.* Art. *Caïnites*, Rem. D. Voy. aussi le Discours de Mr. de *Fontenelle* sur *l'Origine des Fables*, 1 vol. de ses Oeuvres pp. 331-338. Edit. in 4.

Elemens, des sympathies de certains corps, & de leurs antipathies. C'est la clef de mille maniéres de parler très-familiéres dans le langage commun &c. Vous voyez qu'un Cartésien, pour peu qu'il ait d'éloquence, a ici un fort beau champ.

Il souscrit donc à cette thése prise dans un bon sens, *Deus est anima brutorum*, *l'Intelligence Divine est la Raison des Brutes*. Non qu'elle s'applique à chaque Automate pour y produire immédiatement tels & tels mouvemens; mais elle lui donne, par l'agencement des ressorts qui le composent, une certaine tablature qu'il suit inviolablement, en vertu des Loix méchaniques.

Pour tout réduire en deux mots, Dieu peut produire une Machine qui sans la direction d'une Ame qui lui soit unie, exécute tout ce que nous voyons faire aux bétes. Le corps des bétes réalise cette idée, parce que ce que nous en connoissons nous montre que c'est une machine extrêmement composée, & cela même que nous n'en saurions pénétrer tout l'artifice & tous les ressorts, nous aide à comprendre qu'ils peuvent être dans un degré d'art & de

D 2   finesse

finesse qui réponde à la variété des Phénomènes. Si le peu de découvertes que nous avons faites dans cette structure, nous fournissent des principes d'explications générales pour les actions les plus simples, une connoissance parfaite nous donneroit tout le détail qui nous embarrasse. En un mot, Dieu a pu former de pareils Automates; il est même digne de la magnificence du Créateur d'en avoir formé. La merveilleuse structure des animaux, dont nous connoissons assez pour savoir combien nous sommes éloignez de connoître tout, nous conduit naturellement là; rien n'oblige d'y admettre une Ame qui seroit hors d'œuvre, puis que toutes les actions des animaux ont pour derniére fin la conservation du corps, & qu'il est de la Sagesse divine de ne faire rien d'inutile, d'agir par les plus simples voyes; de proportionner l'excellence & le nombre des moyens à l'importance de la fin; par conséquent Dieu n'aura employé que des loix méchaniques pour l'entretien de la Machine; il aura mis en elle-même, & non hors d'elle, le principe de sa conservation & de toutes les opérations qui y tendent. Donc, si
nous

PARTIE I. CHAP. V. 77

nous voulons régler nos jugemens sur nos connoissances distinctes, & ne point deviner ce que nous ne voyons pas, il faut avouer que rien ne nous persuade raisonnablement de l'existence de l'Ame des Bêtes. Voila le Plaidoyer du Cartésien fini.

CHAPITRE V.

Refutation du Système des Automates. Tout se réduit à une Question de fait, où la simple possibilité ne prouve rien. Deux Principes qui fondent la Certitude morale. Ils sont incompatibles avec l'hypothèse Cartésienne, qui par conséquent est propre à jetter dans le Pyrrhonisme. C'est l'endroit foible de cette hypothèse. Imprudence de ceux qui l'ont attaquée par cet endroit. En refutant les Automates, ils ont travaillé à rendre douteuse l'existence des Ames humaines.

J'Ai tâché dans l'exposé que je viens de faire du fameux Système des Automates, de ne rien omettre de ce qu'il a de plus spécieux, & de représenter en petit (car les détails euſſent été inutiles, vu le grand nombre d'Ecrits que nous avons ſur cette matiére) toutes les raiſons directes qui peuvent établir ce Syſtême, leſquelles étant bien peſées ſe réduiſent à ceci ; c'eſt que le ſeul Méchaniſme rendant raiſon des mouvemens des Brutes, l'hypothèſe qui leur donne une Ame eſt fauſſe, par cela même qu'elle eſt ſuperflue. Cela n'étoit point inutile à mon but. Il eſt toujours, non ſeulement juſte, mais avantageux, de mettre dans le plus beau jour que l'on peut, l'opinion que l'on veut combattre ; car on n'en découvre jamais mieux tout le foible, que lors qu'on en a ſenti tout le fort.

Je redis ici hardiment ce que j'inſinuois dès l'entrée ; l'Hypothèſe Cartéſienne revolte le préjugé naturel de tous les hommes ; elle amuſe enſuite la Raiſon pour quelque tems, enfin elle ſe voit détruite par la Raiſon même qui prend le parti du préjugé, en dévelopant ce qu'il y a de réel & de ſolide dans ces impreſſions confuſes que l'on appelle penchans naturels de l'eſprit à croire, ou à ne pas croire. Car la Raiſon, qu'eſt-elle au fond, qu'un Bon Sens

plus

plus developé & plus lumineux, qui démontre aux esprits spéculatifs ce que le vulgaire ne fait que sentir ? Je mets en fait, que si l'on veut raisonner sur l'expérience, on démonte les Machines Cartésiennes ; & que posant pour fondement les actions que nous voyons faire aux bétes, on peut aller de conséquence en conséquence, en suivant les règles de la plus exacte Logique, jusqu'à démontrer qu'il y a dans les bétes un Principe immatériel lequel est cause de ces actions.

Je ne voudrois pas attaquer les Cartesiens sur la possibilité d'un Méchanisme qui produiroit tous ces Phénomènes : ce seroit les attaquer dans leur fort. Ils se retranchent là dans un asyle que son obscurité rend impénétrable, & d'où vous les tireriez mal aisément. Car quoi qu'on puisse se tenir sûr qu'ils ne montreront jamais cette possibilité d'une maniere évidente, en décrivant une Machine capable d'exécuter tous les mouvemens que nous voyons faire aux bétes ; d'autre part je doute qu'il y ait des démonstrations qui prouvent que cette Machine est impossible. En faveur de leur thèse se présentent je ne sai combien

bien de raisons vagues mais plausibles, & qui ont cet avantage qu'on ne leur sauroit opposer rien de précis. Que leur répondre en effet quand ils nous parlent de la fécondité des loix du mouvement, des miraculeux effets de la Méchanique, de l'étenduë incompréhensible de l'Entendement divin ; & quand ils comparent l'industrie des machines que l'art des hommes a construites, avec le merveilleux infiniment plus grand que le Créateur de l'Univers pourroit mettre dans celles qu'il produiroit ? Connoît-on les bornes des possibilitez méchaniques ? Déterminera-t-on jamais tout ce qui peut résulter des diverses combinaisons des figures & du mouvement, entre les mains de la Souveraine Sagesse ? On ne sauroit dire où ne mène point une idée si vaste ; c'est un abîme pour notre esprit ; & certainement quiconque a tant soit peu consulté l'idée de l'Etre infiniment parfait, prendra bien garde à ne nier jamais la possibilité de quoi que ce soit, pourvû qu'il n'implique pas une contradiction évidente.

Mais dès que le Cartésien prenant pied sur cette possibilité qu'on lui passe

sans

sans examen, vient argumenter de cette maniére: Puis que Dieu peut produire des Etres tels que mes Automates, qui nous empêchera de croire qu'il les a produits? Les opérations des brutes, quelque admirables qu'elles nous paroissent, peuvent être le résultat d'une combinaison de ressorts, d'un certain arrangement d'organes, d'une certaine application précise des Loix générales du mouvement, laquelle de votre aveu l'Art divin est capable de concevoir & de produire: donc il ne faut point attribuer aux bêtes un principe qui pense & qui sent, puis que tout peut s'expliquer sans ce principe; donc il faut conclurre qu'elles sont de pures machines. On fera bien alors de lui nier cette conséquence, & de lui dire; Nous avons certitude qu'il y a dans les bêtes un principe qui pense & qui sent ; tout ce que nous leur voyons faire nous conduit à un tel principe; donc nous sommes fondez à le leur attribuer, malgré la possibilité contraire qu'on nous oppose.

Remarquez qu'il s'agit ici d'une question de fait, savoir si dans les bêtes un tel principe existe ou n'existe point. Nous voyons des effets, ce sont les actions

tions des bêtes; il s'agit de découvrir quelle en est la cause, & nous sommes astreints ici à la même maniere de raisonner dont les Physiciens se servent dans la recherche des causes naturelles, & que les Historiens employent quand ils veulent s'assurer de certains événemens. Les mêmes principes qui nous conduisent à la certitude sur les questions de ce genre, doivent nous déterminer dans celle-ci. Dès que l'on sort du païs des démonstrations & de la sphere des idées abstraites, où la certitude est toûjours accompagnée d'évidence, on n'a pour guide que ces deux règles, qui font le fondement de ce qu'on appelle Certitude morale. La premiere règle, c'est que Dieu ne sauroit tromper. Voici la seconde: ,, La liaison d'un grand ,, nombre d'apparences ou d'effets réu- ,, nis avec une Cause qui les explique, ,, prouve l'existence de cette Cause. Si dans une suite d'apparence ou d'effets, on n'en peut réduire que quelques-unes à une certaine cause particuliére, si la cause supposée n'explique qu'une partie des apparences, sans expliquer l'autre partie, alors cette cause est simplement probable, & sa probabilité croît en
même

même proportion que le nombre des effets expliquez. Mais si la cause supposée explique tous les Phénomènes connus, s'ils se réunissent tous à un même principe, comme autant de lignes dans un centre commun, si nous ne pouvons imaginer d'autre principe qui rende raison de tous ces Phénomènes que celui-là, nous devons tenir pour indubitable l'exiftence de ce principe. Voilà le point fixe de certitude au delà duquel l'esprit humain ne sauroit aller ; car il est impossible que notre esprit demeure en suspens, lors qu'il y a raison suffisante d'un côté, & qu'il n'y en a point de l'autre. Il lui est impossible lorsqu'il voit une suite d'effets, de ne pas affirmer l'existence d'une cause qui rend clairement raison de ces effets, & qui seule en rend raison. Si nous nous trompons malgré cela, c'est Dieu qui nous trompe, puisqu'il nous a faits de telle maniére, & qu'il ne nous a point donné d'autre moyen de parvenir à la certitude sur de pareils sujets. Si les Bêtes sont de pures machines, Dieu nous trompe ; cet argument est le coup de mort pour l'hypothèse des Machines.

Les adversaires du Cartésianisme avoient déja entrevu cet endroit foible; mais ils n'ont pas bien su conduire l'attaque, ou peut-être n'ont-ils pas osé la pousser comme il faloit, de peur de fournir des armes aux Pyrrhoniens. Le P. *Pardies* (1) n'a fait qu'éfleurer l'objection: elle est devenue beaucoup plus redoutable dans les mains du P. *Daniel* (2). J'avoue qu'il l'a maniée avec esprit & que son Livre est capable d'embarasser les Cartésiens en les réduisant à une espèce d'absurde. Je dis une espèce; car ce tour de raisonnement où il combat le dogme par ses conséquences, disant au Cartésien: Si vos argumens prouvent que les Bêtes ne sont que des Machines, vous ne pouvez être assuré que tous les hommes, excepté vous seul, ne sont pas autant d'Automates; ce tour de raisonnement, dis-je, n'est qu'un appel à la persuasion invincible où nous sommes tous, qu'il y a dans le monde autant d'Ames humaines distinctes de la nôtre, que nous voyons

de

---

(1) *Discours de la connoissance des bêtes* §. CXVII.
(2) *Suite du Voyage du Monde de Descartes*, pp. 49-73.

de corps vivans semblables au nôtre, & qu'en un mot, tous ces Hommes avec qui nous conversons sont des Etres intelligens aussi bien que nous. Cela s'appelle argumenter *ad hominem*, & jetter des ténèbres sur une matiére, sans rien prouver ni rien éclaircir. Le silence où l'on réduit le Cartésien devient le triomphe du Sceptique qui ne manquera pas d'admettre tout du long la conséquence, & de faire son profit des difficultez que le P. *Daniel* fait naître sur l'existence des Ames humaines, sans apporter quoi que ce soit qui lève ces difficultez. Cet Auteur employe la ruse ordinaire de ceux qui jouent le rôle avantageux d'attaquant: ils ne se soucient pas de rien établir, pourvû qu'ils ruïnent la Thèse de leur adversaire: ils ne s'arrêtent point d'ordinaire à la combattre dans le point de vue sur lequel roule la dispute; ils la transportent par la voye des conséquences dans d'autres cas supposez, où cette Thèse donne plus de prise au ridicule; c'est-là qu'ils font tomber tout leur effort; ils montrent qu'une opinion par ses suites nécessaires, tend à faire douter de certaines choses généralement reconnues pour vrayes, sans se mettre en peine d'apporter des preuves positives qui du même coup établissent démonstrativement ces véritez, & renversent la Thèse qui tendoit à les ébranler. Tel est l'inconvenient de la méthode du P. *Daniel*; il faut tâcher d'y rémedier, en montrant directement que les mêmes preuves qui nous assurent l'existence d'une Ame intelligente dans chaque homme que nous voyons, nous assurent aussi celle d'un Principe immatériel dans les Bêtes

CHAPITRE VI.

On prouve au Pyrrhonien, en appliquant les deux principes ci-dessus, que les Hommes qu'il voit ne sont pas autant d'Automates. On démontre par la même voie contre le Cartésien, que les Brutes ne le sont pas. Replique du Cartésien. On entend trop finement les actions des Bêtes. C'est l'imagination & la prévention qui les raconte. Foiblesse de cette défense. La preuve d'un Principe spirituel dans les Brutes, c'est que ce Principe y est l'unique raison suffisante des Phenomènes, & que sans lui

Partie I. Chap. VI.

lui ils seroient trompeurs. Exemple pris d'une Tête parlante.

AVOUONS-LE d'abord; si Dieu peut faire une Machine qui par la seule disposition de ses ressorts exécute toutes les actions surprenantes que l'on admire dans un Chien, ou dans un Singe, il peut former d'autres Machines qui imiteront parfaitement toutes les actions des hommes. L'un & l'autre est également possible à Dieu, & il n'y aura dans ce dernier cas, qu'une plus grande dépense d'art: une organization plus fine, plus de ressorts combinez feront toute la différence. Dieu dans son entendement infini renfermant les idées de toutes les combinaisons, de tous les rapports possibles de figures, d'impressions, & de déterminations de mouvement, & son pouvoir égalant son intelligence, il me paroît clair qu'il n'y a de différence dans ces deux suppositions que celle des dégrez du plus & du moins, qui ne changent rien dans le pays des possibilitez. Je ne vois pas par où les Cartésiens peuvent échaper à cette conséquence, & quelles disparitez essentielles ils peuvent trouver, entre le cas
du

du Méchanisme des Bêtes qu'ils défendent, & le cas imaginaire qui transformeroit tous les hommes en Automates, & qui réduiroit le Cartésien à n'être pas bien sûr qu'il y ait d'autres Intelligences au Monde que Dieu & son propre Esprit. Mr. *Bayle* nous renvoye au P. *Lami* Bénédictin qui renverse, dit-on, ce prétendu parallele en faisant voir, qu'on n'a nulle raison solide d'attribuer de la connoissance aux Bêtes; au lieu que chacun peut se convaincre par de fortes raisons que les hommes connoissent & ne sont pas de pures Machines. Je voudrois voir ces raisons qui sont pour l'homme, & qui lui sont si particuliéres qu'elles ne concluent rien pour la Bête.

On auroit tort de ramener la vieille réponse, (1) tirée du langage que les hom-

---

(1) Voyez pourtant cette réponse mise dans un assez beau jour par LA FORGE, *Traité de l'Esprit humain* p. m. 35. ibid. Chap. XX. p. 359-362. & CORDEMOY *Disc. sur la Parole*. pag. 8-23. Il ajoute une autre raison prise des actions qui n'ont aucun rapport à l'utilité du Corps, ou qui tendent même à sa destruction. Cette raison prise de l'usage de la parole dont les animaux brutes sont destitués parut à Descartes la plus forte de toutes en faveur de son Systême des Automates. Voyez sa Lettre à *Morus*, ubi sup. p. 274. & ibid. Lettre LIV. p. 160.

hommes employent ; des discours suivis, des entretiens soutenus que je puis lier avec un autre homme ; où j'interroge & où l'on me répond en conformité à ce que j'ai demandé ; où les idées qu'excitent dans mon esprit, les sons que tel homme profére, se lient, par une juste correspondance, avec celles que je voulois exprimer en lui parlant. (2) Le P. *Daniel* a forcé ce retranchement

(2) Notez que je n'aprouve le raisonnement du Jésuite qu'autant qu'il oppose la possibilité méchanique à un Cartésien qui s'appuye en faveur de ses Automates de cette pure possibilité. Elle donne un droit égal à tous les deux, & ne prouve rien au fond pour l'un ni pour l'autre. Et c'est en envisageant la chose de ce biais-là qne je soutiens au P. Lami qu'il ne sauroit produire en faveur de l'homme aucune raison qui ne concluë également pour la bête. S'il me dit que l'usage de la parole qui n'apartient qu'à l'homme, est une preuve que l'homme a de la raison & par conséquent de la connoissance, je repliquerai que les actions des bêtes prouvent aussi qu'elles ont du sentiment. Qu'à la vérité ce que fait la bête nous découvre un moindre degré de connoissance, & que ce que l'homme fait en montre un plus haut dégré ; mais que pour ce plus, & ce moins la preuve est d'égale force. Qu'à cette possibilité obscure, d'un méchanisme qui produiroit tous les mouvemens des brutes, on ne sauroit lui marquer de bornes précises, ni prétendre que le méchanisme pourra bien produire tout ce que font les bêtes, mais qu'il ne produira jamais
les

ment; il a soutenu, que le discours n'étant

les liaisons raisonnées du discours. Dans l'obscure possibilité ces différences se confondent, & jusque là le Pere Daniel a raison. Il dit vrai, en disant que les signes équivalent aux paroles pour désigner l'Etre raisonnable, pourvû qu'il n'étende pas trop la signification du mot de *signe*. Car s'il comprend sous ce mot, toutes les actions proportionnées à un certain but, on lui niera la justesse de sa conséquence. Les actions des Bêtes ont manifestement un but par raport à elles. D'où je conclus qu'il y a dans la bête des desirs, des intérêts, & par conséquent une Ame principe de ces actions. Mais il se peut fort bien que ce qu'il y a de raisonné dans ces actions, c'est-à-dire leur suite, leur sage proportion avec ce but, dépende d'un méchanisme produit par quelque Intelligence superieure. C'est ce que mon hypothèse explique. La tendance vers une fin suppose une Ame à qui cette fin soit propre: mais il n'est point nécessaire que le choix des moyens vienne de cette Ame, dès que le Créateur lui-même a pu s'en charger. Voilà l'usage du Méchanisme. Ce Méchanisme est un moyen qui n'auroit nul usage s'il n'y avoit que la machine à conserver. Car la pure machine ne se propose aucun but, & n'a elle-même d'autre usage que celui de loger une Ame en procurant son bien-être. Ainsi dans les actions des brutes l'Ame sera le principe mouvant, l'intérêt de l'Ame sera la fin de l'action, & le Créateur proportionnera l'action à cette fin, par un méchanisme formé pour l'utilité de l'Ame. La bête ira vers ce but en aveugle, tandis que le Créateur l'y conduira par les moyens qu'il lui a sagement préparez. Je ne puis ramener trop souvent ces distinctions; elles font le nœud de mon Systê-

tant qu'une suite de sons formez par une suite

Systême, contre lequel on argumentera toûjours en l'air si l'on vient à les brouiller. C'est ainsi que la *fin* des actions prouve visib'ement que la bête *sent*, quoique leur *régularité* ne prouve point qu'elle *raisonne*. Faute d'avoir à la fois devant les yeux ces deux principes combinez, le *sentiment* & le *méchanisme*, qui concourent dans son action, on lui attribue également, & la sensibilité qui la fait agir, & l'art avec lequel elle agit, pour conclure aussitôt que si la bête sent, donc elle raisonne. Certainement la machine du corps animal doit être faite pour l'animal. Il doit donc y avoir en lui quelque autre chose que cette Machine, & ce quelque chose doit être une Ame capable au moins de sentir comme la mienne, puisque j'éprouve que mon corps, si ressemblant à celui de la bête, m'est nécessaire pour les sensations. Tous les mouvemens de la brute se rapportant à la conservation de sa machine, fortifient la preuve qui se tire de la proportion évidente de cette machine avec une Ame qui lui seroit unie. A quoi bon mettre dans cette machine par un art prodigieux, le principe des mouvemens qui tendent à la conserver, si sa conservation n'intéresse aucun Etre sensitif? Vous qui niez contre toutes les apparences imaginables, qu'elle soit à l'usage d'un tel Etre, vous êtes indispensablement obligé de satisfaire à ma question. Il est clair qu'une Montre est faite pour l'usage que son Cadran m'indique. Quand même l'industrie de l'Horloger y auroit mis le mouvement perpetuel, tout l'artifice d'un tel chef-d'œuvre se raporteroit à cet usage, & ne feroit que le rendre plus sûr & plus commode. Je ne chercherai donc point d'Ame dans cette Machine, quoi qu'elle se conserve elle-même parce que je vois qu'elle n'a d'usage

que

suite de divers mouvemens dans les organes de la parole, ces mouvemens peuvent avoir été préparez & produits mèchaniquement, de sorte qu'en vertu de la machine, ajuſtée à la différente diſpoſition des corps extérieurs, il ſuffit que le cerveau ſoit frapé de tels ou tels ſons, pour déterminer les eſprits à remuer la langue comme il le faut pour prononcer telles paroles rangées dans un certain ordre. Il a fort bien fait voir, que les ſignes ſont équivalens aux paroles, pour déſigner une Ame raiſonnable ; il a même ſoutenu d'une maniére aſſez plauſible, que les actions ſuivies & proportionnées à un certain but, repréſentent auſſi clairement une penſée & une intelligence, que le feroit une harangue ou une converſation de deux heures, & que l'on remarque dans les brutes de ces actions ſuivies & raiſonnées qui découvrent, pour le moins, autant d'intelligence que celles de pluſieurs animaux à figu-

que pour l'Homme. En peut-on dire autant de la Machine de l'animal ? Sa merveilleuſe ſtructure épuiſe-t-elle tout ſon uſage dans le profit que j'en tire ? Un uſage ſi borné remplit-il l'idée qu'elle me donne comme le rempliroit une Ame ſenſitive qu'on ſuppoſera lui être unie ?

figure humaine; il est étrange, & quel sujet ici de lamentations sur la foiblesse de l'esprit humain ! Il est étrange que l'on puisse pousser des Philosophes même avec une idée aussi creuse que celle-là. Mais cela nous montre à quel point c'est une voye d'égarement que de vouloir raisonner sur la puissance de Dieu en abandonnant l'expérience, & de conclurre de ce que Dieu peut faire à ce qu'il a fait. Les Pyrrhoniens ne demandent pas mieux que de s'égarer ainsi, en égarant les autres avec eux, à travers le pays perdu des possibilitez. Tâchons de leur fermer la bouche, par des preuves qui tendent à l'éclaircissement de notre question principale.

Si j'avois affaire à un Pyrrhonien de cette volée, comment m'y prendrois-je, pour lui prouver que ces hommes qu'il voit ne sont pas des Automates ? Je ferois d'abord marcher devant moi ces deux principes. 1. Dieu ne peut tromper. 2. La liaison d'une longue chaîne d'apparences avec une cause qui explique parfaitement ces apparences, & qui seule me les explique, prouve l'existence de cette cause. Convenez avec moi, Monsieur, lui dirois-je, que la pure re possibilité ne prouve rien, puisque qui dit possibilité qu'une chôse soit de telle maniére, pose en même tems possibilité égale pour la maniére opposée. Dans la pure possibilité l'esprit garde un parfait équilibre ; il ne penche de côté ni d'autre ; il ne nie, ni n'affirme rien. Supposez dans une question, simple possibilité d'une part, & deux dégrez seulement de probabilité de l'autre, ces deux degrez emportent la balance, & l'esprit doit pencher de ce dernier côté, d'autant de degrez. Supposez encore que dans une question problématique, il y ait quatre degrez pour le non, & dix pour le oui, mon esprit doit pencher au oui de six degrez. Mais si je découvre une infinité de probabilitez pour un des partis qu'il y a à prendre sur la même question, vous voyez bien, que la seule possibilité qui se trouve dans l'autre parti, n'empêche pas qu'il n'y ait certitude entiere pour celui que j'ai pris. En un mot, vous voyez que la simple possibilité ne sauroit déterminer à embrasser quelque parti que ce soit.

Appliquons ceci à notre sujet. Vous m'alleguez qu'il est possible que Dieu ait
fabri-

fabriqué des machines semblables (3) au corps humain, qui par les seules loix du Méchanisme parleront, s'entretiendront avec moi, feront des discours suivis, écriront des Livres bien raisonnez, pratiqueront la plus fine manœuvre des Arts pour produire les Ouvrages les plus industrieux. Ce sera Dieu dans ce cas, qui ayant toutes les idées que je reçois à l'occasion des mouvemens divers de ces Etres que je crois intelligens comme moi, fait jouer les ressorts de certains Auto-

(3) L'Imagination des Poëtes a prévenu celle des Philosophes sur ce Merveilleux outré; témoin ces Trépieds Ouvrages de *Vulcain* qui alloient d'eux-mêmes dans l'Assemblée des Dieux, au rapport d'*Homere*; & ces belles Esclaves d'or que *Thetis* trouva chez *Vulcain*, à ce que raconte ce même Poëte, qui paroissoient vivantes, & qui réellement douées avec cela d'entendement, de force & de souplesse par une faveur particuliére des Immortels, avoient si bien apris l'art de leur Maître, qu'elles travailloient auprès de lui, & lui aidoient à faire ces Ouvrages surprenans qui étoient l'admiration des Dieux & des Hommes. *Iliad*. XVIII. Voyez ce que dit là-dessus l'Abbé TERRASSON, *Dissert. Crit. sur l'Iliade*. Tome II. p. 246. Ne diroit-on pas que l'Harmonie préétablie a été imaginée d'après ce modele? *Homere* & Mr. *Leibnitz* se ressemblent assez par leur amour demesuré pour le merveilleux. Il y a une certaine Philosophie qui sympathise avec la Fable.

tomates pour m'imprimer ces idées à leur occasion, & qui exécute tout cela lui seul par les seules loix du Méchanisme. N'incidentons point inutilement. Je vous passe votre supposition, parce que les raisonnemens qu'il faudroit employer pour la combattre en elle-même m'écarteroient trop de mon sujet. Prenons une voye plus courte; comparez un peu votre supposition avec la mienne; Vous, vous attribuez tout ce que je vois, à un Méchanisme caché, qui vous est parfaitement inconnu, aussi-bien qu'à moi, & dont, quelqu'effort que vous fassiez, vous ne pouvez ni vous former vous-même l'idée, ni me la donner. Vous supposez une cause dont vous ne voyez assurément point la liaison avec aucun des effets, & qui ne rend raison d'aucune des apparences: Moi je trouve d'abord une cause dont j'ai l'idée, une cause qui réunit, qui explique toutes ces apparences; cette cause c'est une Ame semblable à la mienne, laquelle est unie à un corps semblable au mien. Je sai que je fais toutes ces mêmes actions extérieures que je vois faire aux autres hommes, par la direction d'une Ame qui pense, qui raisonne, qui a des idées, qui

a

a des idées, qui est unie à un corps dont elle règle comme il lui plaît les mouvemens. Je prononce des discours suivis, je fixe mes pensées par l'écriture, je fais certaines actions, qui expriment mes pensées & qui tendent à exécuter les desseins que j'ai conçus. Je vois clairement la liaison de toutes ces opérations différentes, avec les idées & les volontez de mon Ame intelligente & raisonnable ; une Ame raisonnable m'explique donc clairement des opérations pareilles que je vois faire à ces corps humains qui m'environnent. J'en conclus qu'ils sont unis comme le mien à des Ames raisonnables. L'Ame raisonnable est un principe dont j'ai l'idée, un principe qui réunit & qui explique avec une parfaite clarté les Phénomènes innombrables que je vois, un principe que tous ces Phénomènes réunis présentent à mon esprit comme leur véritable cause. Je ne puis par conséquent m'empêcher d'admettre ce principe. La pure possibilité d'une autre cause dont vous ne me donnez point l'idée, votre Méchanisme possible, mais inconcevable, & qui ne m'explique aucun des effets que je vois, ne m'empêchera jamais d'affirmer l'existence d'une Ame

Tom. I.   E   raison-

raisonnable qui me les explique, ni de croire fermement que les hommes avec qui je commerce tous les jours, ne sont pas de purs Automates. Et prenez-y garde, ma croyance est une certitude parfaite; puis qu'elle roule sur cet autre principe évident, c'est que Dieu ne sauroit tromper: Or si ce que je prends pour des hommes comme moi n'étoient en effet que des Automates, il me tromperoit, il feroit alors tout ce qui seroit nécessaire pour me pousser dans l'erreur, en me faisant concevoir d'un côté une raison claire des Phenomènes que j'appperçois, laquelle pourtant n'auroit pas lieu; tandis que de l'autre, il me cacheroit la véritable.

Tout ce que je viens de dire s'applique aisément aux actions des Brutes, & la conséquence va toute seule. Qu'appercevons-nous chez elles? Des actions suivies, raisonnées, qui expriment un sens, & qui représentent les idées, les desirs, les intérêts, les desseins de quelque Etre particulier. (4) Il est vrai qu'elles ne parlent pas; & cette disparité entre les Bêtes & l'Homme vous servira

(4) V. ci-dessous. Part. II. Ch. X. Not. 6.

vira tout au plus à prouver qu'elles n'ont point comme lui, des idées univerfelles, qu'elles ne forment point de raifonnemens abftraits. Mais elles agiffent d'une maniére conféquente; cela prouve qu'elles ont un fentiment d'elles-mêmes, & un intérêt propre qui eft le principe & le but de leurs actions; nous l'avons déja remarqué plus haut, tous les mouvemens des bêtes tendent à leur utilité, à leur confervation, à leur bien-être. Pour peu qu'on fe donne la peine d'obferver leurs allures, il paroît manifêftement une certaine Societé entre celles de même efpèce, & quelquefois même entre les efpèces différentes; elles paroiffent s'entendre, agir de concert, concourir au même deffein; elles ont une correfpondance avec les hommes; témoin les chevaux, les chiens &c.; on les dreffe, ils apprennent; on leur commande, ils obéïffent; on les menace, ils paroiffent craindre; on les flatte, ils careffent à leur tour; ils aiment, ils haïffent, ils ont pour leurs maîtres, & leurs maîtres ont pour eux, des fignes intelligens. Bien plus; car il faut mettre ici à l'écart les merveilles de l'inftinct, nous voyons ces animaux

E 2   faire

faire des actions spontanées, où paroît une image de raison & de liberté, d'autant plus qu'elles sont moins uniformes, plus diversifiées, plus singuliéres, moins prevues, accommodées sur le champ à l'occasion présente. Là les animaux paroissent réflechir sur les objets, rappeller le passé, prévoir l'avenir, tirer des conséquences de ce qu'ils ont vu à ce qu'ils n'ont point vu; (5) on les voit, Logiciens & Politiques nouveaux, profiter de l'expérience, conclurre juste de certains principes, imaginer des ruses, former & conduire un dessein avec la derniere finesse, & donner souvent le change aux hommes, en ces cas-là plus bêtes qu'eux.

Ne dissimulons pourtant rien, & qu'il soit permis au Cartésien de reprendre pour un moment la parole, & de produire une instance qui manquoit à son Plaidoyer. On entend souvent, dit-il, trop finement les actions des bêtes; on leur prête souvent trop d'esprit; la prévention

---

(5) V. dans les Fables de la *Fontaine* Fab. 188. les ruses du Cerf & de la Perdrix, & la Fable suivante des deux Rats, où ce célèbre Poëte qui sait prêter tant d'esprit aux Bêtes devient Philosophe pour plaider en leur faveur.

tion générale où nous sommes qu'elles pensent, à peu près comme nous, nous fait trouver des suites raisonnées dans des mouvemens où il n'y en a point ; parce qu'ils sont le pur effet du hazard, ou que, plutôt, ils ont chacun leur cause particuliére. Ce sont de ces Chiffres où notre préoccupation nous fait lire ce que nous voulons, & toûjours ce que nous avons dans l'Ame. Ecoutez parler un Chasseur, ou bien entretenez quelqu'une de ces femmes qui ont la passion des animaux; écoutez-les raconter l'Histoire des faits & gestes de leur chien, de leur chat, ou de leur oiseau ; ce sont des récits tels qu'une Créature humaine en pourroit fort bien être le sujet ; des récits ornez, où, selon le défaut si justement reproché à quelques Historiens, les motifs des actions tiennent autant de place que les actions mêmes. Elles passionnent, elles animent tout, par-tout elles mettent du rafinement & des vuës ; elles substituent imperceptiblement des pensées & des réflexions à la place des mouvemens corporels, tout comme si ces réflexions, & ces pensées étoient visibles à leurs yeux ; & mêle perpetuellement dans leur récit ces deux sortes de choses comme si ce n'en étoit qu'une : (6) Voilà le langage de l'Imagination qui est presqu'universel, comme on peut l'observer dans tous les entretiens qui roulent sur cette matiére.

Rien de plus ordinaire que cette espèce d'illusion. Mettez-vous une fois dans l'esprit qu'un homme est fin & rusé, vous examinerez curieusement toutes ses démarches, vous les interprêterez selon votre idée, vous soupçonnerez souvent du dessein dans ses actions les plus indifférentes. Au contraire, soyez persuadé que tel autre homme est un esprit des plus bornez, il fera tout ce qu'aura fait le premier, sans que vous vous avisiez de penser qu'il ait des vues. L'idée que vous vous êtes formée de son génie, vous empêche d'être attentif à ses actions, & de les tirer à conséquence. Il en va de même des brutes, voyez-les à travers la haute opinion que nous en donne le préjugé vulgaire, vous ne manquerez pas d'alleguer d'un air triomphant, certaines actions qu'on leur voit fai-

---

(6) Lisez un joli trait là-dessus dans l'Abbé de Choisi, Journal du *Voyage de Siam.* p. 95.

faire, comme des preuves d'intelligence; tandis que celui qui les regarde d'un œil Cartéſien, & qui les mépriſe juſqu'à les traiter de Machines, déduira ces mêmes actions des loix de la Méchanique, d'une manière du moins auſſi vraiſemblable que la vôtre; & ſur cela je renvoye à pluſieurs exemples dont on trouve de bonnes explications méchaniques dans les Auteurs que j'ai citez.

Revenons de notre petit écart, en diſant que cette nouvelle inſtance avance peu les affaires des Cartéſiens; elle ne leur ſert qu'à chicaner un peu le terrain; ils revendiquent, tout au plus, à leur Syſtême quelques actions équivoques qu'on lui oppoſe, quoi qu'elles puiſſent s'interpréter en ſa faveur; mais qu'y gagnent-ils? Il y en a une infinité d'autres que l'on défie le Machiniſte le plus ſubtil d'approprier jamais à ſon art. On cite des bêtes mille & mille actions raiſonnées, qui ne ſont pas même des branches de l'impreſſion uniforme & générale de l'inſtinct. Mais ſans faire ferme là-deſſus, diſons tout d'un coup que toutes les actions des bêtes ſont raiſonnées, puiſqu'elles ſe rapportent à un but, ſa-

E 4 voir

voir la conservation & l'avantage de la bête. Appliquons donc ici nos deux règles, en comparant le Dogme Cartésien avec l'Hypothése commune. Vous Cartésien, m'alleguez l'idée vague d'un Méchanisme prétendu possible, mais inconnu & inexplicable pour vous & pour moi ; voilà, dites-vous, la source des Phénomènes que nous offrent les Bêtes : Et moi j'ai l'idée claire d'une autre cause, j'ai l'idée d'un principe sensitif ; je vois que ce principe a des rapports très-distincts avec tous les Phénomènes en question, & qu'il explique nettement & réunit universellement tous ces Phénomènes. Prenez garde, je ne dis pas que j'aye une idée claire de ce principe par rapport à tous ces attributs essentiels, par rapport à tous les effets qu'il peut produire, & à toutes les modifications qu'il peut recevoir ; je dis seulement, que je vois avec évidence qu'il peut produire tous les Phénomènes dont nous parlons, c'est-à-dire, toutes les actions des Brutes ; que ces actions le représentent & le supposent manifestement ; voici ma preuve. Je vois que mon Ame en qualité de principe sensitif, produit mille actions & remue mon corps

corps en mille maniéres, toutes pareilles à celles dont les Bêtes remuent le leur dans des circonstances semblables. Je ne connois point d'autre principe qui me donne ces raports distincts. Posez un tel principe dans les Bêtes, je vois la raison & la cause de tous les mouvemens qu'elles font pour la conservation de leur Machine. Je vois pourquoi un Chien retire sa patte, quand le feu le brûle ; pourquoi il crie quand on le frappe, &c. Otez ce principe, je n'apperçois plus de raison ni de cause unique & simple de tout cela. J'en conclus qu'il y a dans les Bêtes un principe de sentiment ; puisque Dieu n'est point trompeur & qu'il seroit trompeur au cas que les Bêtes fussent de pures Machines ; puis qu'il me présenteroit une multitude de Phénomènes, d'où résulte nécessairement dans mon esprit, l'idée d'une cause qui ne seroit point.

Enfin l'Hypothèse des Automates est telle à mon avis que je n'ai pas eu besoin de me servir de tous mes avantages contre ceux qui la soutiennent. J'eusse pu me contenter de nier au Cartésien, que son Automate soit possible & l'arrêter ainsi dès le premier pas. Car s'il est vrai que les mouvemens des Bêtes font inexplicables par la Méchanique, il eſt bien clair qu'il faudra les attribuer à un Principe immatériel qui penſe & qui ſent, n'y ayant aucun milieu raiſonnable entre ces deux cauſes. Mais comme l'impoſſibilité d'un pareil Automate, à l'enviſager du côté de la Toute-puiſſance divine, ne me paroît pas démontrée, je m'en tiens à une autre méthode qui, ce me ſemble, ruïne l'Hypothèſe ſans reſſource. C'eſt qu'un principe immatériel & ſenſitif étant dans les Bêtes l'unique raiſon ſuffiſante de leurs mouvemens ſpontanées, & tous ces mouvemens concourant à nous le repréſenter, il faut que ce principe exiſte, ou que toutes les règles de la Certitude morale ſoient fauſſes. Si vous conſiderez la choſe ſous ce point de vue, le Cartéſien ne ſera plus reçu à m'oppoſer ſon prétendu Méchaniſme, comme on oppoſe pour l'explication des Phénemènes phyſiques Hypothèſe à Hypothèſe. Car ſuppoſé qu'au lieu d'une Ame ce Méchaniſme exiſtât & qu'il produſît actuellement les mouvemens en queſtion, leur rapport avec une Ame ſpirituelle comme avec leur unique raiſon ſuffiſante, n'en ſubſiſteroit pas

pas moins, & cet arrangement méchanique dont ils deviendroient l'effet immédiat, se raporteroit lui-meme à cette Ame pour nous en repréfenter l'exiftence & les modifications, & par conféquent pour nous tromper.

Un nouvel exemple éclaircira ce que je viens de dire. Tout le monde a ouï parler de la fameufe Tête d'or d'Albert le Grand. Réalifons pour un moment cette merveille affez douteufe. Cette Tête donc qui me parle & qui me répond, quelle idée me donne-t-elle, je vous prie, par ces difcours fenfez & fuivis que je lui entends proferer? Quel eft l'objet immédiat qui s'offre là-deffus à mon efprit? Eft-ce un compofé de refforts? Ces fons que j'entends me repréfentent-ils le Méchanifme intérieur du miraculeux Automate? Rien moins. Ils me repréfentent une Ame humaine qui penfe tout ce que ces fons expriment & qui les forme pour me communiquer fes penfées. Il eft fi vrai que mon efprit va néceffairement là que fi cette Tête étoit derriére un rideau je tomberois infailliblement dans l'erreur en jugeant que c'eft un Homme qui me parle. Je ne m'y trompe point, car je vois la Tête, si vous voulez même, on me l'ouvre pour m'en montrer tout le jeu. Mais j'en reviens toujours à ceci que l'Ouvrier dans la fabrique de sa Tête artificielle s'est proposé de représenter par les sons qu'il en fait sortir, l'action d'un véritable homme qui parle. S'il n'a pas en vue de me tromper réellement, du moins veut-il me faire admirer l'agréable imposture de son Art. Maintenant substituons à cette Tête parlante l'Automate Cartésien, mettons Dieu à la place du Machiniste, tout le reste est semblable, excepté, que selon cette Hypothèse Dieu me tromperoit en effet, puisque n'étant averti de rien, ne pouvant même ni me former l'idée du Méchanisme des Bêtes, ni m'assurer de sa possibilité, d'ailleurs toutes leurs actions me peignant une Ame sensitive avec ses diverses modalitez, il faudroit que Dieu dans l'agencement de la Machine animale se fût proposé de me représenter cette Ame, & de me la faire voir où elle n'est pas. Mais Dieu ne peut avoir eu un pareil dessein, puisqu'il n'est point trompeur. Sa véracité m'assure donc que les Bêtes ont une Ame; cette Ame étant

je

je ne dis pas l'unique cauſe phyſique poſſible, mais l'unique raiſon ſuffiſante des Phénomènes. Que ce ſoit en qualité de cauſe occaſionnelle ou de cauſe phyſique que cette Ame les produiſe, il n'importe pour notre queſtion, ſuffit qu'il n'y a qu'elle qui les lie, qui en rende raiſon, & qui ſoit le Centre où ſe terminent tous leurs rapports, pour ne plus douter de ſon exiſtence. Si ce raiſonnement ſe trouvoit faux, toutes les Démonſtrations morales le ſeroient, puiſque procedant *à poſteriori*, comme on parle dans l'Ecole, c'eſt-à-dire, remontant des effets à la cauſe & des apparences liées au principe commun qui les lie, elles ſe fondent toutes ſur cette regle.

CHAPITRE VII.

Nouvelle preuve de l'exiſtence de l'Ame des Brutes, priſe de l'Analogie de leur Corps avec le Corps humain. L'admirable ſtructure de leurs organes ne peut avoir d'autre but que de loger une Ame immatérielle, & d'être pour cette Ame principe de ſenſation & inſtrument d'action. Examen

men de la question si les Animaux ont été creés pour l'Homme. Réflexion sur l'usage des causes finales dans la Philosophie. Il faut distinguer entre les usages directs des choses & les usages accessoires. La destination des Bêtes pour l'usage de l'Homme n'affoiblit point l'argument pris de leur structure en faveur d'une Ame spirituelle.

MAIS il faut pousser plus loin ce raisonnement pour en mieux comprendre toute la force: supposons dans les Betes, si vous le voulez, une disposition de la Machine d'où naissent toutes leurs opérations surprenantes; croyons qu'il est digne de la Sagesse divine, comme le soutiennent les Cartésiens, de produire une Machine qui puisse se conserver elle-même, & qui ait au dedans d'elle, en vertu de son admirable organization, le principe de tous les mouvemens qui tendent à la conserver. Je demande à quoi bon cette Machine? Pourquoi ce merveilleux arrangement de ressorts? Pourquoi tous ces Organes semblables à ceux de nos Sens, pourquoi ces yeux, ces oreilles, ces narines, ce cerveau? C'est, dites-vous, a-
fin

PARTIE I. CHAP. VII.

fin de régler les mouvemens de l'Automate sur les impressions diverses des Corps extérieurs. Le but de tout cela, c'est la conservation même de la Machine. Mais encore, je vous prie, à quoi bon dans l'Univers des Machines qui se conservent elles-mêmes ? Ne vous récriez pas sur la hardiesse de ma question ; ne dites pas que ce n'est point à nous de pénétrer dans les vues du Créateur, & d'assigner les fins qu'il se propose dans chacun de ses Ouvrages. Votre réflexion très-judicieuse en elle-même seroit-là fort mal appliquée, & porteroit manifestement à faux. (1) Il seroit

---

(1) *Socrate* faisoit consister la vraye Philosophie à rechercher les causes finales des œuvres de la Nature. De-là vint le mépris qu'il conçut pour les Livres d'*Anaxagore*. Voyez *Bayle*, Dict. Crit. Article *Anaxagoras* rem. R. & les Réflexions qu'il fait sur l'impossibilité de rendre raison par cette voye de l'arrangement de l'Univers, savoir en montrant par des raisons particulières que chaque corps y est au meilleur état qu'il soit possible. Pour remplir le souhait de *Socrate*, il faudroit avoir l'idée du Tout, mais cela n'empêche pourtant pas que les usages manifestes de plusieurs parties ne nous prouvent l'existence de ce meilleur total. Voyez *Shaftsbury* T. II. the Moralists p. 362-365. Voyez aussi *Cudworth*, True Intellect. Syst L. I. Ch. IV. p. 686.

roit téméraire de vouloir deviner les vues de Dieu, quand il nous les cache; mais il est très-raisonnable de reconnoître ces vues quand il nous les découvre par des indices assez parlans. (2) Quoi! n'ai-je pas raison de dire, que l'oreille est faite pour ouïr, & les yeux pour voir, que les fruits qui naissent du sein de la Terre sont destinez à nourrir l'Homme; que l'air est nécessaire à l'entretien de sa vie, puisque la circulation du sang ne se feroit point sans cela? Nierez-vous que les différentes parties du corps animal, celles que nous voyons, celles que l'industrie des Anatomistes nous découvre, soient faites par le Créateur pour l'usage que l'expérience indique? Si vous le niez, vous donnez gain de cause à tous les Athées.

Je vais plus avant. Les organes de nos Sens, qu'un Art si sage, qu'une main si industrieuse a façonnez, ont-ils d'autres fins dans l'intention du Créateur que les sensations mêmes qui s'excitent dans notre

---

(2) Dans l'opinion Cartésienne les Brutes ressemblent aux Idoles du Paganisme. Elles ont des yeux sans voir, de oreilles sans entendre, un nez qui ne flaire rien. V. Pseaume CXXXV. v. 16.

notre Ame par leur moyen? (3) Doutera-t-on que notre corps ne soit fait pour notre Ame, c'est-à-dire, pour être à son égard un principe de sensation & un instrument d'action? Qu'il ne nous ait été donné pour nous rendre susceptibles d'une certaine espèce de bonheur? Pour nous mettre en état d'acquerir mille connoissances utiles & agréables, & pour nous fournir l'occasion d'exercer mille vertus dont un pur Esprit n'est pas susceptible? En général, il paroît absurde de dire, que le corps soit à lui-même sa propre fin; Dieu qui a créé les Corps & les Esprits, a fait les Corps pour les Esprits. C'est une loi de l'ordre immuable que ce qui est simplement aperçu, est nécessairement subordonné à ce qui aperçoit, & est fait pour lui; & s'il m'est permis de m'élever pour un moment à des vues plus hautes, il me semble que le Monde matériel ne peut servir à la grande fin de tous les Ouvrages de la Nature, je veux dire à la gloire de son Auteur, que par le moyen des Intelli-

(3) Ce raisonnement paroîtra plus fort quand on aura lû avec quelqu'attention ce que je dis ci-dessous de la nature des Sensations. C'est la clef de tout mon Systême.

telligences créées qui le contemplent, & que par conséquent pour cette grande fin, il est subordonné aux Intelligences. Car la perception ou la sensation des Corps, avec le pouvoir de les remuer, contribue en mille maniéres différentes à la perfection, à la felicité des Esprits créés & conséquemment à la gloire du Créateur. L'union d'une Ame à la Machine du Corps humain devient, entre une infinité d'autres plans qui roulent dans l'Entendement divin, un moyen admirable de procurer le bonheur des Intelligences & d'avancer la gloire de Dieu. Ainsi ce que nous disions de l'organisation du corps humain, n'est qu'un cas particulier du principe général qui s'étend à la structure du Monde matériel, lequel fournit aux Intelligences une source inépuisable de lumiéres, de plaisirs, & de secours pour connoître, aimer, glorifier le Créateur. Revenons.

Comme le but général de la Sagesse divine paroît être de rapporter & subordonner le Monde corporel aux Intelligences qui se rapportent elles-mêmes à Dieu, le but particulier de l'organization d'une certaine portion de matiére doit être de servir à quelque

que principe immatériel, certainement plus excellent qu'elle : ce que notre Ame éprouve dans l'état d'union, nous découvre plus diſtinctement de quel uſage eſt pour elle ce corps qui lui eſt uni ; & de là nous tirons légitimement cette conſéquence, que toute Machine organiſée de la même maniére, toute Machine où ſe trouvent des organes de ſenſation & d'action, pareils à ceux de notre corps, doit avoir été faite pour loger une Ame, c'eſt-à-dire, un principe actif & ſenſitif tout enſemble. Par la règle que nous avons ci-deſſus appliquée avec ſuccès, nous pouvons arriver ici à la certitude. Dans la Machine des Animaux nous découvrons un but très-ſage, très-digne de Dieu, but vérifié par notre expérience dans des cas ſemblables ; c'eſt de s'unir à un principe immatériel, & d'être pour lui ſource de perception & inſtrument d'action ; voilà une unité de but, auquel ſe rapporte cette combinaiſon prodigieuſe de reſſorts qui compoſent le corps organiſé. Si vous niez ce principe immatériel, ſentant par la Machine, agiſſant ſur la Machine, & tendant ſans ceſſe par ſon

pro-

propre intérêt à la conferver ; fi vous lui ôtez ce but, je n'en vois plus aucun qui foit digne d'un fi admirable Ouvrage. Cette Machine doit certainement avoir été faite pour quelque fin diftincte d'elle ; car elle n'eft point pour elle-même, non plus que les roues de l'Horloge ne font point faites pour l'Horloge. Je vois chacune de ces pièces artiftement façonnées, & agencées entr'elles, pour faire un tout qui fe remue, & qui conferve fon mouvement ; mais ce tout, pour quel but eft-il deftiné, s'il n'y a point de Subftance immatérielle fimple & vraiment une, aux ufages de laquelle il fe rapporte ?

Je fai bien que le Cartéfien ne manquera pas de replique. Il dira que comme l'Horloge eft faite pour marquer les heures & pour fournir aux hommes une jufte mefure du tems, de même les bêtes ayant été créées pour l'homme, l'ufage de leur Machine fe préfente de lui-même dans l'abondante variété de fecours que ces animaux nous procurent. Mais cette replique paroît peu folide, j'ai deux chofes à lui oppofer.

I. Que les animaux ayent été faits pour l'homme, c'eft un principe qui ne
fau-

sauroit être admis au Tribunal de la simple lumiere naturelle qu'avec de grandes restrictions: l'Homme est certainement le Roi des Animaux par l'excellence de sa nature; comme le plus noble des Habitans de ce bas Monde il doit naturellement être à leur tête. Sa Raison lui donne sur toutes les Créatures privées d'intelligence & qu'il trouve à sa portée, une sorte d'empire fondé sans doute sur la volonté du Créateur, puisque cette volonté se manifeste par l'ordre même & par les rapports qu'il met entre les différents Etres sortis de sa main. Quand donc l'Homme usant des facultez qu'il a reçues & profitant de sa supériorité, gouverne les Etres purement sensitifs aussi bien que les Créatures insensibles & les assujettit à ses besoins, il y a le même droit que si Dieu lui eût dit immédiatement; Je soumets toutes ces Créatures à votre empire & je les ai faites pour vous. En ce sens la Raison nous apprend que les Animaux ont été créés pour l'Homme. Mais que ce soit-là l'unique ou même la principale fin que la Sagesse divine se soit proposée dans leur Création, c'est ce que la Raison ne nous apprend pas.

L'ex-

L'expérience même semble démentir cette idée. Que répondre à un Philosophe qui raisonneroit ainsi: (4),, L'Hom-
,, me regne, dites vous, sur les autres ani-
,, maux, ils n'existent que pour lui : d'où
,, vient donc qu'il y a d'innombrables
,, Légions de ces prétendus Sujets qui
,, vi-

(4) *Aristote* qu'on a nommé le Secretaire & le confident de la Nature, & dont le génie, disoit-on, n'avoit point d'autres bornes qu'elle, ne fut pourtant admis qu'à moitié dans son secret sur cette matiere, lui qui croyoit que les animaux avoient uniquement été faits pour l'homme & que tant de bêtes sauvages n'existoient dans le monde qu'afin de nous revêtir de leur peau. Ὥσε ὁμοίως δῆλον, dit-il, ὅτι καὶ γενομένοις οἰητέον τά τε φυτὰ τῶν ζώων ἕνεκεν εἶναι, καὶ τὰ ἄλλα ζῶα τῶν ἀνθρώπων χάριν. τὰ μὲν ἥμερα καὶ διὰ τὴν χρῆσιν καὶ διὰ τὴν τροφὴν, τῶν δ᾽ ἀγρίων εἰ μὴ πάντα ἀλλὰ τά γε πλεῖστα τῆς τροφῆς καὶ ἄλλης βοηθείας ἕνεκεν, ἵνα καὶ ἐσθὴς καὶ ἄλλα ὄργανα γίνηται ἐξ αὐτῶν. εἰ δ᾽ ἡ φύσις μηθὲν, μήτε ἀτελὲς ποιεῖ μήτε μάτην, ἀναγκαῖον τῶν ἀνθρώπων ἕνεκεν ταῦτα πάντα πεποιηκέναι τὴν φύσιν. Politic. L. I. c. 5. p. 47. edit Heins. Quelle confiance de répondre ainsi pour la Nature non-seulement des vûes qu'elle a, mais de celles qu'elle n'a pas! *Aristote* ressembloit à ce fou d'Athènes, qui croyoit que tous les Vaisseaux du Pirée lui apartenoient. Voy. *Entretiens sur la pluralité des Mondes.* On peut voir sur le but de la création de tant d'animaux, & sur-tout de ce Monde infini d'Insectes qui peuplent invisiblement la Terre, & dans quel sens, ceux qui nuisent à l'homme sont créez pour lui, le P. *Mallebranche*, Entret. XI. *sur la Religion & la Metaphys.* p. 88, &c. Derham Astro-Theol. L. III. ch. 4. p. 81, 82.

„ vivent inconnues à leur Roi, & fur
„ lesquelles ni fon pouvoir ni même
„ fes regards ne fauroient s'étendre?
„ D'où vient que parm fes Sujets l'Hom-
„ me compte un fi grand nombre
„ d'ennemis, indomptables pour la plu-
„ part, & que ce n'eft qu'à titre de
„ Conquête qu'il exerce fon empire fur
„ le refte? Gardons-nous de confondre
„ en chaque chofe les ufages acceffoi-
„ res avec la fin principale, & fur ce
„ que nous connoiffons certaines fins
„ des Ouvrages du Créateur, ne nous
„ imaginons par les connoître toutes.
„ Il eft évident que diverfes efpèces
„ d'animaux font deftinées à notre ufa-
„ ge & que nous fommes redevables
„ au Créateur de tout le bien qu'elles
„ nous font; mais s'enfuit-il de là que
„ l'utilité de l'Homme foit l'unique ou
„ même la principale fin de la création
„ des animaux en général? Combien y
„ en a-t-il dont l'homme ne tire nul
„ fecours; comme les bêtes feroces, les
„ infectes, tous ces petits Etres vivans
„ & imperceptibles à nos yeux, qui
„ peuplent chaque élement. Les ani-
„ maux qui fervent l'Homme femblent
„ ne le faire que par accident; & par-
„ ce

„ ce que l'Art humain les dompte, les
„ apprivoise, les dresse, les tourne a-
„ droitement à notre usage, en les é-
„ cartant de leur route naturelle. Croi-
„ ra-t-on que toute cette merveilleuse
„ fabrique des parties du corps d'un
„ chien, d'un cheval, d'un éléphant,
„ n'ait pour but que de procurer aux
„ hommes le service qu'ils tirent de
„ ces animaux? Cet usage n'est-il pas
„ suppléé, surpassé même en plusieurs
„ rencontres, par des machines infini-
„ ment moins composées & plus gros-
„ siéres, comme les Vaisseaux, les Mou-
„ lins à vent, à eau, ou à feu ? En-
„ core un coup, il faut bien distinguer
„ l'usage naturel, la fin principale d'u-
„ ne chose, d'avec les fins accessoires
„ & les usages détournez. Nous nous
„ servons des chiens, des chevaux, en
„ les appliquant avec art à nos besoins,
„ comme nous nous servons du vent
„ pour pousser les Vaisseaux, & pour
„ faire aller les Moulins. (ƒ) On se
„ me-

(5) Un beau passage de Seneque, mais trop long pour la raporter ici, vient parfaitement à mon sujet. C'est L. V. Nat. Quæst. c. 18, il y traite de l'utilité des Vents & montre à cette occasion comment les hommes ont l'art malheureux d'em-
poi-

„ méprendroit fort de croire que l'u-
„ fage naturel du vent & le but prin-
„ cipal que Dieu fe propofe en produi-
„ fant ce météore, foit de faire tour-
„ ner les Moulins, & de faciliter la
„ courfe des Vaiffeaux ; & l'on aura
„ beaucoup mieux rencontré fi l'on dit,
„ que les Vents font deftinez à puri-
„ fier & rafraîchir l'air. Appliquez ce-
„ ci à notre fujet. Une Horloge eft
„ faite pour montrer les heures, & n'eft
„ faite que pour cela ; toutes les diffé-
„ rentes pièces qui la compofent font
„ néceffaires à ce but & y concourent
„ toutes (6). Mais y a-t-il quelque
„ proportion entre la délicateffe, la va-
„ rieté, la multiplicité, des organes
„ des animaux, & les ufages que nous
„ en tirons, que même nous ne tirons
„ que d'un petit nombre d'efpèces &
„ encore de la plus petite partie de cha-
„ que efpèce ?" Quoiqu'il en foit du
„ rai-

poifonner les dons de la Providence. Faut-il s'en prendre à elle s'ils fe prévalent du fecours des vents pour porter les horreurs de la guerre dans les climats les plus reculez ?

(6) Confultez fur ces ufages indirects par raport aux infectes la *Bibliotheq. Anc. & Mod.* Tom. XXIV. p. 405.

raisonnement de ce Philosophe dont je ne garantis pas à tous égards la solidité, j'ai quelque chose de plus précis à répondre en 2 lieu. J'accorde au Cartésien que les Animaux sont faits pour l'Homme. La Raison établit cette proposition dans un certain sens, la Revelation la confirme encore dans un sens plus étendu; & les usages inconnus que la Providence peut avoir ménagez pour l'Homme dans les espèces d'animaux qui semblent avoir le moins de raport à lui, font une solution suffisante aux difficultez proposées. Mais tout cela ne tirera point d'affaire mon Cartésien : car il ne s'agit pas ici de l'usage auquel la bête elle-même se raporte; il s'agit de savoir si l'admirable structure de ses organes ne suppose pas en elle un principe immatériel en faveur duquel ils ayent été faits; & si cet Etre vivant que nous reconnoissons avoir été fait pour l'Homme, n'est que pure Machine, ou bien si c'est un Composé d'Ame immatérielle avec un Corps façonné pour servir d'instrument aux opérations de cette Ame. Que la fin à laquelle l'Animal entier se raporte soit hors de lui cela n'empêche pas

pas qu'il n'y ait en lui une subordination visible entre la Nature corporelle & la spirituelle, & que sa structure n'ait pour usage immédiat celui qu'une Ame unie à un Corps ainsi construit en pourra tirer, usage intérieur qui se rapportant à la Bête même prouve qu'elle n'est pas une pure machine. L'Horloge a un but distinct d'elle-même: mais regardez bien les Animaux, suivez leurs mouvemens, voyez-les dans leur naturel, lorsque l'industrie des hommes ne le contraint en rien, & ne l'assujettit point à nos utilitez & à nos caprices; vous n'y remarquez d'autre vue, que leur propre conservation. Mais qu'entendez-vous par leur conservation, est-ce celle de la Machine? Votre réponse ne satisfait point, vous répondez à la question par ce qui fait la question même; la pure matiére n'est point sa fin à elle-même, encore moins le peut-on dire d'une portion de matiére organisée, l'arrangement d'un tout matériel a pour but autre chose que ce tout; la conservation de la Machine de la Bête, quand son principe se trouveroit dans la Machine même, seroit moyen & non fin. Plus il y auroit de fine
mé-

méchanique dans tout cela, plus j'y découvrirois d'art, & plus je serois obligé de recourir à quelque chose hors de la machine, c'est-à-dire, à un Etre simple pour qui cet arrangement fût fait, & auquel la Machine entiere eût un rapport d'utilité. Avant même que nous raisonnions, un instinct secret de Raison nous dit, ou que cette organisation n'a aucun but proportionné à l'art merveilleux qui y brille, ou que ce but est celui où nous conduit l'inspection du Corps humain, & ses différens raports avec l'Ame, connus par expérience.

CHAPITRE VIII.

Analogie des Plantes avec les Animaux. Difficulté qui en naît. Gradation insensible dans les diverses espèces de Corps vivans. Disparitez essentielles entre les Animaux & les Plantes qui ne permettent pas d'attribuer une Ame à celles-ci. Leur principal usage est de servir de retraite & de nourriture aux Animaux. En général elles paroissent se raporter à un but qui est hors d'elles. Bornes

PARTIE I. CHAP. VIII.

Bornes qui séparent le genre animal du végétal malaisées à fixer, ce qui n'empêche pas que les preuves de l'Ame des Brutes ne soient sans conséquence pour les Végétaux.

NE passons point sous silence une difficulté qui se présente naturellement ici. Elle est assez spécieuse pour mériter un éclaircissement à part. J'ai dit tout-à-l'heure que tout Corps organisé ayant nécessairement un but qu'il ne faut point chercher dans la Machine même, celui des organes de la Bête paroît être évidemment l'utilité d'une Ame qui leur soit unie. Il semble que ce raisonnement mène bien loin. Sur ce pied-là, direz-vous, il faudra donc aussi donner une Ame aux Plantes. Elles sont organisées à leur maniere. Ce sont des Machines naturelles, des espèces de Corps vivans dont la structure a divers raports avec celle des Animaux. Comme eux (1) elles respirent; comme eux elles

___

(1) Ce paradoxe hazardé d'abord par *Malpighi* fameux Anatomiste des Plantes, est porté bien près de la démonstration dans un Discours inseré dans *les Mémoires de Trevoux* Mai 1712. p. 895. L'Auteur se fonde sur leur structure méchanique qui nous dé-

les enferment dans leur sein un principe de fécondité pour la propagation de leur espèce. Aussi bien qu'eux elles forment un tout composé de divers organes qui sont faits les uns pour les autres avec une juste proportion. On y voit un mélange de solides & de liquides. Elles ont leurs tuyaux, leurs fibres, leurs articulations, leurs membranes, leurs veines & leurs arteres ; sans compter la circulation de leur sève qui se filtre dans les diverses parties de la Plante pour la nourrir, leur transpiration, leurs différentes maladies. Tant de merveilles que la Physique moderne nous découvre sur ce sujet, poussent loin l'analogie entre le genre animal & le végétal. On observe dans les Plantes

découvre certains Canaux aussi différens de ceux où coule la sève, que notre trachée & nos poumons le sont de nos arteres & de nos veines. Ces Canaux disposez le long du corps de la Plante & formez d'une lame mince semblable à une membrane, s'élargissent quelquefois en maniere de cellules; c'est par eux que l'air s'introduit dans la Plante qui se resserre & se dilate successivement selon que l'air en est chassé & qu'il y rentre tour à tour. *Malpighi* observe une structure à peu près pareille dans le Ver à soye pour lui tenir lieu de poumon. V. Willis *de An. Brut.* ch. 3. p. 12. ib. p. 21. ce que le même Auteur dit *de Lumbricis*.

tes non seulement de la vie, mais de la sensibilité. Car sans parler ici de la contraction des feuilles de la Sensitive qui se resserre & se replie en elle-même au plus léger attouchement, on sait les sympathies & les antipathies que certaines Plantes ont entre elles. On leur voit affecter certains lieux, certaines situations &c. Ainsi, poursuit-on, & pour l'organisation de la Machine & pour les divers mouvemens qui tendent à la conserver, les Plantes ont tant de rapports aux Animaux, que cette conformité semble détruire ma preuve en faveur d'une Ame spirituelle dans ceux-ci, ou favoriser l'opinion (2) paradoxe qui attribue

(2) Mr. *Hartsoecker* épouse sans scrupule cette opinion. Voici les paroles de Mr. de Fontenelle dans l'Eloge de ce Philosophe. Après cela on s'attend assez à une Ame intelligente dans les Bêtes qui en paroissent effectivement assez dignes. On ne sera pas même trop surpris qu'il y en ait une dans les Plantes, où elle réparera, comme dans les Ecrevisses, les parties perdues, aura attention à ne les laisser sortir de terre que par la tige, tiendra cette tige toûjours verticale, fera en tout, ce que le Méchanisme n'explique pas commodément. *Hist. de L'Acad. des Sciences.* An. 1725. Il y a apparence que les Turcs attribuent une Ame sensitive aux Plantes, s'il en faut croire ce que dit Mr. *Tournefort* de la Charité dont ils se piquent à leur égard. *Voyage du Levant.* Tom. 2. Lettre XIV. p. 356.

bue aux Plantes une pareille Ame. L'embarras augmente quand on vient à confiderer que les limites des deux Empires, l'Animal & le Végétal, ne font rien moins que diftinctement marquées. Leurs extrémitez fe touchent & fe confondent. Il y a ce qu'on nomme (3.) Zoophytes, forte de Corps vivans dont la nature ambiguë tenant également de la Plante & de l'Animal, laiffe indécis fous lequel des deux genres elle doit être rangée. S'il eft naturel de concevoir dans l'Univers une Echelle d'Intelligences, il eft certain que nous voyons dans la Nature une gradation de Corps orga-

(3) Il faut foigneufement diftinguer d'avec le Phyfique réel ce que les Naturaliftes ont mêlé de fabuleux dans leurs Obfervations fur ce fujet. Témoin ce qu'ils difent du Borametz plante de Tartarie, des *Berniches* d'Ecoffe ou Macreufes, de la Conche ou Plante *Anatifere*, efpèce de Coquillage ou de végétation marine &c. Le P. du Tertre dans fon Hiftoire naturelle des Antilles explique fort bien le merveilleux de ces Arbres de la Guadaloupe fur lesquels on voit croître des huitres. L'explication que Mr. de Réaumur a donnée de la *Plante-ver* envoyée de la Chine, fert beaucoup à faire évanouïr divers prodiges du même ordre. V. Mém. *de l'Acad des Sciences* 1726. p. 426. Campanelle Liv. 3. *de fenfu rerum* accorde aux Plantes une Ame fenfitive les appellant *des Animaux immobiles.*

organisez qui descend du plus composé au plus simple. A commencer depuis l'Homme elle ne s'arrête point à l'Insecte, mais de l'Insecte elle continue jusqu'au moindre Végétable. Sur une Analogie si riante à l'esprit on est tenté de former un Systême où l'opinion de Campanelle entre tout naturellement.

Je déclare pourtant que je ne succomberai point à cette tentation-là, persuadé que ce n'est pas sur de simples convenances, mais sur des principes solides & certains qu'on doit s'appuyer dans les choses de cette nature. Je crois avoir établi l'existence de l'Ame des Bêtes sur de pareils principes qui ne tirent à aucune conséquence pour les Plantes. Le fort du raisonnement qu'on vient de lire dans le Chapitre précédent, roule sur l'Analogie qui regne entre le Corps humain & celui des Brutes. J'infere de l'usage que découvre visiblement la structure du Corps humain, un but tout pareil dans celui des Animaux brutes pour une structure toute semblable. Ai-je eu tort de conclure ainsi? L'expérience ne nous convaint-elle pas que les organes de nos Sens sont nécessaires pour exciter nos sensations? Si vous dites qu'ils ne nous sont donnez que pour la conservation de notre Corps, je vous demanderai de quoi notre Corps sert à notre Ame, si ce n'est à la mettre en état de sentir & d'opérer au dehors? Après tous les efforts d'esprit imaginables on en est réduit à conclure que c'est là le vrai but de l'union. Il vaut donc mieux sans chercher aucun détour, avouer tout d'un coup que l'admirable structure des organes de nos cinq Sens, ne peut avoir d'autre but que celui d'exciter ces cinq différentes sortes de sensations que nous éprouvons par leur entremise. La structure générale du Corps entier aura donc le même but. Ainsi voilà une Combinaison prodigieuse d'organes & de ressorts dont nous avons certainement, découvert le but général : ce qui nous met en droit d'assigner ce même but général à toute autre combinaison semblable, & de soutenir que ce qui sert pour la sensation dans l'Homme y sert aussi dans la Bête ; ou, en d'autres termes, que la Bête est animée d'un principe sensitif. Ces conclusions particulieres m'ont donné lieu de remonter aux prin-

principes généraux dont elles dépendent : c'eſt à ſavoir que la Matiere ne ſauroit être à elle-même ſa propre fin. Que les Corps ſont faits pour les Eſprits, que par conſéquent l'Univers matériel eſt deſtiné pour l'uſage des Intelligences. De cette deſtination générale j'infere que celle d'une certaine portion de matiere organiſée doit être l'uſage que quelqu'Etre immatériel en peut tirer. Ce dernier principe n'eſt pas d'une médiocre étendue, puiſqu'il comprend toutes les eſpèces d'utilitez qu'une Intelligence peut tirer d'un Tout organiſé, & s'étend à toutes les Machines ſoit artificielles ſoit naturelles ; puiſque même par raport à ces dernieres il enferme, & cet uſage qui réſulte de l'union intime entre le Principe intelligent & la Machine, telle que je la conçois dans les Animaux, & ces autres uſages qui ne ſuppoſent point d'union ſi étroite, comme dans les Plantes. Enfin paſſant à quelque choſe de plus précis, je ſoutiens que toute Machine en qui le Créateur a mis & des organes propres à la ſenſation, & les reſſorts néceſſaires pour produire des mouvemens qui tendent à conſerver cette Machine, doit etre faite pour lo-

F 6   ger

ger une Ame. Ce qui déterminant le but particulier d'une telle Machine, convient à l'Homme & à la Béte, sans pouvoir convenir aux Plantes. (4)

Car observez, s'il vous plaît, que quoi qu'à la rigueur celles-ci méritent le nom de Corps organisez, il s'en faut beaucoup qu'il n'y ait entre elles & les Animaux une parité qui permette qu'on leur applique les raisonnemens que j'ai faits sur les Animaux, ni qu'on en tire pour elles les mêmes conséquences.

1. Les Plantes n'ont point de Sens extérieurs ; on n'y découvre point comme dans les Bêtes ces organes dont notre propre expérience nous aprend qu'ils contribuent si bien à la sensation, qu'elle ne s'excite jamais en nous sans leur entre-

___

(4) *Un certain Plan général de structure est tellement le même de part & d'autre, que l'on pourroit presque penser que les Végétaux sont des Animaux auxquels il manque le sentiment & le mouvement volontaire.* Hist. de l'Ac. des Sc. 1707. Puisqu'au jugement du savant Historien tout ce que les Plantes ont de commun avec les Animaux n'indique, ni sentiment, ni mouvement volontaires, rien ne nous montre chez elles un Principe immatériel à qui seul ces deux choses apartiennent, & nous ne pouvons à cet égard juger des Plantes comme des Animaux,

tremife. Cest sur cet usage naturel, incontestablement établi par l'expérience que je me fonde. L'organisation merveilleuse d'un œil, d'une oreille ne nous autoriseroit point à chercher du sentiment dans la Brute, si dans l'Homme le véritable emploi de ces parties nous demeuroit inconnu. Tout ce que nous pourrions alors conclure de leur artifice, seroit qu'elles se raportent sans doute à quelque fin importante ; cette fin nous l'ignorerions. Mais l'ayant une fois connue dans l'Homme, nous ne pouvons nous empêcher de la retrouver dans la Bête. Ceci n'a point lieu pour les Plantes, Leur structure est si différente de celle du Corps animal, que n'y trouvant rien qui nous puisse paroître un indice ou un organe de sentiment nous n'avons aucune raison pour le leur attribuer.

2. On ne voit point non plus dans les Plantes ce qui s'appelle action, (5)

mou-

(5) Releguons hardiment au païs des fables ce merveilleux Arbre dont les feuilles, à ce qu'assurent Bauhin & Scaliger, se changent en Animaux dès qu'elles tombent, marchent quand on les touche & s'en vont quand on les veut prendre : aussi bien que celui qui salua si poliment Apollonius, au raport de Philostrate, en lui donnant le titre de Sage. Vie d'Apollonius. L. VI. Ch. 5.   F 7

mouvemens spontanées, comme dans les Animaux. Tenant par leurs racines à la terre qui les produit, on ne voit jamais, ni le corps entier de la Plante se remuer, ni aucune de ses parties avoir un mouvement sensible qui imite nos mouvemens volontaires & délibérez. Elle n'a de commun avec nous que ces mouvemens internes qui servent à la nourriture & à l'accroissement. Mais ce ne sont point ces sortes de mouvemens internes de l'Animal qui donnent la preuve d'un Principe immatériel; ceux d'où je tire cette preuve, ce sont les mouvemens spontanées, qui ne pouvant se déduire du pur Méchanisme, supposent pour leur vraye cause un principe actif & sensitif, qui agit parce-qu'il sent, & dont l'action tend à procurer son bien propre en entretenant le bon ordre dans la Machine. Ainsi l'argument pris des mouvemens spontanées de l'Animal se lie avec celui que fournissent les organes des sens & lui donne une nouvelle force. Il manque aux Plantes l'un & l'autre de ces avantages : car il n'y a pas moyen de faire passer pour mouvemens spontanées dans les Plantes ce qui n'en a
qu'une

qu'une apparence (6) très-légere, comme la contraction subite des feuilles de celle à qui cette singularité a valu le nom de *Sensitive*: Comme cette antipathie ou sympathie naturelle qui dispose certains Arbustes à s'unir avec d'autres ou bien à s'en éloigner: cette inclination de quelques Plantes à chercher le Soleil ou l'Ombre, à affecter certain port, certaine situation de branches qui leur convient, à ouvrir ou fermer leurs boutons, selon la différente température de l'air. Il n'est nullement besoin d'aller par delà le Méchanisme pour chercher la raison de ces Phénomènes, non plus que pour expliquer les jeux de l'Aiman, les effets de la fermentation ou l'action des Corps à ressort.

3.
(6) On peut voir l'explication méchanique que donne M. Parent des mouvemens extérieurs des Plantes dans les Mém. de l'Acad, des Sciences. An. 1710. Il compare celui de la Sensitive aux mouvemens convulsifs des Animaux, l'attribuant à un fluide très-subtil & très-spiritueux que l'impression reçuë de dehors agite plusqu'à l'ordinaire, & détermine à couler plus abondamment dans certains Canaux. C'est sans doute à quelque méchanique pareille qu'apartiennent ces fonctions vitales & ces apparences de sensibilité que conservent les parties d'animaux vivans qu'on aura coupées par morceaux. V. sup. Ch. III. p. 44. & la note 2.

3. Il faut convenir de deux choses; l'une que l'organisation des Plantes, quoi qu'elle renferme beaucoup d'art, est incomparablement plus simple que celle des Animaux, n'y ayant nulle comparaison à faire entre l'un & l'autre genre pour le nombre, la variété, l'agencement des ressorts. L'autre chose qu'il est bon d'observer, c'est que les Plantes sont des machines dont l'usage paroît se raporter tout entier à ce qui est hors d'elles, & cet usage extérieur que nous leur connoissons paroît assez considérable pour y réduire le but de leur création, sans en soupçonner d'autre plus caché, tel que pourroit être l'interêt d'une Nature spirituelle qui leur fût unie. Cet usage général sera de servir d'asyle & de nourriture tout ensemble à une infinité d'animaux. L'organisation des Plantes est un moyen convenable pour filtrer, pour exalter, pour préparer & pour cuire les sucs de la Terre, & fournir ainsi à chaque espèce d'animal l'aliment qui lui est propre. Rien n'empêche qu'on ne regarde cette prodigieuse variété de Plantes depuis le Cedre jusqu'à l'Hysope & depuis l'Hysope jusques à la plus fine Mousse,

Mousse, comme autant de Mondes divers, où les différentes espèces d'Etres vivans trouvent chacune une habitation commode & richement pourvue de tout ce qui est nécessaire pour son entretien. Le Microscope sera mon garand là-dessus. Les Physiciens savent que certaines Plantes ont leurs Insectes particuliers qui s'y attachent, les rongent, y pondent leurs œufs, sans jamais toucher à celle d'une autre espèce. A cet usage si digne par son étendue de l'infinie bonté du Créateur, joignons encore les vues d'ornement & de magnificence; tout ce que les Plantes offrent aux hommes & au reste des animaux d'agréable pour les sens & d'utile pour la santé; les secretes vertus des Simples, & leurs diverses utilitez, tant dans la Médecine que par raport aux autres Arts; la riche parure dont elles couvrent notre Terre, l'émail & l'odeur de leurs fleurs, les beautez diversifiées de leur verdure, la fraîcheur délicieuse de leur ombrage &c. Tant d'usages réunis semblent suffisamment répondre à tout l'art de leur structure. Et quoi qu'une partie de ces usages des Plantes se puisse tirer aussi des Animaux qui s'en nourrissent, l'orgaganisation du Corps animal étant infiniment plus composée, demande toûjours qu'on lui cherche un usage plus relevé tel qu'est manifestement celui de loger une Ame & de lui servir d'instrument pour appercevoir & pour agir.

Quant à l'objection prise du peu de différence qu'il semble y avoir entre certaines Créatures animées & certaines Plantes, & de l'imperceptibilité du passage d'un genre à l'autre, c'est un effet des bornes de nos connoissances qui ne nous permettent pas de déterminer bien juste auquel des deux tel corps vivant doit appartenir, faute d'en connoître à fond les propriétez & la fabrique; ce qui n'empêche pas que les deux genres n'ayent chacun leurs propriétez essentielles & distinctives. A quels signes, dites-vous, paroît-il que l'Huître ait une ame tandis que la Sensitive n'en a point? Celle-ci n'en est-elle pas tout aussi digne que l'autre? Je réponds que si l'on ne connoissoit après l'Homme d'autres animaux que l'Huître on ne s'aviseroit pas d'imaginer pour elle un principe sensitif & immatériel; l'on confondroit volontiers la vie des Coquillages avec celle des Plantes. Mes preuves

ves en faveur des Brutes se tirent de l'inspection de celles dont les mouvemens ont un caractère tout autrement sensible d'intelligence & dont l'organisation est incomparablement plus fine & plus marquée, en un mot des Animaux les plus parfaits. Ce n'est que l'analogie qui se trouve entre ceux-ci & ceux de la plus imparfaite espèce, qui nous faisant ranger ceux-ci sous le genre des Animaux plutôt que sous celui des Plantes, nous persuade qu'ils renferment quelque chose de plus que de simple matiére modifiée. Bien entendu qu'on se souviendra toûjours des divers ordres d'Ames sensitives qu'il faut concevoir proportionnées à la dignité de chaque Animal. Observez que dans la nature tout semble aller par nuances, par progrès insensibles & jamais par sauts. Chaque espèce d'Etre se varie encore en je ne sai combien de dégrez; ce qui fait qu'on n'aperçoit presqu'aucun intervalle entre les espèces; le plus haut degré de l'espèce inférieure touchant au plus bas de celle qui la précede immédiatement. Ainsi l'on voit des Animaux dont l'Intelligence ne le cede guère à celle de certains hommes & semble
même

même l'emporter à quelques égards. Par exemple les Singes paroissent avoir plus d'esprit que les Negres leurs compatriotes, les Castors pourroient disputer d'intelligence avec les Sauvages du Canada & l'emportent en bien des rencontres. La réflexion que je fais n'est pas nouvelle. Un ancien Philosophe, après avoir remarqué que certains Minéraux tiennent beaucoup de la nature des Végétables & qu'il y a des Plantes qui aprochent assez de celle des animaux ajoûte ces paroles remarquables. (7) *Le Créateur*, dit-il, *passant des Etres brutes à l'Animal raisonnable qui est l'Homme, n'en est point venu tout d'un coup à former ce bel ouvrage, mais il a donné aux autres Animaux une espèce d'Intelligence naturelle, leurs inventions & leurs ruses, ensorte qu'ils approchent assez des Etres raisonnables.* Selon la pensée de ce Philosophe les Bêtes sont un prélude, un essai par où le Créateur se préparoit à son chef-d'œuvre. S'il falloit accorder

---

(7) Ὁ δημιουργὸς μεταβαίνων ἀπὸ τῶν ἀλόγων ἐπὶ τὸ λογικὸν ζῶον τὸν ἄνθρωπον οὐδὲ τοῦτο ἀθρόως μετεσκεύασεν ἀλλὰ πρότερον καὶ τοῖς ἄλλοις ζώοις φυσικάς τινας συνέσεις καὶ μηχανὰς καὶ φυσικάς τινας πανουργίας ἀνέθηκεν ὡς ἐγγὺς λογικῶν αὐτὰς φαίνεσθαι. Nemes. de natura hom. cap. I.

der une Ame aux Plantes, sous prétexte qu'on ne sauroit déterminer bien juste où le genre animal commence, il en faudroit donc aussi donner une aux pierres, puisqu'on ne sait pas bien non plus où commence le genre végétatif, ayant des Plantes pierreuses ou des pierres qui tiennent de la nature des plantes, témoin les Coraux & les Corallines, vû sur-tout l'opinion très-plausible de Tournefort & dans laquelle il s'est fait suivre de plusieurs Physiciens, sur la végétation des Fossiles. Où n'engageroit point une pareille Analogie? Mais si des ressemblances extérieures, si certains raports de structure suffisent pour ranger tels Etres corporels dans telle Classe plutôt que dans telle autre, il faut plus que cela, il faut des preuves tirées d'effets évidens pour établir l'Existence d'une Ame immatérielle.

Ainsi l'expérience d'un côté, de l'autre l'évidence des principes généraux qui ont été posez dans les Chapitres précedens, me mettent en droit de conclure que les Plantes sont faites pour les Animaux, comme dans les Animaux le Corps est fait pour une Ame. Il ne sera donc point nécessaire afin de leur

en

en assurer une d'en distribuer libérale-
ment à tout le genre végétatif ni de res-
susciter pour cet effet après *Cudworth*
les Formes plastiques ensevelies depuis
tant de Siècles. Il ne faudra plus chercher à l'exemple de Mylord *Shaftsbury*
(8) dans la superstition de l'ancienne
Egypte, dans les visions de la Fable,
& jusques dans les Sylvains, les Drya-
des, & les Hamadryades des Poëtes, de
quoi réhabiliter la bizarre supposition
d'une Ame immatérielle qui soit le principe de la vie des plantes.

(8) Charact. Vol. II. 4. *Moralists* p. 347.

CHAPITRE IX.

*Récapitulation des preuves précédentes é-
claircies par la Comparaison prise d'une
Horloge où l'on supposeroit le mouvement
perpétuel. Imperfection de cette Comparaison. Quand l'Ame ne seroit point la
cause physique des actions des Brutes elle
en seroit toujours la vraye raison aussi
bien que de la structure de leurs Organes.
Le Méchanisme préétabli sur la prévision
des*

des desirs de l'Ame moins digne de la Sagesse infinie que l'établissement d'une influence réciproque entre les deux Substances. Examen d'un scrupule. D'où vient que l'existence de l'Ame des Bêtes étant susceptible de démonstration, passe depuis si long-tems pour problématique? Force des préjugez dans des exemples tout pareils. Bon sens altéré par le goût de paradoxe.

POUR reprendre en peu de mots toute la substance des preuves contenues dans les Chapitres précedens je vais tâcher de rendre sensible dans un exemple l'état de la Controverse entre le Cartésien & moi. Je suis en peine de savoir la cause du mouvement d'une Pendule: je ne demande point pourquoi elle va, sachant bien qu'elle se meut par ressorts selon les règles de la Méchanique: je demande seulement pourquoi elle va toujours sans que je la voye jamais s'arrêter? Sur cela je reçois deux réponses. L'un me dit que l'Horloger la remonte à des tems réglez: l'autre me répond qu'elle n'a nul besoin d'être remontée vû qu'elle renferme le mouvement perpétuel. Le mouvement perpétuel, me récri-

récriai-je! Oui, dit-on, car ce mouvement est possible, du moins personne jusqu'ici n'en a démontré l'impossibilité. Supposé même qu'aucun Homme n'ait pu le trouver qui vous a dit qu'un Ange n'a point fait cette découverte & ne l'a point actuellement appliquée à cette Pendule? Quand on me parle ainsi, je me tais; mais je m'en tiens sans héziter à la premiére réponse, qui du moins résout clairement ma question, au lieu que la seconde réponse ne me donne aucune idée claire de la cause que je cherche. L'application de tout ceci n'est pas malaisée. On convient assez que le Corps des Bêtes est une Machine, & que leurs mouvemens supposent des ressorts qui les produisent: mais sont-elles de pures Machines? Est ce la Méchanique seule qui produit tous leurs mouvemens, ou si quelqu'autre Agent dirige cette Méchanique & supplée à son défaut pour les produire? Au reste on se souviendra que cet exemple ne remplit pas à beaucoup près toute l'étendue de mon raisonnement: car il est bien vrai que l'obscurité du Problême touchant le mouvement perpétuel, rend plus vraisemblable l'opinion où je m'en tiens sur

le

le mouvement de la pendule, mais il ne la rend pas certaine. Posé une fois la possibilité du problême, cette opinion n'auroit plus aucun avantage sur l'autre ; l'autre deviendroit même beaucoup plus probable, en supposant l'Horloger d'une habileté à exécuter tout ce qui est possible dans la méchanique ; puisqu'il est sans comparaison plus digne d'un tel Artisan de construire une Horloge capable d'aller toujours toute seule, que d'en faire une à laquelle il fallut retoucher de tems en tems. Il n'en va pas de même des Bêtes. En demandant si elles ont une Ame, on ne cherche pas simplement la cause efficiente, on cherche sur-tout la raison de leurs mouvemens. Je veux qu'il soit également aisé de les expliquer, ou par un Méchanisme si parfait qu'il n'a nul besoin d'être aidé d'ailleurs, ou par un Méchanisme moins parfait, que quelque Agent spirituel dirige sans cesse ; mes preuves en faveur de l'Ame des Bêtes n'en sont pas moins fortes. Car dans la première supposition, le jeu de ce parfait méchanisme nous représentant les besoins, les sentimens, les desirs, les opérations d'une Ame unie à un Corps, & se réglant manifestement sur cette idée, si une telle ame n'y étoit pas unie en effet, il nous tromperoit, & ne serviroit qu'à nous tromper. Les mouvemens & les ressorts de la pendule, se rapportent évidemment à l'usage des Spectateurs, & se réglent tous sur cet usage externe ; au lieu que l'ordre des mouvemens du Corps animal, est conséquent à celui des perceptions, qu'une Ame unie à ce Corps recevroit à l'occasion de l'impression que les objets font sur lui, & n'est pas moins relatif aux desirs qui s'exciteroient en elles en vertu de ces perceptions. De plus la structure de l'Animal, renfermant des Organes, dont l'usage, connu par notre propre expérience, se rapporte aux sensations, ramene encore par un autre endroit l'idée d'un Agent sensitif, pour lequel seul cette machine paroît avoir été faite. Il est donc vrai, que quoique l'Horloger ne nous trompât point, en mettant une fois pour toutes dans sa pendule, par le secours d'un Art qu'il nous cache, ce mouvement, qui nous paroît ne pouvoir s'y perpétuer qu'à l'aide de nouvelles impulsions, le Créateur ne laisseroit pas de nous tromper, s'il formoit l'automate Cartésien sans aucun rapport à une Ame, qui s'intéressant

à

à ce qui s'y paſſe, & affectée par les impreſſions qu'il reçoit, fût ſecondée dans ſes deſirs par les mouvemens qu'il produit.

Mais l'exiſtence d'une telle Ame étant admiſe, l'on peut agiter cette nouvelle queſtion ; eſt-ce par un Méchaniſme réglé d'avance ſur les deſirs prévus de l'Ame unie, ou bien par une influence réelle de cette Ame, que les mouvemens ſpontanées s'exécutent ? L'Ame, que l'on reconnoît pour la vraye raiſon de ces mouvemens, en eſt-elle auſſi la cauſe efficiente ? On peut décider cette queſtion en faveur de l'Ame, ſoit en niant la poſſibilité de l'Automate Cartéſien, ce qui ſeroit en même tems la voye la plus courte pour démontrer l'exiſtence de cette Ame, ſoit en montrant, qu'il n'en eſt pas de la Machine vivante par rapport à l'Ame, comme de l'Horloge par rapport à celui qui la monte ; & que quoiqu'un mouvement perpétuel fût plus digne de l'Ouvrier, que ne ſeroit une pendule ordinaire qui a beſoin qu'on la régle par intervalles, ce ſeroit employer à la Machine vivante un art ſuperflu, que de la rendre indépendante d'une Ame qui doit en dépendre elle-même.

Assurément, la loi d'une dépendance reciproque entre l'Ame & cette machine, est quelque chose de bien plus simple & de bien plus naturel, que ne le seroit ce Méchanisme prodigieux qui mettroit la dépendance toute d'un côté; & il paroît digne de la souveraine Sagesse, d'épargner un long circuit de moyens, en réglant, que l'Ame déja nécessairement affectée par les impressions du Corps organisé, soit à son tour la directrice de ses mouvemens, & qu'elle ait sur cet Organe corporel, pour le remuer, du moins la même influence qu'il a sur elle, pour y exciter des sensations.

Mais enfin quelques suppositions que l'on fasse, quelque loin qu'on veuille porter les possibilités méchaniques, il demeurera toujours constant, soit que l'on considere les Organes des Bêtes, soit qu'on étudie leurs mouvemens extérieurs, qu'une Ame spirituelle y est l'unique raison suffisante des Phénomènes, & par conséquent que cette Ame existe.

C'est ainsi que les idées de la Sagesse, & de la Véracité de Dieu, nous menent de concert à cette conclusion générale, que nous pouvons regarder desormais comme certaine (9). Il y a une Ame dans les Bêtes, c'est-

(9) J'ai toujours été charmé de la comparaison que fait Sénéque entre la Machine du Corps animal, & celle de l'Univers, tant elle m'a paru magnifique & instructive. Voici comme il l'exprime. *Nempe universa ex materia & ex Deo constant --- Deus ista temperat, quæ circumfusa rectorem sequuntur & ducem. Potentius autem est quod facit, quod est Deus, quam materia patiens Dei. Quem in hoc mundo locum Deus obtinet, hunc in Corpore animus: quod est illic materia, hoc nobis corpus est.* Epist. 65. in fine. Ciceron avant lui avoit pris cette idée chez les anciens Philosophes. *Ut mundum ex quadam parte mortalem ipse Deus æternus, sic fragile Corpus animus sempiternus movet.* Paroles qu'il met à la bouche de Scipion, Somn. Scip. c. 8. L'examen des disparitez & des rapports qui se trouvent entre les deux objets comparez, nous met sur les voyes d'une Méditation profonde. On découvre Dieu dans la structure & dans les divers mouvemens de l'Univers, comme on découvre un principe immatériel dans les actions des Hommes & des Brutes. La différence consiste en ce que la structure de la petite machine mène droit à l'intelligence infinie du Créateur, aussi-bien que la structure générale du Monde, au lieu que ce sont seulement les mouvemens spontanées des Animaux, qui nous découvrent l'Ame invisible qui leur est unie. L'Ame qui gouverne l'Univers n'est point affectée par ses mouvemens, & n'en dépend point, parce qu'elle en est la cause totale. Mais la petite Machine animale a autant d'empire sur son Ame, que son Ame en a sur elle. Ici l'empire est joint à la dépendance, parce qu'il est précaire, & que le même pouvoir souverain qui l'a donnée, lui assigne des bornes. Mais la cause totale & premiére ne

c'est-à-dire, il y a dans les Bêtes, un prin-

peut dépendre ainsi du Monde qui est son effet. 2. L'Univers est une Machine entretenue par le mouvement même qui y est renfermé ; le Corps de l'animal a bien en lui-même le principe de sa vie, qui dépend de la combinaison de son Organization particulière, avec les Loix générales de la communication des mouvemens, par où l'Univers subsiste ; mais comme ce Corps est construit pour affecter une Ame, c'est cette Ame qui doit contribuer à sa conservation, contre le choc perpétuel causé par ces mêmes loix. Qui voudroit poursuivre le parallèle, remarqueroit qu'il y a dans la vaste machine du Monde divers Agens spirituels, continuellement appliquez chacun dans leur département à réparer les défauts du Méchanisme, pour entretenir la juste correspondance du tout. On pourroit regarder ces Agens, qui opérent sous l'Intelligence infinie, comme autant d'ames partiales de ce grand Corps. Consultez l'Optique du Chevalier *Newton*, *ubi supra*. Ce grand Philosophe fait voir qu'il y a un sens très-juste où Dieu peut-être appellé *l'Ame du Monde*; savoir dans le point de vue que je viens d'indiquer. Nouvel exemple qui prouve que les Erreurs les plus monstrueuses ont souvent avec la Vérité quelque ressemblance éloignée, *v. sup.* p. 73. dans la note. Jamais peut-être on n'a mis dans un si beau jour la pensée de Sénéque que l'a fait Mr. *Berkley*, autre Illustre Philosophe Anglois, en soutenant à l'Athée, que les mêmes signes qui lui montrent l'Ame de son Ami, lui montrent bien plus clairement encore dans l'Univers, une Intelligence souveraine. Selon lui la Vision est un langage naturel que tous les hommes entendent & que Dieu leur parle. Dans cette idée, ce ne sont pas tant les Cieux qui annoncent la gloire de Dieu, que c'est

Dieu

principe immatériel uni à leur machine, fait pour elle, comme elle est faite pour lui, qui reçoit à son occasion différentes sensations, & qui leur fait faire tant d'actions qui nous surprennent, par les diverses directions qu'elle imprime à la force mouvante renfermée dans la Machine.

En finissant cette premiére partie, il faut aller au devant d'un scrupule capable d'arrêter quelques Lecteurs. Si l'existence d'une Ame sensitive dans les Bêtes, est susceptible de démonstration, d'où vient, direz-vous, qu'elle est demeurée problématique jusqu'ici ? Pourquoi depuis près d'un Siècle les Cartésiens, Parti considerable dans le Monde philosophe, se sont-ils obstinez à nier que les Bêtes sentent ? Les choses moralement certaines n'ont coûtume de souffrir nul doute de la part des esprits sensez. On s'y rend antécédemment à toute discussion, & avant que d'avoir jamais songé à en deméler les preuves. Il n'en est pas comme des Vérités Méthaphysiques, sur lesquelles on se partage, parce qu'elles dépen-

Dieu lui même qui nous annonce sa propre gloire en nous les rendant visibles. V. *Alciphron, or the Minute Philosopher.* Dial. IV. pp. 215. &c.

dépendent de certains principes abstraits que tout le monde ne sauroit comprendre. Mais celles-ci sans raisonnement se font sentir, & convainquent toute sorte d'esprits. Ceux qui n'ont jamais vu l'Amérique doutent-ils de l'existence de ce Continent ? Douteroit-on non plus de l'Ame des Bêtes, si l'on avoit sur ce dernier Fait des preuves de même nature, que ceux qui nous persuadent le premier ? Ce qu'on dispute depuis si long-tems sur cette question, n'est-ce donc pas une marque que l'on n'a de part & d'autre que de simples probabilités à faire valoir, & qu'il seroit trop hardi de prétendre y atteindre la certitude ? La réponse est aisée. Distinguons deux choses dans un même homme, l'Homme & le Philosophe. L'opinon que les Bêtes sentent a pour elle, je l'ose dire, le consentement du Genre-Humain. Donnez-moi un homme qui ne soit qu'homme, & qui ne consulte que sa Raison, il jugera que les Bêtes sentent & connoissent. Mais est-on une fois devenu Philosophe ? A-t-on pris qualité de Bel-Esprit ? on court grand risque d'altérer son bon sens naturel, par un faux & dangereux rafinement. Les opinions communes

munes paroiſſent alors trop unies ; l'on s'en dégoûte, on les fuit, on tâche de les rendre ſuſpectes en les traitant de préjugez populaires, & l'on trouve mieux ſon compte à briller par des Paradoxes, qu'à ſe confondre avec la foule en penſant comme elle. La vanité n'eſt pas le ſeul principe qui nous jette dans ce travers. Dès qu'on aura quelqu'intérêt à conteſter des faits hiſtoriques, fuſſent-ils indubitables, croyez qu'auſſi bien que les faits naturels ils trouveront des contrediſans. L'entêtement de Syſtéme n'endurcira pas moins un Critique contre l'autenticité des Monumens & des Annales, qu'il endurcit le Cartéſien contre les preuves de connoiſſance que lui donnent les Animaux. Le P. Hardouin n'a-t-il pas déclaré la guerre, pour ainſi dire, au Corps de la République des Lettres, en tâchant de ruïner la certitude de preſque tous les Monumens anciens ? Si quelcun ſe mettoit en tête de prouver qu'il n'y a jamais eu d'Alexandre, & que par un tiſſu de conjectures ſubtiles, il forgeât un Syſtéme lié d'Hiſtoire ſur cette belle ſuppoſition, qui empêcheroit qu'il ne vint à bout de ſe perſuader à lui-même un tel paradoxe, & qu'il ne réuſreuffit enfuite à le perfuader à d'autres ? Cela feroit une nouvelle Secte parmi les Hiftoriens, & produiroit divers Ouvrages où l'on debiteroit mille penfées auffi frivoles qu'ingénieufes. On peut fe fouvenir de ce Savant qui compofa un Livre exprès pour démontrer que tout ce qui eft contenu dans les Commentaires de Céfar touchant la guerre des Gaules eft faux, & que jamais Céfar n'a été en deçà des Alpes (10). C'eft ainfi que fur un petit nombre de raifons vagues, à qui l'on a fu donner un air plaufible, s'eft bâti le Syftême des Automates. En approfondiffant la nature de notre Ame, on s'avifa qu'il y auroit de grands inconvéniens à avouer que les Bêtes fentent. Ces difficultez Métaphyfiques, jointes à la haute opinion que l'on commençoit d'avoir du Méchanifme, dont l'application aux Phénomènes de la Nature étoit nouvelle alors, & s'étoit trouvée fort heureufe, donnerent naiffance à l'Hypothèfe des Machines. Il n'en fallut pas davantage pour partager les efprits, & pour mettre en problême une Vérité certaine.

(10) V. Rép. des Lettres, Mois d'Avril 1685. p. 399.

Fin de la première Partie.

www.ingramcontent.com/pod-product-compliance
Lightning Source LLC
Chambersburg PA
CBHW050555230426
43670CB00009B/1139